# はじめに

日商簿記2級の試験については、年3回実施される「統一試験（ペー　　試験）」と随時実施される「ネット試験（ＣＢＴ試験）」があります。受験方法は異なるものの、出題範囲・問題の難易度は同じで、合格すればどちらも「日商簿記2級合格」に変わりはありません。

ネット試験も加わり受験しやすい環境が整ったため、みなさんの受験計画に沿った合格への橋渡しができるように「過去問題集」をアップデートし、本書のタイトルを次のように決めました。

## いま合格！　日商簿記2級　過去問題集

みなさんの「いま（この日までに）合格したい！」という思いに沿うため、合格に必要な実力を身につけることができるように、さまざまな工夫を凝らしました。

### 本編

過去の試験から問題をセレクトし、最新の出題傾向にアップデートした「厳選過去問」と実力アップに最適な問題を抽出した「よく出る良問」を、「ヨコ解き！編」「タテ解き！編」に収載しています。

### 第1部　ヨコ解き！編

よく出る論点を大問別に各8回分収載し、習熟度を高めることができるようにしました。
"正確に早く解く"ためのテクニックを身に付けてください。

### 第2部　タテ解き！編

本試験形式の問題を3回分収載し、本試験のシミュレーションができるようにしました。
"時間内に解く"実践力が身に付きます。

### 購入者特典

ネット試験で合格を目指す方のために、「ネット試験体験プログラム」を用意しました。
3回分のネット試験を疑似体験することで、ネット試験のシミュレーションができるようにしました。
"パソコン操作で迷わない"実践力が身に付きます。

えりすぐりの問題のみを収載していますので、ぜひ理解を深めて自分のものにしてください。
みなさんの目標達成のために、本書が一助になれば幸いです。

柴本　玲菜

# 日商簿記2級のプロフィール

　日商簿記2級は、年3回実施される統一試験（ペーパー試験）と随時受験が可能なネット試験（CBT試験）の2種類の方法で受験できます。

　紙に印刷された問題を読んで答案用紙に答えを記入するのか、画面に表示された問題を読んでマウスやキーボードを使って答えを入力するのかの違いはありますが、どちらの試験も同じ試験範囲・難易度で、いずれの形式でも合格すれば「日商簿記2級合格」となります。

## 1　試験概要

| | 統一試験（ペーパー試験） | ネット試験（CBT試験＊） |
|---|---|---|
| 試 験 日 | 年3回（6月、11月、2月）実施 | 随時実施（施行休止期間あり） |
| 試験会場 | 各地の商工会議所が設けた試験会場 | 商工会議所が認定したネット試験会場 |
| 申 込 み | 各地の商工会議所によって異なります。（試験の概ね2か月前から1か月前まで受付） | ネット試験会場によって申込方法が異なります。 |
| 試験時間 | 90分 | |
| 合 格 点 | 100点満点中70点以上で合格 | |
| 合格発表 | 各地の商工会議所によって異なります。（概ね2週間程度で発表） | 試験終了後、**即時採点され結果発表。** |
| 受 験 料 | 5,500円（税込）※別途手数料が発生する場合があります。 | 5,500円（税込）※受験するネット試験会場により事務手数料が異なります。 |

　＊：CBTとは、Computer Based Testing の略です。

詳しいスケジュールや最新の情報については、日本商工会議所の検定試験公式サイトをご覧ください。

**【日本商工会議所 簿記検定公式ページ】**
https://www.kentei.ne.jp/bookkeeping

## **2** ▸ 受験資格

年齢、性別、学歴、国籍など一切制限はありません。どなたでも受験できます。

## **3** ▸ 2級の試験内容

2級の試験では**商業簿記3問、工業簿記2問**の**合計5問**を90分で解答します。

| 試験科目 | 程　　　度 |
| --- | --- |
| 商業簿記 工業簿記 | 経営管理に役立つ知識として、企業から最も求められる資格の一つ。 高度な商業簿記・工業簿記（原価計算を含む）を修得し、財務諸表の数字から経営内容を把握できるなど、企業活動や会計実務を踏まえ適切な処理や分析を行うために求められるレベル。 |

## **4** ▸ 受験者データ

　統一試験（ペーパー試験）は実施回ごとに、ネット試験（ＣＢＴ試験）は期間を区切って、合格率などの受験者データを公表しています。詳しくは、日本商工会議所の検定試験公式サイトをご覧ください。

# ネット試験の概要

## 1 ネット試験について

　ネット試験では、パソコンの画面上に問題と解答欄が合わせて表示されます。また出題形式には主に、仕訳問題と計算・作表問題があります。

**仕訳問題：第1問、第4問(1)のイメージ**

---

### 日商簿記2級　試験問題

**第1問**

　下記の取引について仕訳しなさい。ただし、勘定科目は、プルダウンの中から最も適当と思われるものを選び、選択すること。

1．全従業員に支給するため、事務用のパソコン一式（現金購入価格￥1,458,000）を割賦で購入した。代金は、来月末より月末ごとに支払期限が順次到来する額面￥125,000の約束手形12枚を振り出して相手先に交付した。
　なお、利息相当額については、資産の勘定（前払利息）を用いて処理することとする。

| 借 方 科 目 | 金 額 | 貸 方 科 目 | 金 額 |
|---|---|---|---|
| ▽ | | ▽ | |
| ▽ | | ▽ | |
| ▽ | | ▽ | |
| ▽ | | ▽ | |

2．X年4月1日、商品陳列棚を分割払いで購入し、代金として毎月末に支払期日が順次到来する額面￥120,000の約束手形10枚を振り出して交付した。なお、商品陳列棚の現金購入価額は￥1,152,000である。
　なお、利息相当額については、費用の勘定を用いて処理することとする。

| 借 方 科 目 | 金 額 | 貸 方 科 目 | 金 額 |
|---|---|---|---|
| ▽ | | ▽ | |
| ▽ | | ▽ | |
| ▽ | | ▽ | |
| ▽ | | ▽ | |

| 第1問 | 第2問 | 第3問 | 第4問 | 第5問 | 残り時間：55：55 | 試験終了 |

---

(1)　第1問と第4問小問(1)の仕訳問題における勘定科目については、▽ の箇所をマウスでクリックすると勘定科目の選択肢が現れます（ドロップダウン形式）ので、その中の適切なものをクリックして選択します。

　　**解答テクニック：Tab を使おう！**
　　　　キーボードの Tab キーを押すと、マウスを使わなくても入力箇所の移動ができます。
　　　　ただし、左から右に移動する場合もあれば、上から下に移動する場合もあるので注意です。
　　**豆知識：必ずしも上の1行目に入力しなくても、科目と金額をバラバラにしなければ採点され、**
　　　　合っていれば加点されます。

(2)　金額欄については、キーボードで金額を入力し、Enter ボタンを押すと、3桁ごとに自動的にカンマが付きます。カンマを入力する必要はありません（文字や円マーク等を入力すると不正解となります）。

(3) 仕訳問題における各設問の解答にあたっては、各勘定科目の使用は、借方・貸方の中で**それぞれ1回ずつ**としてください（各設問につき、同じ勘定科目を借方・貸方それぞれの中で2回使用すると、不正解になります）。

**例** ¥100の商品を得意先に販売し、代金のうち¥20円は現金で受け取り、残額は掛けとした。

**正解（○）**

| （現　　　　金） | 20 | （売　　　　上） | 100 |
|---|---|---|---|
| （売　掛　金） | 80 | | |

**誤り（×）**

1つの仕訳問題の中の貸方に同じ「売上」が2つ入っているため、不正解となります。

| （現　　　　金） | 20 | （売　　　　上） | 20 |
|---|---|---|---|
| （売　掛　金） | 80 | （売　　　　上） | 80 |

ただし、固定資産の買換えや手形の更改など、借方と貸方で同じ科目を用いる場合には、借方や貸方の中で2回使っているわけではないため、不正解とはなりません。

**画面の下部分の各「第○問」ボタンを左クリックすると、その問題に移動できます。**

また、試験の残り時間が画面下に表示されます。残り時間がゼロとなると試験が終了となりますが、90分より前に解き終わった場合には、画面右下の「試験終了」ボタンをクリックして、試験を終了することもできます。

### 計算・作表問題：第3問等のイメージ

第3問の財務諸表作成問題では、主に □ に金額を入力するとともに、科目欄が空欄になっている場合には、自ら科目を入力する必要があります。

## 2 — ネット試験の戦い方 ～スタートボタンを押す前に～

### (1) 余裕をもって試験会場に向かう

ネット試験の試験会場は「看板が一枚出ているだけ」といったところも多く、見つけるのに時間がかかる可能性があります。焦らなくて済むように余裕をもって出かけましょう。

なお、会場に着いてしまえば、あとは職員さんの言う通りに動けば大丈夫です。

### (2) ペンをチェックしよう

試験会場に持ち込めるのは、電卓だけです。下書用紙（通常、A4サイズの紙2枚）とボールペンは、受付で渡され、それを使用します。このとき、ボールペンのインクが出なかったり、ペン先が曲がっていたりすることに気づかずにスタートボタンを押してしまうと、交換の時間をロスします。

必ず、チェックするようにしてください。なお、下書用紙は試験後回収されるため、持ち帰ることはできません。

### (3) レイアウトを自分用に整える

日商簿記のネット試験では、キーボード、マウス、電卓、下書用紙を使うことになります。まず席に着いたら、スタートボタンを押す前に、これらを自分用のレイアウトにして整えてください。

心の準備も整えてから、スタートボタンを押すようにしましょう。

### (4) 解答テクニック ：仕訳の問題文は V を押してから読もう！

仕訳問題の V ボタンをクリックすると、貸借ともに同じ勘定科目群が現れます。

最初に V ボタンを押して、指定された勘定科目群を表示してから問題文を読むようにしましょう。解答時間の節約に有効です。

# ダウンロード不要！
## パソコンでもタブレットでも体験できる！
# ネット試験 体験サイトのご案内

本書を購入された方へ、**全3回分**の日商簿記検定2級ネット試験が体験できる体験プログラムをご用意しました。
ブラウザ（インターネット閲覧ソフト／アプリ）上で動作するため、**特殊なプログラムのインストールは不要で**、OS（オペレーティングシステム）に関係なくパソコンやタブレット等、お好みの端末でご体験いただけます。
ネット試験の操作に不安要素がある方は、本書で学習後、ぜひ本サイトのプログラムも試験対策にご活用ください。

## ┃ ご利用方法 ┣

①下記URLもしくは右のQRコードより特設ページにアクセス

　※ネットスクールホームページ「読者の方へ」からもアクセスいただけます。

**https://imakako.net-school.co.jp/2q/**

②ご利用パスコードを入力すると画面が切り替わり、体験サイトをご利用いただけます。

購入者特典　　ご利用パスコード　　| **2230cs** |

## ┃ 注意事項 ┣

●ご利用に必要な端末及び通信環境の準備や利用、インターネット通信に必要な料金はお客様のご負担となります。

●動作環境や設定等によっては正常に動作しない場合がございます。また、実際のネット試験と挙動が異なる部分が存在する可能性もございます。そうした場合の責任は、弊社では負いかねます。

●利用にあたっては、できる限り画面サイズの大きな端末をお使いになることをお勧めいたします。

●本サービスで提供する問題はネットスクールが独自に作成した問題です。

●本サービスは**2026年3月末**までの提供を予定しておりますが、予告なく変更・終了する場合がございます。あらかじめご了承ください。

## ┃ 画面イメージ ┣

問題の選択ボタンや制限時間など、実際のネット試験（CBT方式）そっくりな仕様になっています。体験プログラムをお試しいただくことで試験本番での操作ミスなどを減らし、時間ロスをなくす訓練にもなります。

本番と同じように、筆記用具・電卓・メモ用紙をご用意のうえ、画面上で解く練習をすることをお勧めします。

※画像はイメージです。

# 本書の特徴

## 1 ▶ 過去問に挑戦する受験生のみなさんへ

　はじめて過去問に挑戦したときに、想像以上に点が取れなかったことにショックを受け、インプット学習に戻り、やがて再挑戦しても結果はあまり変わらず…という経験はありませんか？

　本書は、過去問をどのように活用すれば、得点力が飛躍的にアップするかという問いに対するネットスクールの答えとして執筆されました。よって、すでに過去問に挑戦したことがある方にとっても、新しい過去問題集となっています。

## 2 ▶ 得点力アップの秘訣は重要テーマのヨコ解き！

### 第1部　ヨコ解き！編

　『ヨコ解き』とは、問題回数に関係なく、第1問なら第1問を通して解くことです。本書はさらに、本試験での重要度の高いものを中心に易しい問題から徐々に難しくなるように問題を並び替え、ヨコ解きの問題を、第1問から第5問まで各8回分掲載しています。

　また、第1問の仕訳問題については、固定資産、資本会計などの論点別に集中的に解いた方が学習効果が上がり、さらに第2問対策としても有効なため、過去の本試験問題を論点別に並び替えています。

|  | 第1回 | 第2回 | 第3回 |
|---|---|---|---|
| 第1問 | → | | → |
| 第2問 | → | | → |
| 第3問 | → | | → |
| 第4問 | → | | → |
| 第5問 | → | | → |

これが　ヨコ解き

ヨコ解きは問題回数に関係なく、問別に解くこと

**メリット**
- 同様の問題を繰り返し解くため、問別の解き方が身につき、得点力が養成される
- 解答時間が短くなる（早く解けるようになる）

**デメリット**
- 制限時間の90分を意識したシミュレーションは難しい

### 第2部　タテ解き！編

　第1部のヨコ解き編で力を付けたら、次に本試験の90分の時間を意識して解くことで実力を試しましょう！本書では、過去問を回数別に掲載するのではなく、難問を外して各論点をまんべんなく学習できるように**厳選した良問**をタテ解きの問題として3回分掲載しています。

| | 第1回 | 第2回 | 第3回 |
|---|---|---|---|
| 第1問 | | | |
| 第2問 | | | |
| 第3問 | ↓ | ↓ | ↓ |
| 第4問 | | | |
| 第5問 | | | |

これが　タテ解き

タテ解きは第1問から第5問まで通して解くこと

**メリット**
- 試験のシミュレーションができる
- 試験での時間配分がわかる
- 問題を解く順序などを考えながら解くため、実戦力が養われる

**デメリット**
- 制限時間が90分のため、時間の確保が難しい
- 机の前に90分拘束される（途中でやめられない）

**3 ▶ 問題を解くときの強い味方　Hint　Rule**

Hintは問題を解くうえでの糸口となる内容です。

またRuleは習ったときには覚えていても直前には忘れている内容や、
隠れた前提となっている用語などについて解説するものです。

難易度

　A：基本問題（基本論点が入った問題）

　B：応用問題（応用論点が入った問題）

　C：発展問題（難しい論点が入った問題）

制限時間の目安

　15分以内　：標準的な分量の問題

　20分以上
　30分未満　：やや分量が多い問題

　30分以上　：非常に時間がかかる問題

**4 ▶ 解答には、採点基準と「ここに注意！」を記載**

各回の解答には採点基準を付けています。解いた後に採点を行い、復習に役立ててください。

また、解説には「ここに注意」を入れて、解答上の注意事項について触れています。

**5 ▶ 繰り返し解くときに、答案用紙をダウンロードできる**

　問題を繰り返し解く際には、答案用紙のPDFデータをネットスクールのホームページからダウンロードすることができます。

　ネットスクールホームページのトップページ→画面上の「読者の方へ」をクリック

　→日商簿記2級をクリック→「いま合格！ 日商簿記2級 過去問題集」の「答案用紙」をクリック

　**ネットスクールホームページ**　https://www.net-school.co.jp/

# いま合格！　日商簿記2級　過去問題集 目　次

## ●第1部● ヨコ解き！編

### 第1問 仕訳問題対策

### 第2問 個別論点対策

### 第3問 財務諸表対策

## ●第2部● タテ解き！編

## ●別 冊●

# 出題傾向と得点計画

　日商簿記2級の試験は90分で商業簿記3問（60点満点）、工業簿記2問（40点満点）の合計5問を解答し、70点（満点100点）以上で合格です。

　**この合格ライン70点をクリアするためには、**各問題の出題傾向を知る**とともに出題される5問それぞれのボリューム、配点、難易度をふまえた**効率的な得点計画をたてる**必要があります。**やみくもに満点を狙ったり、第1問から順番に解いていくのは得点計画の視点からは良い解き方とはいえません。

　ネットスクールでは、これらを検討して下記の **Step** の順で問題を解いていく得点計画をおすすめします。

| Step 1 | 第1問 | 出題の特徴 | 目標／配点 | 目標時間 |
|---|---|---|---|---|
| | **＜商業簿記＞ 仕訳** | 全出題範囲から期中の取引を中心に仕訳問題が**5題出題**され、配点は1題4点と1箇所あたりの配点としては最も大きいです。 まずはこの第1問で5題中4題の正解（16点）をがっちりもぎ取りましょう。 | 16点／20点 | 10分 |

| Step 2 | 第4問 | 出題の特徴 | 目標／配点 | 目標時間 |
|---|---|---|---|---|
| | (1) 仕訳問題 ↓ (2) 総合原価計算など | 小問(1)は、**費目別計算や本社工場会計などの仕訳問題3題の出題**が想定されます（12点）。 小問(2)は、**総合原価計算や部門別計算などの製造原価の計算問題が中心**に出題されています。 いずれも基本的な問題の出題が多いので、満点を狙いましょう（16点）。 | 28点／28点 | 20分 |

| Step 3 | 第5問 | 出題の特徴 | 目標／配点 | 目標時間 |
|---|---|---|---|---|
| | **＜工業簿記＞ 計算中心** | **標準原価計算、直接原価計算、CVP分析などの原価の管理に関する問題**を中心に出題されています。 それぞれの計算方法をしっかりとマスターして高得点を狙いましょう。 | 8点／12点 | 10分 |

| Step 4 | 第3問 | 出題の特徴 | 目標／配点 | 目標時間 |
|---|---|---|---|---|
| | **＜商業簿記＞ 精算表、財務 諸表の作成** | **損益計算書、貸借対照表といった、財務諸表の作成問題を中心**に精算表、決算整理後残高試算表といった決算問題が出題されています。精算表と財務諸表の作成に対しては、3級で学習した解き方がそのまま使えます。 | 14点／20点 | 20分 |

| Step 5 | 第2問 | 出題の特徴 | 目標／配点 | 目標時間 |
|---|---|---|---|---|
| | **＜商業簿記＞ 個別論点** | 連結会計、資本会計（株主資本等変動計算書）、固定資産、有価証券、商品売買など、1つの学習内容から出題されています。連結会計の場合などでは完答は難しいかもしれませんが、部分点を狙っていきましょう。 | 10点／20点 | 20分 |

※配点は目安になります。

※財務諸表の作成問題が得意な方は、以下の順番も考えられます。

　　第1問→第3問→第4問→第5問→第2問　または　第3問→第1問→第4問→第5問→第2問

※80分を目標解答時間として、10分は見直しなどに充ててください。

# 第1部　ヨコ解き！編

問　題

# 第1問 仕訳問題

➡ 答案3ページ

| 第1回 | 固定資産1 | B | 10分 | ➡ 解答60ページ |

下記の各取引について仕訳しなさい。ただし、勘定科目は、次の中から最も適当と思われるものを選び、正確に記入すること。

| | | | |
|---|---|---|---|
| 現　　　　　金 | 当 座 預 金 | 売 　掛 　金 | 受 取 手 形 |
| 未 収 入 金 | 営業外受取手形 | 備　　　　　品 | 土　　　　　地 |
| 前 払 利 息 | 買 　掛 　金 | 支 払 手 形 | 未 　払 　金 |
| 営業外支払手形 | 備品減価償却累計額 | 売　　　　　上 | 固定資産売却益 |
| 国庫補助金受贈益 | 減 価 償 却 費 | 支 払 利 息 | 固定資産圧縮損 |

1．全従業員に支給するため、事務用のパソコン一式（現金購入価格￥1,458,000）を割賦で購入した。代金は、来月末より月末ごとに支払期限が順次到来する額面￥125,000の約束手形12枚を振り出して相手先に交付した。なお、利息相当額については、資産の勘定（前払利息）を用いて処理することとする。
(第145回改)

2．×年4月1日、商品陳列棚を分割払いで購入し、代金として毎月末に支払期日が順次到来する額面￥120,000の約束手形10枚を振り出して交付した。なお、商品陳列棚の現金購入価額は￥1,152,000である。なお、利息相当額については、費用の勘定を用いて処理することとする。
(第152回改)

3．帳簿価額￥2,500,000の土地を￥3,000,000で売却し、売買代金の60％は当座預金に入金され、残額は6か月後を支払期日とする手形で受け取った。

4．備品￥1,000,000の取得にあたり、国庫補助金￥200,000を受け取り、これにかかわる会計処理も適切に行われていたが、当該国庫補助金を返還しないことが本日確定したため、直接控除方式により圧縮記帳の処理を行った。
(第146回改)

5．(1)　最新式のレジスター25台（@￥100,000）の導入にあたり、去る6月7日に国から￥1,250,000の補助金を得て、7月1日にレジスターを予定どおり購入したが適正に処理済みである。そのうえで、補助金に関する圧縮記帳を直接控除方式にて行った。
　　(2)　本日決算日（12月31日）につき、上記の備品について減価償却（200％定率法）を月割計算にて行う。耐用年数は5年、記帳方法は直接法によること。
(第153回改)

➡ 答案4ページ

| 第2回 | 固定資産2 | | B | 10分 | ➡ 解答62ページ |

下記の各取引について仕訳しなさい。ただし、勘定科目は、次の中から最も適当と思われるものを選び、正確に記入すること。

| 現 金 | 当 座 預 金 | 普 通 預 金 | 建 物 |
|---|---|---|---|
| リ ー ス 資 産 | 建 設 仮 勘 定 | 前 払 利 息 | 未 払 金 |
| リ ー ス 債 務 | 未 払 利 息 | 修 繕 引 当 金 | 仕 入 |
| 減 価 償 却 費 | 修 繕 費 | 支 払 リ ー ス 料 | 支 払 利 息 |

ヨコ解き
問題

第1問

第2問

第3問

第4問
(1)

第4問
(2)

第5問

1．×年4月1日、リース会社からコピー機をリースする契約を結び、リース取引を開始した。リース期間は5年、リース料は年間¥50,000（毎年3月末払い）、リースするコピー機の見積現金購入価額は¥210,000である。なお、決算日は3月31日（1年決算）である。また、このリース取引はファイナンス・リース取引であり、利子抜き法で会計処理を行う。　　　　（第149回改）

**Rule**
利子抜き法では固定資産の取得原価に利息は含めない
→見積現金購入価額がリース資産の取得原価となる

2．リース会社とパソコン10台のリース契約を、リース期間5年、リース料月額¥50,000（毎月1日に前払い）の条件で結び、パソコンが納品されるとともに、第1回のリース料¥50,000を普通預金から支払った。このリース取引は、ファイナンス・リース取引であったため、利子込み法により処理することとした。リース契約時に生じる科目と、リース料支払時に生じる科目は相殺しないこと。　　　　（第147回改）

3．建物の修繕工事を行い、代金¥700,000は小切手を振り出して支払った。なお、工事代金の20％は改良のための支出と判断された。また、この修繕工事に備えて、前期に¥400,000の引当金を設定している。　　　　（第149回改）

**Rule**
「改良のための支出」は資本的支出
固定資産の原価を構成する

4．建設会社に依頼していた建物の建設工事が完了し、建物の引渡しを受けたので、建設工事代金¥6,000,000からすでに支払っていた手付金¥4,000,000を差し引いた残額と、建物の登記料¥120,000を小切手を振り出して支払った。登記料は固定資産の取得原価に含める。

5．既存の工場の増設工事について、3回に分けて各 ¥5,000,000を分割支払いする建設工事契約を締結しそれぞれ建設仮勘定に計上している。
　　これが完成して最終回の支払いを当座預金から行い、また、建設工事代金の総額¥15,000,000を建設仮勘定から、建物と既存の工場の修繕費¥1,000,000に振り替えた。

**Hint**
「総額を…振り替える」とあるため、最終払い分もいったん建仮に計上した上で振り替える

➡ 答案5ページ

## 第3回　固定資産3　　　　　　　　　　 C 10分 → 解答65ページ

➡ 解答65ページ

下記の各取引について仕訳しなさい。ただし、勘定科目は、次の中から最も適当と思われるものを選び、正確に記入すること。

| | | | |
|---|---|---|---|
| 当 座 預 金 | 普 通 預 金 | 受 取 手 形 | 営 業 外 受 取 手 形 |
| 未 収 入 金 | 建 　 　 物 | 車 　 　 両 | 備 　 　 品 |
| 貯 蔵 品 | 未 決 算 | 未 払 金 | 建物減価償却累計額 |
| 車両減価償却累計額 | 備品減価償却累計額 | 保 険 差 益 | 固 定 資 産 売 却 益 |
| 減 価 償 却 費 | 固 定 資 産 売 却 損 | 固 定 資 産 除 却 損 | 火 災 損 失 |

1. 備品（取得原価：¥400,000、期首減価償却累計額：¥360,000、記帳方法：間接法）を期首に、除却した。なお、この備品の処分価値は¥25,000と見積もられた。

（第148回改）

**Rule**
期首除却の場合
処分価値－（取得原価
－累計額）＝除却損

2. 当期首に、倉庫（取得原価¥3,000,000、減価償却累計額¥1,200,000、間接法で記帳）が火災により全焼した。この倉庫には総額¥3,000,000の火災保険を掛けていたので、保険会社に保険金の支払いを請求した。

**Hint**
火災時の帳簿価額が
未決算となる

3. 4月1日に火災により焼失した建物（取得原価¥2,000,000、焼失時の減価償却累計額¥720,000、間接法で記帳）について、請求していた保険金¥1,400,000を支払う旨の連絡を、本日、保険会社より受けた。

　この建物については、焼失時に固定資産の帳簿価額の全額を未決算勘定に振り替えていた。当社の決算日は3月末日である。

4. ×5年4月1日に¥900,000で取得した備品（耐用年数10年）を、×9年12月31日に¥178,500で売却し、代金は相手先振出の約束手形を受け取った。

　当社の決算日は3月末日であり、減価償却は200％定率法、期首減価償却累計額は¥531,360、記帳を間接法によっている。売却した年度の減価償却費は月割計算で算定すること。

（第151回改）

**Rule**
期中売却の場合
売却価額－（取得原価
－累計額－償却費）
＝売却損益

5. 当期首に、営業用の乗用車を¥2,000,000で翌月末払いの条件で購入し、従来使用していた乗用車（取得原価¥1,600,000、減価償却累計額¥1,440,000、間接法で記帳）については、¥240,000で下取りされることとなった。この下取価格は新車代金の支払額から差し引くこととされた。

**Hint**
旧車両売却の処理と
新車両の購入の処理
を行って合計する

➡ 答案6ページ

| 第4回 | ソフトウェア、研究開発費 | B | 10分 | ➡ 解答67ページ |

下記の各取引について仕訳しなさい。ただし、勘定科目は、次の中から最も適当と思われるものを選び、正確に記入すること。

| 当 座 預 金 | 普 通 預 金 | 機 械 装 置 | 備 品 |
| 長 期 前 払 費 用 | ソ フ ト ウ ェ ア | ソフトウェア仮勘定 | 未 払 金 |
| 貯 蔵 品 | 支 払 手 形 | 給 料 | 消 耗 品 費 |
| 外 注 費 | 減 価 償 却 費 | 研 究 開 発 費 | 固定資産除却損 |

ヨコ解き
問 題

第1問

第2問

第3問

第4問
(1)

第4問
(2)

第5問

1. 社内利用目的のソフトウェアの開発を外部に依頼し、契約総額¥3,000,000の全額をすでに支払っていた。本日、このソフトウェアの製作が完成し使用を開始したため、ソフトウェアの勘定に振り替えた。

**Hint**
完成し使用開始するまで「ソフトウェア仮勘定」で処理している

2. 外部に開発を依頼していた社内利用目的のソフトウェア（開発費用¥24,000,000は4回分割で銀行振込により全額支払済み）が完成し使用を開始したため、ソフトウェア勘定に振り替えた。なお、開発費用¥24,000,000の中には、今後の4年間のシステム関係の保守費用¥4,800,000が含まれていた。 (第147回改)

**Rule**
長期の費用支払いは、割賦購入と同じく、支払時に費用で処理する方法と前払で処理する方法がある

3. 外部に開発を依頼していた社内利用目的のソフトウェア（開発費用¥3,080,000は銀行振込により全額支払済み）が完成し使用を開始したため、ソフトウェア勘定に振り替えた。なお、この開発費用の内容を精査したところ¥3,080,000の中には、ソフトウェアの作り直し対象となった部分の費用¥580,000が含まれており、資産性がないものとして除却処理することとした。 (第154回改)

**Rule**
資産性がない費用については資産の勘定に振り替えずに、仮勘定から直接、除却処理を行う

4. 研究開発に従事している従業員の給料¥400,000および特定の研究開発にのみ使用する目的で購入した機械装置の代金¥2,000,000を当座預金口座から振り込んで支払った。 (第146回改)

**Hint**
研究開発目的の機械装置はいきなり費用

5. 特定の研究開発の目的で備品¥350,000と実験用の薬剤¥70,000を購入し、代金は小切手を振り出して支払うとともに、この研究プロジェクトにのみ従事している客員研究員A氏に対する今月分の業務委託費¥450,000を当社の普通預金口座からA氏の指定する預金口座に振り込んだ。 (第153回改)

**Rule**
研究開発費は複合費といわれ、その目的に関する支出はすべて研究開発費として処理する

➡ 答案7ページ

## 第5回　株式の発行

A　10分　➡ 解答69ページ

下記の各取引について仕訳しなさい。ただし、勘定科目は、次の中から最も適当と思われるものを選び、正確に記入すること。

| 現　　　　　金 | 当　座　預　金 | 普　通　預　金 | 別　段　預　金 |
|---|---|---|---|
| 商　　　　　品 | 建　　　　　物 | 備　　　　　品 | の　れ　ん |
| 諸　資　産 | 諸　負　債 | 資　本　金 | 資　本　準　備　金 |
| その他資本剰余金 | 利　益　準　備　金 | 繰越利益剰余金 | 株式申込証拠金 |
| 負ののれん発生益 | 創　立　費 | 開　業　費 | 株　式　交　付　費 |

1．会社の設立にあたり、発行可能株式総数10,000株のうち2,500株を1株あたり¥2,000の価額で発行し、その全額の引受けと払込みを受け、払込金は普通預金とした。なお、払込金の8割に相当する金額を資本金とする。

(第146回改)

2．会社の設立にあたり、発行可能株式総数10,000株のうち2,500株を1株当たり¥400で発行し、その全額について引受けと払込みを受け、払込金は当座預金とした。なお、会社法が認める最低限度額を資本金として計上する。

また、会社の設立準備のために発起人が立て替えていた諸費用¥30,000を現金で支払った。

(第152回改)

**Rule**
設立時の株式の発行費用と、設立後の新株の発行費用は、別の科目で処理する

3．新株800株（1株の払込金額は¥2,800）を発行して増資を行うことになり、払い込まれた800株分の申込証拠金は別段預金に預け入れていたが、株式の払込期日となったので、申込証拠金を資本金に充当し、別段預金を当座預金に預け替えた。なお、資本金には会社法が規定する最低額を組み入れることとする。

(第149回改)

**Rule**
払込期日に払込人が株主に変わることから、同日に資本金となり、会社が自由に使える資金となる

4．A社を吸収合併し、新たに当社の株式1,000株（合併時点の時価@¥5,000）を発行し、これをA社の株主に交付した。そのときのA社の諸資産（時価）は¥8,700,000、諸負債（時価）は¥3,400,000であった。また、合併にあたっては、取得の対価のうち60％を資本金、残り40％をその他資本剰余金として計上することとした。

(第145回改)

**Rule**
交付株式の時価
－受入純資産
＝⊕超過収益力(資産)
　⊖安く購入できた(収益)

**Rule**
合併の増加資本の科目と金額は、当事者間の契約で決められる2分の1規定や資本金以外の部分を準備金とする規定は無い

5．B社の事業の一部を譲り受けることになり、譲渡代金¥1,800,000を普通預金口座から相手先口座に振り込んだ。この取引により譲り受けた資産の評価額は、商品¥400,000、建物¥900,000、備品¥300,000であり、引き受けた負債はなかった。

(第150回改)

**Rule**
指定された勘定科目を用いて答える（仕入は指定されたものの中にない）

➡ 答案8ページ

**第6回** | **資本の変動** | A | 10分 | ➡ 解答71ページ

下記の各取引について仕訳しなさい。ただし、勘定科目は、次の中から最も適当と思われるものを選び、正確に記入すること。

現　　　　　金　　当　座　預　金　　普　通　預　金　　買　　掛　　金
未　払　配　当　金　　資　　本　　金　　資　本　準　備　金　　その他資本剰余金
利　益　準　備　金　　別　途　積　立　金　　繰　越　利　益　剰　余　金　　受　取　配　当　金

ヨコ解き
問　題

第1問

第2問

第3問

第4問
（1）

第4問
（2）

第5問

1．定時株主総会を開催し、繰越利益剰余金￥3,500,000の処分を次のとおり決定した。なお、資本金は￥80,000,000、資本準備金は￥12,000,000、利益準備金は￥7,000,000であり、発行済株式数は3,000株である。

　　　株主配当金：1株につき￥900　　　利益準備金：会社法が定める金額
　　　別途積立金：￥500,000

**Hint**
シー（4）ホンキンの$\frac{1}{4}$に達するまでハイトー（10）金の$\frac{1}{10}$を積み立てる

2．株主総会が開催され、別途積立金￥1,800,000を全額取り崩して繰越利益剰余金に振り替えたうえで、繰越利益剰余金を財源に1株につき￥200の配当を実施することが可決された。株主総会開催直前の純資産は、資本金￥20,000,000、資本準備金￥4,000,000、利益準備金￥900,000、別途積立金￥1,800,000、および繰越利益剰余金￥700,000であった。会社法に定める金額の利益準備金を積み立てる。なお、発行済株式総数は10,000株である。　　（第153回改）

3．定時株主総会を開催し、その他資本剰余金￥1,400,000の処分を次のとおり決定した。なお、資本金は￥32,000,000、資本準備金は￥4,800,000、利益準備金は￥3,120,000であり、発行済株式数は3,000株である。

　　　株主配当金：1株につき￥360　　　準備金：会社法が定める金額

**Rule**
利益からの配当で積立てる準備金と、資本からの配当で積立てる準備金を区別する

4．株主総会の決議を経て、その他資本剰余金￥600,000および繰越利益剰余金￥900,000をそれぞれ準備金に組み入れることとした。　　（第148回改）

**Rule**
資本と利益は区別する
その他資本剰余金
　→資本準備金
繰越利益剰余金
　→利益準備金

5．繰越利益剰余金が￥5,500,000の借方残高となっていたため、株主総会の決議によって、資本準備金￥3,000,000と、利益準備金￥2,500,000を取り崩すこととした。利益準備金の取崩額は、繰越利益剰余金とした。　　（第150回改）

**Rule**
準備金を取り崩すときも、資本と利益を区別する

→ 答案9ページ

## 第7回　商品売買　　　　　　　　　　　　 A　10分　→ 解答74ページ

　下記の各取引について仕訳しなさい。ただし、勘定科目は、次の中から最も適当と思われる
ものを選び、正確に記入すること。

| 現　　　　　金 | 当　座　預　金 | 電子記録債権 | 売　　掛　　金 |
| クレジット売掛金 | 契　約　資　産 | 未　収　入　金 | 仮　払　消　費　税 |
| 仮　受　消　費　税 | 未　払　消　費　税 | 電子記録債務 | 買　　掛　　金 |
| 未　　払　　金 | 返　金　負　債 | 契　約　負　債 | 売　　　　　上 |
| 仕　　　　　入 | 支　払　手　数　料 | 支　払　利　息 | 電子記録債権売却損 |

1．電子記録債権¥500,000を割り引くために、取引銀行を通じて電子債権記録機関に当該債
　権の譲渡記録の請求を行い、取引銀行から割引料¥3,000を差し引いた手取金が当座預金の
　口座に振り込まれた。　　　　　　　　　　　　　　　　　　　　　　　　　　（第149回改）

Rule
イメージ

| 電　債 | 手　形 |
| 安く譲渡 | 割　引 |
| 掛けと相殺 | 裏　書 |

2．B社に対する買掛金¥700,000の支払いにつき、取引銀行を通じて電子債権記録機関にA
　社に対する電子記録債権の譲渡記録を行った。　　　　　　　　　　　　　　（第153回改）

3．商品を¥100,000（税抜き）でクレジット払いの条件で顧客に販売した。信販会社へのクレ
　ジット手数料（税抜きの販売代金の5％）も販売時に計上した。なお、消費税の税率は10％
　とし、税抜方式で処理するが、クレジット手数料には消費税は課税されない。　（第150回改）

Rule
まず貸方の売上と消
費税を処理し、手数
料を引いて売掛金は
差額で計算する

4．7月中にC社へ甲商品4,000個を1個あたり¥250で掛けにて販売した。同社との間には、
　7月から8月の間に同商品を合計5,500個以上購入した場合に、当該期間の販売額の1割を
　リベートとして支払う契約を締結している。返金は9月末に支払う予定である。この条件が
　達成される可能性は高い。

Rule
返金する可能性が高
いと見積もられる金
額は、取引価格（売上）
に含めない

5．(1)　D社と商品乙¥880,000および商品丙¥1,540,000を販売する契約を締結した。ただし、
　　　商品乙の引渡しと商品丙の引渡しは、それぞれ独立した履行義務として識別する。また、
　　　代金の請求は商品乙と商品丙の両方をD社に移転した後に行う契約内容になっている。
　　　契約締結の直後に商品乙を引き渡したが、商品丙については在庫がないので、後日引き
　　　渡すこととなった。
　　(2)　上記の取引の2週間後、販売契約のうち、商品丙をD社に引き渡し、商品乙と商品丙
　　　の代金に対する請求書を送付した。

Hint
商品乙の引渡しだけ
では代金の請求（＝債
権の認識）をしない

➡ 答案10ページ

| 第8回 | 外貨建て取引 | A | 10分 | ➡ 解答76ページ |

下記の各取引について仕訳しなさい。ただし、勘定科目は、次の中から最も適当と思われるものを選び、正確に記入すること。

| 現 金 | 当 座 預 金 | 普 通 預 金 | 売 掛 金 |
| 買 掛 金 | 売 上 | 仕 入 | 為 替 差 損 益 |

ヨコ解き
問 題

第1問

第2問

第3問

第4問
(1)

第4問
(2)

第5問

1．米国の取引先に対して、製品50,000ドルを3か月後に決済の条件で輸出していたが、本日、50,000ドルの送金があり当座預金口座に入金した。

輸出時の為替相場は1ドル¥115、本日の為替相場は1ドル¥105であった。

Rule
資産（売掛金）の場合
決済時レート
－取引時レート
＝⊕為替差益（回収額増加）
　　⊖為替差損（回収額減少）

2．米国の取引先に対して、製品20,000ドルを3か月後に決済の条件で輸出した。輸出時の為替相場は1ドル¥115であったが、20,000ドルを3か月後に1ドル¥110で売却する為替予約が輸出の1週間前に結ばれていたため、この為替予約により振当処理を行う。　(第147回改)

Rule
取引前為替予約
→取引を予約レート
　で換算
取引後為替予約
→予約レート
　－取引時レート
　＝為替差損益

3．先日、商品を800,000ドルにて米国の顧客に掛けで売り渡し、適切に処理していたが（取引時の直物為替相場1ドル＝¥115）、今後円の為替相場が上昇するリスクに備えて、全額1ドル＝¥114にてドルを円に売却する為替予約を締結した。ただし、当該売掛金の円換算額と、為替予約による円換算額との差額はすべて当期の損益として振当処理を行う。　(第148回改)

Hint
1ドル115円の売掛金が114円になったので1円/ドル損した

4．×年8月1日、1か月前の7月1日の輸入取引によって生じた外貨建ての買掛金30,000ドル（決済日は×年9月30日）について、1ドル¥110で30,000ドルを購入する為替予約を取引銀行と契約し、振当処理を行うこととし、為替予約による円換算額との差額はすべて当期の損益として処理する。なお、輸入取引が行われた×年7月1日の為替相場（直物為替相場）は1ドル¥108であり、また本日（×年8月1日）の為替相場（直物為替相場）は1ドル¥109である。　(第152回改)

Hint
2級の処理では、為替予約をした日（8月1日）の直物為替相場（¥109）は解答作成上、関係ない

5．米国の取引先に対して、商品100,000ドルを3か月後に決済の条件で輸出していたが、本日、100,000ドルの送金があり当座預金口座に入金した。

商品の輸出後、円の為替相場が上昇するリスクに備えて、全額1ドル＝¥110にてドルを円に売却する為替予約を締結していた。

輸出時の為替相場は1ドル¥115、本日の為替相場は1ドル¥105であった。

Hint
為替予約を行っている場合、債権・債務と決済額はともに予約レートのため、為替差損益は生じない

# 第2問　個別論点

➡ 答案11ページ

| 第1回 | 連結精算表 | A | 20分 | ➡ 解答78ページ |

次の［資料］にもとづいて、×2年3月期（×1年4月1日から×2年3月31日まで）の連結精算表（連結貸借対照表と連結損益計算書の部分）を作成しなさい。なお、連結精算表の修正・消去欄は採点対象としない。

(第148回改)

[資料]

1．P社は×0年3月31日にS社の発行済株式総数（5,000株）の80％を200,000千円で取得して支配を獲得し、それ以降S社を連結子会社として連結財務諸表を作成している。S社の純資産の部は、次のとおりであった。

（単位：千円）

|  | 資本金 | 資本剰余金 | 利益剰余金 |
|---|---|---|---|
| ×0年3月31日 | 100,000 | 20,000 | 30,000 |
| ×1年3月31日 | 100,000 | 20,000 | 36,000 |

S社は支配獲得後に配当を行っておらず、また、のれんは20年にわたり定額法で償却を行っている。

2．P社およびS社間の債権債務残高および取引高は、次のとおりであった。

| P社からS社 | | S社からP社 | |
|---|---|---|---|
| 売　掛　金 | 180,000千円 | 買　掛　金 | 180,000千円 |
| 貸　付　金 | 60,000千円 | 借　入　金 | 60,000千円 |
| 売　上　高 | 860,000千円 | 仕　入　高 | 860,000千円 |
| 受　取　利　息 | 1,500千円 | 支　払　利　息 | 1,500千円 |

3．当年度末にS社が保有する商品のうちP社から仕入れた商品は140,000千円であった。P社がS社に対して販売する商品の売上総利益率は30％であった。なお、S社の期首の商品残高には、P社から仕入れた商品が90,000千円含まれていた。

4．P社は当年度中に土地（帳簿価額30,000千円）を、S社に対して36,000千円で売却し、代金は現金で受け取った。S社は当期末において、この土地を保有している。

解く前に…
おじけづいてはいけない。諦めてもいけない。［資料］2. を見よう！
点数をくれるために簡単な相殺処理が入っている

Hint
前期にのれん償却と利益の非株振替えをしている

Rule
過年度の損益（連結第1年度ののれん償却など）は利益剰余金に化ける

Hint
期末商品が減れば売上原価が増える

商品
| | 売上原価 |
|---|---|
| | ↓ |
| | 期末商品 |

Hint
アップストリームが無ければ、非株は純資産×非株割合で計算できる

➡ 答案12ページ

| 第2回 | 連結財務諸表 | B 30分 ➡ 解答82ページ |

次に示した［資料］にもとづいて、答案用紙の連結貸借対照表と連結損益計算書を作成しなさい。なお、当期は×6年4月1日から×7年3月31日までの1年間である。

［資料］

1．P社は×5年3月31日に、S社の発行済株式数の80%を160,000千円で取得し、支配を獲得した。S社の純資産の部は、次のとおりであった。

（単位：千円）

| | 資本金 | 資本剰余金 | 利益剰余金 |
|---|---|---|---|
| ×5年3月31日 | 100,000 | 20,000 | 30,000 |
| ×6年3月31日 | 100,000 | 20,000 | 各自計算 |

Hint
利益剰余金
期首－配当＋利益
＝期末
逆算する

2．のれんは発生年度の翌年から10年にわたり定額法により償却する。

3．S社は、当期に繰越利益剰余金を財源に10,000千円の配当を行っており、P社はそのうち8,000千円を受け取っている。なお、前期は配当を行っていない。

4．前期よりS社はP社に商品を掛けで販売している。S社のP社への売上高は860,000千円であり、S社はP社に商品を販売するにあたり仕入原価に10%の利益を付加している。

Rule
原価×10%＝利益
原価＋利益＝売価
1    0.1   1.1

5．P社はS社から仕入れた商品のうち、110,000千円が期末商品棚卸高に含まれている。また、P社の期首商品棚卸高に99,000千円のS社から仕入れた商品が含まれている。

6．S社の売掛金のうち180,000千円はP社に対するものである。S社はP社に対する売掛金について貸倒引当金を設定していない。

7．当期において、P社はS社に土地（帳簿価額30,000千円）を36,000千円で売却しており、代金は当期末現在、未回収である。S社は当期末において、この土地を保有している。

Hint
固定資産の売却に係る債権、債務が計上されている

貸 借 対 照 表
×7年3月31日現在 （単位：千円）

| 資 産 | P 社 | S 社 | 負債・純資産 | P 社 | S 社 |
|---|---|---|---|---|---|
| 現 金 預 金 | 368,000 | 65,000 | 買 掛 金 | 394,000 | 277,000 |
| 売 掛 金 | 480,000 | 220,000 | 未 払 金 | 120,000 | 42,000 |
| 商 品 | 370,000 | 165,000 | 資 本 金 | 226,000 | 100,000 |
| 未 収 入 金 | 80,000 | 13,000 | 資 本 剰 余 金 | 123,000 | 20,000 |
| 土 地 | 205,000 | 36,000 | 利 益 剰 余 金 | 800,000 | 60,000 |
| S 社 株 式 | 160,000 | — | | | |
| | 1,663,000 | 499,000 | | 1,663,000 | 499,000 |

損 益 計 算 書
自×6年4月1日 至×7年3月31日 （単位：千円）

| 費 用 | P 社 | S 社 | 収 益 | P 社 | S 社 |
|---|---|---|---|---|---|
| 売 上 原 価 | 1,014,000 | 767,000 | 売 上 高 | 1,560,000 | 1,080,000 |
| 販売費及び一般管理費 | 477,800 | 289,000 | 受 取 配 当 金 | 12,000 | — |
| 当 期 純 利 益 | 88,200 | 24,000 | 固 定 資 産 売 却 益 | 8,000 | — |
| | 1,580,000 | 1,080,000 | | 1,580,000 | 1,080,000 |

➡ 答案13ページ

| 第3回 | 株主資本等変動計算書 | A | 15分 | ➡ 解答86ページ |

次に示した大阪物産株式会社の [資料] にもとづいて、答案用紙の株主資本等変動計算書 (単位：千円) について、(　　) に適切な金額を記入して完成しなさい。金額が負の値のときは、金額の前に△を付して示すこと。なお、会計期間は×8年4月1日から×9年3月31日までの1年間である。

(第151回改)

[資料]

1. ×8年3月31日の決算にあたって作成した貸借対照表において、純資産の部の各科目の残高は次のとおりであった。なお、この時点における発行済株式総数は50,000株である。

| 資　本　金 | ¥40,000,000 | 資本準備金 | ¥3,200,000 | その他資本剰余金 | ¥1,000,000 |
| 利益準備金 | ¥　800,000 | 別途積立金 | ¥440,000 | 繰越利益剰余金 | ¥2,400,000 |

2. ×8年6月28日、定時株主総会を開催し、剰余金の配当および処分を次のように決定した。
   ① 株主への配当金について、その他資本剰余金を財源として1株につき¥10、繰越利益剰余金を財源として1株につき¥30の配当を行う。
   ② 上記の配当に関連して、会社法が定める金額を資本準備金および利益準備金として積み立てる。
   ③ 繰越利益剰余金を処分し、別途積立金として¥160,000を積み立てる。

3. ×8年9月1日、新株1,000株を1株につき¥1,000で発行して増資を行い、全額の払込みを受け、払込金は当座預金とした。なお、会社法が定める最低限度額を資本金とした。

4. ×9年2月1日、神戸商事株式会社を吸収合併し、同社の諸資産 (時価総額¥18,000,000) と諸負債 (時価総額¥10,000,000) を引き継ぐとともに、合併の対価として新株8,000株 (1株当たりの時価は¥1,100) を発行し、同社の株主に交付した。なお、新株の発行にともなう純資産 (株主資本) の増加額のうち、¥6,000,000は資本金とし、残額はその他資本剰余金として計上した。

5. ×9年3月31日、決算を行い、当期純利益¥1,960,000を計上した。

Rule
シー（４）本金の1/4に達するまで配トー（10）金の1/10を準備金として積立てる

➡ 答案14ページ

➡ 解答88ページ

第4回 | **有価証券1** | A | 15分

有価証券の取引にかかわる次の［資料］にもとづいて、下記の［設問］に答えなさい。なお、利息は便宜上すべて月割で計算し、総勘定元帳は英米式決算法によって締め切るものとする。会計期間は×1年4月1日から×2年3月31日までの1年間である。

（第148回改）

**Hint**
次のように下書き用紙に仕訳を分けるとよい

| 売目有証 | 満保債 |
|---|---|
| ⋮ | ⋮ |

ヨコ解き 問 題

第1問

第2問

第3問

第4問 (1)

第4問 (2)

第5問

［資料］　×1年度における有価証券の取引

×1年
11月1日
　売買目的で額面総額¥300,000の国債（利率は年0.4％、利払いは9月末と3月末の年2回、償還日は×6年3月31日）を額面@¥100につき@¥98.00で購入し、代金は1か月分の端数利息とともに小切手を振り出して支払った。

×2年
2月1日
　満期保有目的で額面総額¥600,000のA社社債（利率は年0.6％、利払いは1月末の年1回、償還日は×7年1月31日）を発行と同時に額面@¥100につき@¥98.50で購入し、代金は小切手を振り出して支払った。なお、額面金額と取得価額の差額は金利の調整の性格を有すると認められる。

×2年
3月31日
　売買目的で保有する国債の利払日となり、6か月分の利息が当座預金の口座に振り込まれた。また、決算にあたり、次の決算整理を行う。

**Hint**
売買目的の資料だけ抜き出して、利息の受け取り、期末評価を行う。満期保有も同じ

　(1)　売買目的で保有する国債の決算日における時価は、額面@¥100につき@¥98.80である。時価への評価替えを行う。

　(2)　満期保有目的で保有するA社社債について、当期分の利息を未収計上するとともに、償却原価法（定額法）で評価する。

［設問］

**問**　答案用紙の売買目的有価証券勘定、満期保有目的債券勘定および有価証券利息勘定への記入を完成しなさい。

➡ 答案15ページ

| 第5回 | 有価証券2 | B | 20分 | ➡ 解答90ページ |

有価証券取引に関する［資料1］から［資料3］までにもとづいて、下記の設問に答えなさい。本問では、有価証券の売却原価の算定は移動平均法により、税効果会計は考慮しない。

（第156回改）

Hint
答案用紙の4/1のその他有価証券評価差額金が1行しかないため、期首の洗替えと期末評価は2銘柄をまとめて仕訳する

［資料1］　×1年3月31日現在の投資有価証券の明細

| 銘　　柄 | 所有目的 | 株数または額面 | 取得原価 | 前期末時価 |
|---|---|---|---|---|
| A株式（上場） | その他有価証券 | 2,000株 | ¥4,000,000 | ¥4,800,000 |
| B債券（上場） | その他有価証券 | ¥5,000,000 | ¥5,000,000 | ¥5,030,000 |

（注1）　B債券は×0年4月1日に額面1口1,000円、5,000口を額面金額で取得したものであり、償還日は×8年3月31日、利率は年0.4％、利払いは3月末と9月末の年2回均等額の支払いである。

［資料2］　×1年4月1日から×2年3月31日までの投資有価証券の取引

4月1日　　その他有価証券について、期首における洗替処理を行う。

5月10日　　A株式500株を1株¥2,500で追加取得し、普通預金から支払った。

9月30日　　B債券の利払いが普通預金に入金された。

12月31日　　B債券の50％を¥2,600,000（経過利息¥2,500を含む）で売却し、代金は普通預金に入金された。

3月31日　　B債券の利払いが普通預金に入金された。

3月31日　　その他有価証券を時価評価する会計処理を行う。

［資料3］　×2年3月31日の有価証券の時価は、次の通りであった。

| 銘　　柄 | 1株当たりまたは額面¥1,000当たりの時価 |
|---|---|
| A株式 | ¥2,600 |
| B債券 | ¥1,050 |

［設問］

**問1**　その他有価証券勘定と有価証券利息勘定の記入を完成しなさい。総勘定元帳は英米式によって締め切るものとする。

**問2**　当期の投資有価証券売却損益（答案用紙の（　　　）に「損」または「益」を記入する）の金額を答えなさい。

➡ 答案16ページ

| 第6回 | 固定資産1 | | B 20分 | ➡ 解答92ページ |

次の固定資産に関連する取引（×9年4月1日から×10年3月31日までの会計期間）の［資料］にもとづいて、問1、問2に答えなさい。ただし、減価償却に係る記帳は直接法によることとし、決算にあたっては英米式決算法にもとづき締め切ること。

（第150回改）

［資料］　固定資産関連取引

| 取引日 | 摘　要 | 内　　容 |
|---|---|---|
| 4月1日 | リース取引開始 | 自動車のリース契約を締結し、ただちに引渡しを受け、使用を開始した。<br>・年間リース料：¥480,000（後払い）<br>・見積現金購入価額：¥2,000,000<br>・リース期間：5年<br>・減価償却：残存価額ゼロ　定額法<br>・リース取引の会計処理：所有権移転外ファイナンス・リース取引に該当し、利子込み法を適用する |
| 6月7日 | 国庫補助金受入 | 機械装置の購入に先立ち、国から補助金¥3,000,000が交付され、同額が当社の普通預金口座に振り込まれた。 |
| 9月1日 | 機械装置購入 | 機械装置（残存価額：ゼロ　200％定率法（償却率0.400））¥6,000,000を購入し、ただちに使用を開始した。代金のうち、¥1,200,000は現金で支払い、残額は小切手を振り出して支払った。 |
| 9月2日 | 圧縮記帳処理 | 上記機械装置に関し、6月7日に受け取った国庫補助金に係る圧縮記帳を直接控除方式にて行った。 |
| 3月31日 | リース料支払 | 上記のリース取引につき、年間のリース料を普通預金から振り込んだ。 |
| 同上 | 決算整理手続 | 決算に際して、固定資産の減価償却を行う。ただし、期中に取得した機械装置については月割計算にて減価償却費を算定すること。 |

**問1**　総勘定元帳における機械装置勘定およびリース資産勘定への記入を行いなさい。

**問2**　上記機械装置の会計上の耐用年数は5年であるが、税法上は8年（償却率0.250）である。そのため、税効果会計を適用した場合に必要となる仕訳を示しなさい。法人税、住民税および事業税の実効税率は30％である。

Rule
直接法：固定資産を直接減らす方法
英米式：残高を次期繰越として締切る方法

Hint
利子込み法ではリース料の総支払額が取得原価となる

Hint
減価償却費の差額に課税されるため、その30％の金額を税金の前払いしたことになる

15

➡ 答案17ページ

## 第7回 固定資産2

B 20分 ➡ 解答94ページ

前期末（×8年3月31日）の固定資産管理台帳の内容（取得原価の部分まで）は、下記の(1)に示したとおりであった。当期（×8年4月1日から×9年3月31日までの1年間）の固定資産関係の取引は、(2)に記載されており、減価償却の方法は(3)に記載されている。

[設問]
1. 答案用紙に示された当期の諸勘定（一部）に必要な記入を行い、締め切りなさい。
2. 当期の固定資産除却損の金額を答えなさい。

(1) 固定資産管理台帳（前期末）

**Hint**
建物、ソフトウェアA、ソフトウェアB、といった形で資産ごとに区別して1つ1つ当期の仕訳をしていくこと

固定資産管理台帳　　　　×8年3月31日現在

| 取得年月日 | 用　途 | 期末数量 | 耐用年数 | 取得原価 |
|---|---|---|---|---|
| 建物 | | | | |
| ×0.4.1 | 事務所 | 1 | 25年 | 7,500,000 |
| ソフトウェア | | | | |
| ×1.4.1 | システムA | 1 | 10年 | 2,000,000 |

(2) 当期の取引
① ×8年7月1日に、かねて建設を依頼していた商品倉庫が完成し、工事の代金¥1,200,000（翌月末払い）を建物勘定に追加計上し、耐用年数15年で減価償却を行うこととした。

② ×8年10月1日から、新たなシステムBが稼働しソフトウェアの代金（翌月末払い）は¥2,800,000であった。システムB（耐用年数10年）の稼働に伴い、システムAが不要となったため、9月末の帳簿価額にもとづき、除却処理を行った。

**Hint**
有形固定資産と同じく期中のソフトウェア償却の月割計上と除却の処理をまとめて行う

(3) 減価償却の方法
減価償却の方法は、以下のとおりである。

建物　定額法（残存価額ゼロ）期中取得分は年間の償却費を月割で計算（間接法による）

ソフトウェア　定額法　期中取得分は年間の償却費を月割で計算（直接法による）

➡ 答案18ページ

| 第8回 | 商品売買 | C | 25分 | ➡ 解答97ページ |

次の商品関連取引（×1年1月1日から12月31日までの会計期間）の［資料］にもとづいて、⑴答案用紙に示された総勘定元帳の買掛金、商品の各勘定の記入を示し、⑵損益に関する勘定のうち、①当期の売上高、②当期の為替差損、および③当期の為替差益の金額を答えなさい。

（第149回改）

[注意事項]
1. 当社は、棚卸資産の払出単価の決定方法として移動平均法を採用している。
2. 当社は、商品売買の記帳に関して、「販売のつど売上原価に振り替える方法」を採用している。
3. 実地棚卸の結果生ずる棚卸減耗損は、独立の項目として表示している。
4. 決算にあたり、各勘定を英米式決算法にもとづき、締め切る。
5. 外貨建て取引に係る仕訳にあたっては為替差損、為替差益勘定を用いること。

[資料] 商品関連取引

| 取引日 | 摘要 | 内容 |
|---|---|---|
| 1月1日 | 前期繰越 | 輸入商品X　数量2,000個　@¥1,000<br>買掛金（ドル建て）¥3,150,000　前期末の為替相場1ドル¥105 |
| 2月28日 | 買掛金支払 | 期首の買掛金（ドル建て）を普通預金から全額支払い。<br>支払時の為替相場1ドル¥110 |
| 6月30日 | 販売 | 商品X1,000個をA商会に@¥1,800で販売し、代金は小切手で受取った。 |
| 11月1日 | 輸入 | 商品X3,000個を@10ドルで、3か月後払いの条件で輸入。<br>輸入時の為替相場1ドル¥108 |
| 12月1日 | 販売 | 商品X2,500個をB物産に@¥2,000で販売し、代金は掛けとした。 |
| 12月31日 | 決算 | 決算日の為替相場が1ドル¥120となった。 |
| 12月31日 | 決算 | 実地棚卸を行ったところ、商品Xの実地棚卸数量は、1,450個であった。 |

ヨコ解き
問題

第1問

Hint
販売時の処理
売掛金×××／売上×××
売上原価××／商品××
（売価×××、原価××）

第2問

第3問

第4問
⑴

第4問
⑵

第5問

Hint
1ドル¥105の買掛金
を¥110で支払ったの
で1ドルにつき¥5
の損

Hint
移動平均法では決算
時の平均単価で減耗
損を計算する

# 第3問 財務諸表の作成

➡ 答案19ページ

| 第1回 | 貸借対照表作成1 | A | 20分 | ➡ 解答100ページ |

次に示した東京商会株式会社の［資料Ⅰ］、［資料Ⅱ］および［資料Ⅲ］にもとづいて、答案用紙の貸借対照表を完成しなさい。なお、会計期間は×8年4月1日から×9年3月31日までの1年間である。

(第150回改)

［資料Ⅰ］　決算整理前残高試算表

### 決算整理前残高試算表
#### ×9年3月31日　（単位：円）

| 借　方 | 勘定科目 | 貸　方 |
|---:|:---:|---:|
| 150,000 | 現　　　　　金 | |
| 786,000 | 当　座　預　金 | |
| 220,000 | 受　取　手　形 | |
| 410,000 | 売　　掛　　金 | |
| | 貸　倒　引　当　金 | 7,000 |
| 30,000 | 繰　越　商　品 | |
| 67,000 | 仮　払　法　人　税　等 | |
| 3,000,000 | 建　　　　　物 | |
| | 建物減価償却累計額 | 800,000 |
| 600,000 | 備　　　　　品 | |
| | 備品減価償却累計額 | 216,000 |
| 1,200,000 | 建　設　仮　勘　定 | |
| 788,000 | 満　期　保　有　目　的　債　券 | |
| 200,000 | 子　会　社　株　式 | |
| 100,000 | 関　連　会　社　株　式 | |
| | 支　払　手　形 | 190,000 |
| | 買　　掛　　金 | 380,000 |
| | 長　期　借　入　金 | 800,000 |
| | 退　職　給　付　引　当　金 | 260,000 |
| | 資　　本　　金 | 3,800,000 |
| | 利　益　準　備　金 | 360,450 |
| | 繰　越　利　益　剰　余　金 | 100,000 |
| | 売　　　　　上 | 8,806,000 |
| | 有　価　証　券　利　息 | 4,000 |
| 7,700,000 | 仕　　　　　入 | |
| 468,000 | 給　　　　　料 | |
| 4,450 | 支　払　利　息 | |
| 15,723,450 | | 15,723,450 |

[資料Ⅱ]　未処理事項

1．手形¥50,000を取引銀行で割り引き、割引料¥200を差し引いた手取額は当座預金としていたが、この取引は未記帳である。

2．建設仮勘定は建物の建設工事（工事代金総額¥1,800,000）にかかわるものであるが、工事はすでに完了し、当期の３月１日に引渡しを受けていた。なお、工事代金の残額¥600,000については、建物の引渡しの際に小切手を振り出して支払ったが、この取引も未記帳である。

Hint
３月１日に引渡しを受けているので決算まで１か月使用しています

ヨコ解き
問　題

第１問

第２問

第３問

第４問
(1)

第４問
(2)

第５問

[資料Ⅲ]　決算整理事項

1．受取手形と売掛金の期末残高に対して２％の貸倒れを見積もる。貸倒引当金は差額補充法によって設定する。

2．商品の期末棚卸高は次のとおりである。

　　　帳簿棚卸高：数量352個、帳簿価額　@¥90
　　　実地棚卸高：数量350個、正味売却価額　@¥85

3．有形固定資産の減価償却は次の要領で行う。

　　　建物：耐用年数は30年、残存価額はゼロとして、定額法を用いて計算する。
　　　備品：耐用年数は10年、残存価額はゼロとして、200％定率法を用いて計算する。
　　　なお、当期に新たに取得した建物についても、耐用年数は30年、残存価額はゼロとして、定額法を用いて月割で計算する。

4．当期末に保有している有価証券は次のとおりである。

| | 帳簿価額 | 期末時価 | 保有目的 |
|---|---|---|---|
| A社株式 | ¥200,000 | ¥210,000 | 支配目的 |
| B社株式 | ¥100,000 | ¥80,000 | 影響力行使 |
| C社社債 | ¥788,000 | ¥791,000 | 満期保有目的 |

　　C社社債は、当期の４月１日に他社が発行した社債（額面総額¥800,000、利率年0.5％、利払日は９月末と３月末の年２回、償還期間は５年）を発行と同時に取得したものである。額面総額と取得価額の差額は金利の調整を表しているので、償却原価法（定額法）により評価する。

Hint
満期保有目的債券は５年間で¥12,000加算していくことになる

5．退職給付引当金の当期繰入額は¥92,500である。

6．長期借入金は、当期の９月１日に借入期間４年、利率年1.2％、利払いは年１回（８月末）の条件で借り入れたものである。決算にあたって、借入利息の未払分を月割計算で計上する。

7．法人税、住民税および事業税として¥125,000を計上する。なお、仮払法人税等¥67,000は中間納付にかかわるものである。税引前当期純利益は¥355,000である。

➡ 答案20ページ

次に示した名古屋商会株式会社の［資料Ⅰ］、［資料Ⅱ］および［資料Ⅲ］にもとづいて、答案用紙の損益計算書を完成しなさい。なお、会計期間は×8年4月1日から×9年3月31日までの1年間である。

（第147回改）

［資料Ⅰ］決算整理前残高試算表

### 決算整理前残高試算表
×9年3月31日　　　　　　　　　（単位：円）

| 借　方 | 勘　定　科　目 | 貸　方 |
|---:|:---:|---:|
| 335,000 | 現　　　　　金 | |
| 739,600 | 当　座　預　金 | |
| 400,000 | 受　取　手　形 | |
| 671,000 | 売　掛　金 | |
| | 貸　倒　引　当　金 | 15,000 |
| 300,000 | 売買目的有価証券 | |
| 330,000 | 繰　越　商　品 | |
| 55,000 | 仮　払　法　人　税　等 | |
| 800,000 | 未　決　算 | |
| 1,500,000 | 建　　　　　物 | |
| | 建物減価償却累計額 | 350,000 |
| 600,000 | 備　　　　　品 | |
| | 備品減価償却累計額 | 150,000 |
| 1,220,000 | 土　　　　　地 | |
| 360,000 | ソ　フ　ト　ウ　ェ　ア | |
| | 支　払　手　形 | 399,000 |
| | 買　掛　金 | 555,000 |
| | 長　期　借　入　金 | 900,000 |
| | 資　本　金 | 3,500,000 |
| | 利　益　準　備　金 | 330,000 |
| | 繰　越　利　益　剰　余　金 | 499,000 |
| | 売　　　　　上 | 6,580,000 |
| 5,450,000 | 仕　　　　　入 | |
| 280,000 | 給　　　　　料 | |
| 60,000 | 広　告　宣　伝　費 | |
| 155,000 | 消　耗　品　費 | |
| 10,000 | 保　　険　　料 | |
| 9,000 | 貸　倒　損　失 | |
| 3,400 | 手　形　売　却　損 | |
| 13,278,000 | | 13,278,000 |

[資料Ⅱ]　未処理事項

1．未決算￥800,000は火災保険金の請求にかかわるものであるが、保険会社より火災保険金￥700,000の支払いが決定した旨の通知があったので、適切な処理を行う。

Hint
保険金収入＞未決算
　→利益
保険金収入＜未決算
　→損失

2．土地の一部（帳簿価額￥120,000）を売却し、売却代金￥190,000は当座預金としていたが、この取引は未記帳である。

ヨコ解き
問　題

第1問

第2問

第3問

第4問
(1)

第4問
(2)

第5問

[資料Ⅲ]　決算整理事項

1．売上債権の期末残高に対して2％の貸倒れを見積もる。貸倒引当金は差額補充法によって設定する。

2．商品の期末棚卸高は次のとおりである。棚卸減耗損と商品評価損は売上原価の内訳科目として処理する。

　　　帳簿棚卸高：数量 450個、帳簿価額 @￥800
　　　実地棚卸高：数量 444個、正味売却価額 @￥795

3．有形固定資産の減価償却は次の要領で行う。

　　　建物：耐用年数は30年、残存価額はゼロとして、定額法を用いる。
　　　備品：償却率は25％として、定率法を用いる。

4．ソフトウェアは、当期の6月1日に自社利用目的で取得したものであり、5年間にわたり残存価額をゼロとして定額法により月割償却を行う。

5．売買目的有価証券の内訳は次のとおりである。

| | 帳簿価額 | 時　価 |
|---|---|---|
| A社株式 | ￥100,000 | ￥80,000 |
| B社株式 | ￥200,000 | ￥231,400 |

6．長期借入金は、当期の7月1日に借入期間5年、利率年1.2％、利払いは年1回（6月末）の条件で借り入れたものである。決算にあたって、借入利息を月割計算で未払計上する。

7．法人税、住民税および事業税について決算整理を行い、中間納付額控除後の金額￥78,000を未払法人税等として計上する。なお、仮払法人税等￥55,000は中間納付にかかわるものである。

Hint
(法 人 税 等)
　(仮払法人税等)
　(未払法人税等)
法人税等は、仮払と
未払の合計となる

➡ 答案21ページ

➡ 解答104ページ

| 第3回 | 精算表作成 | A 20分 |
|---|---|---|

次の京都商事株式会社の［資料Ⅰ］および［資料Ⅱ］にもとづいて、精算表を完成しなさい。
ただし、会計期間は1年、決算日は×4年3月31日である。 (第146回改)

[資料Ⅰ] 未処理事項

(1) 建設仮勘定に含まれている¥160,000は、当期中に完了した建物の増改築工事にかかわるものである。この増改築工事による増加部分は、すでに決算日の6か月前から使用が開始されている。この増改築工事の代金のうち¥40,000は修繕費として処理すべきものであることが判明している。

Hint
¥120,000が建物となり、6か月分の償却が必要になる

(2) 仮払金は、当期中に退職した従業員に対する支払額¥30,000であり、対応する退職給付引当金の取崩し処理が行われていないことが判明した。

[資料Ⅱ] 決算整理事項

(1) 期末商品の棚卸高は次のとおりである。

| | 帳簿棚卸数量 | 実地棚卸数量 | 単価（原価） | 正味売却価額 |
|---|---|---|---|---|
| 商 品 A | 200個 | 190個 | @¥500 | @¥450 |
| 商 品 B | 420個 | 400個 | @¥410 | @¥610 |

売上原価は「売上原価」の行で計算する。また、商品評価損と棚卸減耗損は、精算表上、独立の項目として示すこと。

(2) 受取手形および売掛金の期末残高の合計に対して、過去の貸倒実績率により1%の貸倒れを見積もる。なお、貸倒引当金の設定は差額補充法によること。

(3) 有形固定資産の減価償却
建物は、耐用年数は30年、残存価額はゼロとして定額法により計算する。この建物は、増改築工事の完了時に取得後ちょうど10年を経過しており、当期の増改築工事による増加部分はこの建物の残存耐用年数にわたり残存価額はゼロとして定額法により償却することとした。
備品は、償却率20%として、定率法により計算する。

Hint
既存の建物は普通に償却すればよい

(4) 満期保有目的債券は、C社社債（額面総額¥600,000、利率年0.5%、利払日 3月末日および9月末日の年2回、償還日×7年3月31日）を×2年4月1日に取得したものである。額面総額と取得価額との差額は金利の調整の性格を有していると判断されるため、償却原価法（定額法）により評価する。

Hint
前期首に取得し取得原価が分からないため、簿価を残存年数にわたり償却する

(5) 買掛金の中に、ドル建買掛金¥22,000 (200ドル、仕入時の為替相場1ドル¥110)が含まれており、決算時の為替相場は、1ドル ¥115であった。

Hint
買掛金が増えた
→為替差損

22

(6) 期末時点に計上すべき退職給付引当金の残高は¥200,000であった。

(7) 保険料の中には、当期中の12月1日に1年分の火災保険料を前払いした¥12,000が含まれている。

ヨコ解き
問　題

第1問

第2問

第3問

第4問
(1)

第4問
(2)

第5問

➡答案22ページ

| 第4回 | 損益計算書作成2 | B | 25分 | ➡ 解答107ページ |

次に示した株式会社大阪商会の［資料1］から［資料3］にもとづいて、答案用紙の損益計算書を完成しなさい。なお、会計期間は×7年4月1日より×8年3月31日までの1年間である。

［資料1］決算整理前残高試算表

### 決算整理前残高試算表 （単位：円）

| 借　方 | 勘　定　科　目 | 貸　方 |
|---:|:---|---:|
| 2,799,000 | 現　金　預　金 | |
| 3,087,000 | 受　取　手　形 | |
| 5,163,000 | 売　掛　金 | |
| 1,800,000 | クレジット売掛金 | |
| | 貸　倒　引　当　金 | 76,000 |
| 550,000 | 売買目的有価証券 | |
| 3,800,000 | 繰　越　商　品 | |
| 400,000 | 仮　払　法　人　税　等 | |
| 5,000,000 | 貸　付　金 | |
| 7,240,000 | 建　　　　物 | |
| | 建物減価償却累計額 | 900,000 |
| 2,000,000 | 車　両　運　搬　具 | |
| | 車両運搬具減価償却累計額 | 500,000 |
| 4,010,000 | 土　　　　地 | |
| 720,000 | その他有価証券 | |
| | 支　払　手　形 | 2,953,000 |
| | 買　掛　金 | 3,872,300 |
| | 長　期　借　入　金 | 8,000,000 |
| | 資　本　金 | 10,000,000 |
| | 繰　越　利　益　剰　余　金 | 5,898,500 |
| | 売　　　　上 | 48,947,000 |
| | 負ののれん発生益 | 100,000 |
| 32,651,000 | 仕　　　　入 | |
| 9,608,300 | 給　　　　料 | |
| 746,500 | 水　道　光　熱　費 | |
| 420,000 | 保　　険　　料 | |
| 288,000 | 支　払　利　息 | |
| 964,000 | 有　価　証　券　売　却　損 | |
| 81,246,800 | | 81,246,800 |

[資料2] 決算にあたっての修正事項

1. 当社では、クレジット取引をのぞき、商品の売買はすべて掛けにて行っており、収益の認識は検収基準にもとづいている。決算作業に取り組んでいたところ、営業部門から売価 ¥70,000の商品を得意先京都商事に納入し、先方による検収が3月中に完了していたとの連絡が入った。

Rule
検収基準では得意先による検収完了分が売上となる

2. 得意先甲商店が倒産し、売掛金 ¥50,000が貸し倒れた。 そのうち ¥30,000は当期に販売した商品に係るものである。

[資料3] 決算整理事項

1. 期末商品帳簿棚卸高は¥4,200,000（[資料2] 1. の売上に係る原価を控除済み）である。ただし、商品Aには棚卸減耗損 ¥180,000、商品Bには商品評価損 ¥190,000が生じている。いずれも売上原価の内訳項目として表示する。

2. 期末残高に対し、クレジット売掛金については0.5％、受取手形および売掛金については1％を差額補充法により貸倒引当金を設定する。

3. 次の要領にて有形固定資産の減価償却を行う。
建物のうち¥3,240,000は×8年1月10日に取得し、×8年2月1日より使用を開始している。

| | 減価償却方法 | 残存価額 | 耐用年数 | 備　　考 |
|---|---|---|---|---|
| 建　　　　物 | 定額法 | 取得原価の10% | 40年 | 新規取得分は残存価額ゼロで月割計算にて減価償却を行う |
| 車両運搬具 | 生産高比例法 | 同　　上 | － | 総走行可能距離　200,000 km<br>当期の走行距離　40,000 km |

4. 売買目的有価証券の期末における時価は ¥600,000、その他有価証券の期末における時価は ¥750,000であった。税効果会計は適用しない。

Rule
その他有価証券は全部純資産直入法。つまりP/Lには影響しない

5. 保険料はかねてより毎年同額を6月1日に向こう1年分をまとめて支払っている。未経過分について必要な処理を月割計算にて行う。

6. 貸付金は、×7年11月1日に取引先奈良商店に期間1年、利息は年利率4.8％にて返済時に元本とともに受け取る条件で貸し付けたものである。これに対し、3％の貸倒引当金を設定する。また、利息を月割計算にて計上する。

7. 税引前当期純利益の25％に当たる ¥1,000,000を「法人税、住民税及び事業税」に計上する。

Hint
1,000,000÷25％で税引前当期純利益を算定できる

ヨコ解き
問　題

第1問

第2問

第3問

第4問
(1)

第4問
(2)

第5問

➡ 答案23ページ

次に示した商品売買業を営む株式会社神戸商会の［資料1］から［資料3］にもとづいて、答案用紙の貸借対照表を完成させなさい。会計期間は20×8年4月1日より20×9年3月31日までの1年間である。本問では減価償却およびその他有価証券の2項目に関してのみ税効果会計を適用する。法定実効税率は前期・当期とも25％であり、将来においても税率は変わらないと見込まれている。なお、繰延税金資産は全額回収可能性があるものとする。

（第152回改）

［資料1］　決算整理前残高試算表

### 決算整理前残高試算表 （単位：円）

| 借　方 | 勘 定 科 目 | 貸　方 |
|---:|:---:|---:|
| 6,598,000 | 現　金　預　金 | |
| 9,960,000 | 売　　掛　　金 | |
| | 貸　倒　引　当　金 | 12,000 |
| 8,400,000 | 繰　越　商　品 | |
| 6,064,000 | 仮　払　消　費　税 | |
| 720,000 | 仮　払　法　人　税　等 | |
| 15,000,000 | 建　　　　物 | |
| | 建物減価償却累計額 | 5,000,000 |
| 7,200,000 | 備　　　　品 | |
| 6,800,000 | そ　の　他　有　価　証　券 | |
| 25,000 | 繰　延　税　金　資　産 | |
| | 買　　掛　　金 | 9,556,000 |
| | 仮　受　消　費　税 | 7,280,000 |
| | 資　　本　　金 | 27,000,000 |
| | 繰　越　利　益　剰　余　金 | 5,192,000 |
| 75,000 | その他有価証券評価差額金 | |
| | 売　　　　上 | 91,000,000 |
| | 受　取　配　当　金 | 300,000 |
| 67,500,000 | 仕　　　　入 | |
| 11,748,000 | 給　　　　料 | |
| 1,350,000 | 販　　売　　費 | |
| 300,000 | 減　価　償　却　費 | |
| 3,600,000 | 火　災　未　決　算 | |
| 145,340,000 | | 145,340,000 |

[資料2]　決算にあたっての修正事項

1．期中に火災に遭ったが保険を付していたため、焼失した資産の帳簿価額（減価償却費計上済）を火災未決算勘定に振り替える処理を行っていた。決算の直前に保険会社から20×9年4月末日に保険金¥1,540,000が当社の普通預金口座に入金されることが決定したとの連絡が入った。

Hint
火災未決算を未収入金と火災損失に分ける

2．売掛金¥740,000が決算日に回収され当社の当座預金口座に入金されていたが、その連絡が届いていなかったので未処理である。

[資料3]　決算整理事項等

1．期末商品帳簿棚卸高は¥8,900,000である。A商品には商品評価損¥170,000、B商品には棚卸減耗損¥230,000が生じている。いずれも売上原価に算入する。

Hint
B/S作成なので、商品評価損などを売上原価に算入するか否かは関係ない

2．売上債権の期末残高につき、「1,000分の10」を差額補充法により貸倒引当金として設定する。なお、当該引当金に係る税効果は生じていない。

3．建物、備品とも残存価額ゼロ、定額法にて減価償却を行う。建物の耐用年数は30年、備品の耐用年数は6年である。ただし、備品は当期首に購入したものであり、税務上の法定耐用年数が8年であることから、減価償却費損金算入限度超過額に係る税効果会計を適用する。

Hint
6年で減価償却費を計算し、8年との差額が一時差異となり税効果会計の対象となる

4．消費税の処理（税抜方式）を行う。

5．その他有価証券の金額は、C社株式の前期末の時価である。前期末に当該株式を全部純資産直入法にもとづき時価評価した差額について、期首に戻し入れる洗替処理を行っていなかった。

　そのため、決算整理前残高試算表の繰延税金資産は、前期末に当該株式に対して税効果会計を適用した際に生じたものであり、これ以外に期首時点における税効果会計の適用対象はなかった。当期末のC社株式の時価は¥7,700,000である。

6．法人税、住民税及び事業税に¥1,941,500を計上する。なお、仮払法人税等は中間納付によるものである。税引前当期純利益は¥6,661,800である。

7．繰延税金資産と繰延税金負債を相殺し、その純額を固定資産または固定負債として貸借対照表に表示する。

ヨコ解き問題
第1問
第2問
第3問
第4問(1)
第4問(2)
第5問

→ 答案24ページ

次に示した岡山商事株式会社の ［資料Ⅰ］、［資料Ⅱ］、［資料Ⅲ］にもとづいて、答案用紙の損益計算書を作成しなさい。なお、会計期間は×6年4月1日から×7年3月31日までの1年間である。

［資料Ⅰ］

決算整理前残高試算表
×7年3月31日　　　（単位：円）

| 借　　方 | 勘　定　科　目 | 貸　　方 |
|---:|:---:|---:|
| 504,450 | 現　金　預　金 | |
| 188,000 | 受　取　手　形 | |
| 2,472,000 | 売　　掛　　金 | |
| 3,316,600 | 繰　越　商　品 | |
| 72,000 | 前　　渡　　金 | |
| | 貸　倒　引　当　金 | 2,400 |
| 1,440,000 | 建　　　　　物 | |
| 300,000 | 備　　　　　品 | |
| | 建物減価償却累計額 | 764,000 |
| | 備品減価償却累計額 | 128,500 |
| 673,000 | 土　　　　　地 | |
| 8,000 | 建　設　仮　勘　定 | |
| 14,000 | の　　れ　　ん | |
| | 借　　入　　金 | 2,000,000 |
| | 支　払　手　形 | 1,150,000 |
| | 買　　掛　　金 | 875,000 |
| | 未　　払　　金 | 150,000 |
| | 未　　払　　費　用 | 355,000 |
| | 資　　本　　金 | 1,243,000 |
| | 資　本　準　備　金 | 520,000 |
| | 利　益　準　備　金 | 100,000 |
| | 繰　越　利　益　剰　余　金 | 990,000 |
| | 売　　　　　上 | 16,997,450 |
| | 受　　取　　利　息 | 19,900 |
| | 固　定　資　産　売　却　益 | 25,000 |
| | 有　価　証　券　売　却　益 | 1,500 |
| 11,640,000 | 仕　　　　　入 | |
| 3,500,000 | 給　　　　　料 | |
| 368,400 | 旅　費　交　通　費 | |
| 320,000 | 水　道　光　熱　費 | |
| 260,000 | 通　　信　　費 | |
| 120,000 | 保　　険　　料 | |
| 82,500 | 減　価　償　却　費 | |
| 42,800 | 支　払　利　息 | |
| 25,321,750 | | 25,321,750 |

[資料Ⅱ]　未処理事項

1．銀行に取立依頼している受取手形（当期受取分）は、満期日に預金口座に入金処理を行っていたが、3月31日満期の手形 ¥8,000が銀行未落（不渡り）となっていることが4月1日に判明した。

2．品違いを理由とする掛売り商品の返品受入れ（売価 ¥15,000、原価 ¥12,000）が未処理となっている。

[資料Ⅲ]　決算整理事項

1．[資料Ⅱ] 1．の不渡手形はその後の調査により全額回収不能と判断されたため、貸倒損失として処理することとした。また、受取手形および売掛金の残高について、1%の貸倒引当金を差額補充法により設定する。

2．未払費用の残高は前期末の決算整理により計上されたものであり、期首の再振替仕訳は行われていない。未払費用は従業員の給料 ¥355,000であった。また、当期の未払額は給料 ¥375,000であった。

3．商品の期末帳簿棚卸高は ¥3,185,000であり、実地棚卸高（原価）は ¥3,187,000であった。棚卸差異の原因を調査したところ、[資料Ⅱ] 2．の返品が実地棚卸高にのみ含まれており、帳簿棚卸高に含まれていないことが判明した。

4．固定資産の減価償却を次のとおり行う。

　　建物　定額法　耐用年数30年　残存価額ゼロ
　　備品　定率法　償却率20%

　減価償却費については、固定資産の期首の残高を基礎として、建物については ¥4,000、備品については ¥3,500を、4月から2月までの11か月間に毎月見積り計上してきており、決算月も同様な処理を行う。

5．建設仮勘定の中に過年度に取得した中古建物 ¥4,000が含まれているが、使用できる見込みがなくなったため、決算に際し除却処理することとした。

6．のれんは×3年4月1日に取得したものであり、定額法により10年間で償却を行っている。

7．当期の税引前当期純利益の30%を、法人税、住民税及び事業税に計上する。

ヨコ解き
問　題

第1問

第2問

第3問

第4問
(1)

第4問
(2)

第5問

Hint
所有している手形が不渡りとなった場合受取手形から不渡手形に振り替えるのが正しい仕訳
しかしすでに入金処理を行っている

Hint
月次決算を行っている場合、再振替仕訳は期首には行わず、年度末の決算で処理することがある

Hint
まず、返品分を加えて期末帳簿棚卸高を算定し、実地棚卸高との差額を棚卸減耗損とする

Hint
のれん計上後「何年経ったか」ではなく「何回償却されたか、よってあと何回償却するか」を考える

➡ 答案25ページ

広島商事株式会社は、広島の本店のほかに、島根県に支店を有している。次の［資料］にもとづき、第7期(×29年4月1日～×30年3月31日)の**本店の損益勘定**を完成しなさい。ただし、本問では、「法人税、住民税及び事業税」と税効果会計を考慮しないこととする。 （第149回改）

[資料]

（A） 残高試算表（本店・支店）

Hint
本店にとって支店勘定は資産の勘定、支店にとって本店勘定は負債または資本の勘定

残 高 試 算 表
×30年3月31日

| 借　方 | 本　店 | 支　店 | 貸　方 | 本　店 | 支　店 |
|---|---|---|---|---|---|
| 現 金 預 金 | 2,867,000 | 1,252,800 | 買 掛 金 | 686,000 | 497,000 |
| 売 掛 金 | 1,098,000 | 865,000 | 未 払 金 | 2,000,000 | — |
| 繰 越 商 品 | 717,000 | 483,000 | 借 入 金 | 1,400,000 | — |
| 備 品 | 600,000 | 350,000 | 貸 倒 引 当 金 | 10,300 | 6,200 |
| 車 両 | 2,000,000 | — | 備品減価償却累計額 | 240,000 | 70,000 |
| 支 店 | 1,736,000 | — | 本 店 | | 1,736,000 |
| 仕 入 | 3,850,000 | 1,441,000 | 資 本 金 | 2,600,000 | — |
| 支 払 家 賃 | 780,000 | 550,000 | 利 益 準 備 金 | 384,000 | — |
| 給 料 | 830,000 | 610,000 | 繰越利益剰余金 | 260,000 | — |
| 広 告 宣 伝 費 | 838,000 | 59,200 | 売 上 | 7,700,000 | 3,300,000 |
| 支 払 利 息 | 56,000 | — | 受 取 手 数 料 | 91,700 | 1,800 |
| | 15,372,000 | 5,611,000 | | 15,372,000 | 5,611,000 |

（B） 未処理事項等

(1) 本店の売掛金¥60,000が回収され、本店で開設している当社名義の当座預金口座に入金されていたが、銀行からの連絡が本店に届いていなかった。

(2) 本店が支店へ商品¥110,000（仕入価額）を移送したにもかかわらず、本店・支店ともその会計処理が行われていなかった。

（C）　決算整理事項等

（1）　商品の期末棚卸高は次のとおりである。売上原価を仕入勘定で計算する。ただし、棚卸減耗損および商品評価損は、外部報告用の損益計算書では売上原価に含めて表示するものの、総勘定元帳においては、棚卸減耗損および商品評価損を仕入勘定に振り替えず独立の費用として処理する。

　　①　本　　店（上記（B）（2）処理後）

　　　　原　　　　　価：@¥770　　　　正味売却価額：@¥750

　　　　帳簿棚卸数量：1,000個　　　　実地棚卸数量：970個

　　②　支　　店（上記（B）（2）処理後）

　　　　原　　　　　価：@¥550　　　　正味売却価額：@¥560

　　　　帳簿棚卸数量：800個　　　　実地棚卸数量：785個

（2）　本店・支店とも売上債権残高の1％にあたる貸倒引当金を差額補充法により設定する。

（3）　有形固定資産の減価償却

　　①　備　　品：本店・支店とも、残存価額ゼロ、耐用年数5年の定額法

　　②　車　　両：総利用可能距離150,000km　当期の利用距離3,000km、残存価額ゼロ
　　　　　　　　　生産高比例法　×29年10月1日に取得したものである。

Hint
生産高比例法での減価償却費の計算では使用月数は関係しない

（4）　経過勘定項目（本店・支店）

　　①　本　　店：給料の未払分¥70,000　　　支払家賃の前払分¥60,000

　　②　支　　店：給料の未払分¥50,000　　　支払家賃の未払分¥50,000

（5）　本店が支払った広告宣伝費のうち、支店は¥60,000を負担することとなった。

Hint
本店で処理済みの指示が無いため、本店、支店ともに処理をする

（6）　支店で算出された損益（各自算定）が本店に報告された。

ヨコ解き
問　題

第1問

第2問

第3問

第4問
（1）

第4問
（2）

第5問

➡ 答案26ページ

| 第8回 | 本支店会計2 | A 20分 | ➡ 解答118ページ |

次に示した［資料Ⅰ］～［資料Ⅲ］にもとづいて、山口商事株式会社の第15期（会計期間：×6年4月1日～×7年3月31日）の本支店合併損益計算書および本支店合併貸借対照表を作成するとともに、未処理事項および決算整理事項を考慮した後の長崎支店における税引前の利益の額を求めなさい。なお、解答にさいしては次の点に留意すること。

(1) 山口商事株式会社は山口に本店、長崎に支店を設けている。

(2) 本店は外部より仕入れた商品を外部に販売するとともに、当期より支店にも仕入原価で提供している。また、支店は前期末に在庫を一掃し、当期より本店からのみ仕入れており、利益を付加して外部に販売している。

**Hint**
支店の損益勘定を財務諸表と並行して作成するとよい

(3) ［資料Ⅰ］の残高試算表は、未処理事項および決算整理事項を考慮する前のものである。

［資料Ⅰ］残高試算表

### 残 高 試 算 表
×7年3月31日

| 勘 定 科 目 | 本 店 | 支 店 | 勘 定 科 目 | 本 店 | 支 店 |
|---|---|---|---|---|---|
| 現 金 預 金 | 268,640 | 268,080 | 買 掛 金 | 316,800 | — |
| 売 掛 金 | 360,000 | 256,000 | 貸 倒 引 当 金 | 5,760 | 800 |
| 繰 越 商 品 | 281,600 | – | 建物減価償却累計額 | 96,000 | |
| 建 物 | 640,000 | – | 備品減価償却累計額 | 144,000 | 87,600 |
| 備 品 | 288,000 | 233,600 | 本 店 | — | 642,880 |
| 支 店 | 642,880 | – | 資 本 金 | 1,187,840 | — |
| 仕 入 | 833,600 | 688,800 | 資 本 準 備 金 | 288,000 | — |
| 営 業 費 | 276,000 | 112,800 | 繰 越 利 益 剰 余 金 | 184,320 | — |
| | | | 売 上 | 1,368,000 | 828,000 |
| | 3,590,720 | 1,559,280 | | 3,590,720 | 1,559,280 |

**Rule**
本店における支店勘定と、支店における本店勘定の残高は一致している

［資料Ⅱ］未処理事項

1．本店から支店へ商品¥16,000を発送したが、本店および支店ともに未処理である。

**Hint**
商品を発送した側は仕入減少となる

2．本店の営業費のうち、¥36,000を支店に付け替えるが、本店および支店ともに未処理である。

[資料Ⅲ] 決算整理事項

1. 期末商品帳簿棚卸高

> 本　　店　　　¥140,000
> 支　　店　　　¥ 94,400

> なお、上記金額は未処理事項考慮前の帳簿残高であり、未処理事項考慮後において減耗などは一切生じなかった。

2. 本店、支店ともに売掛金の期末残高に対して、差額補充法により2％の貸倒引当金を設定する。

3. 本店、支店ともに固定資産に対して減価償却を行う。

> 建物　　定額法　　耐用年数　　40年　　残存価額ゼロ
> 備品　　定額法　　耐用年数　　8年　　残存価額ゼロ

> なお、本店の建物減価償却費のうち、20％を支店が負担する。

4. 本店の営業費の未払額が¥11,200ある。

5. 税引前当期純利益に対して、法人税、住民税及び事業税として¥50,000を計上する。

ヨコ解き
問　題

第1問

第2問

第3問

第4問
(1)

第4問
(2)

第5問

# 第4問-(1) 工業簿記の仕訳問題

➡ 答案27ページ

| 第1回 | 費目別計算1 | A | 10分 | ➡ 解答121ページ |

下記の一連の取引について仕訳しなさい。ただし、勘定科目は、次の中から最も適当と思われるものを選ぶこと。

（第150回改）

| 材 料 | 材 料 副 費 | 買 掛 金 | 賃 金・給 料 |
|---|---|---|---|
| 賃 率 差 異 | 仕 掛 品 | 製 造 間 接 費 | |

(1)① 当月、素材800kg（購入代価2,000円／kg）、買入部品3,000個（購入代価100円／個）、工場消耗品100,000円（購入代価）を掛けで購入した。なお、購入に際しては、購入代価の10％を材料副費として予定配賦している。

**Rule**
材料副費の実際発生額が判明するのに時間がかかるため、予定配賦を行う

② 当月、素材1,500,000円、買入部品120,000円、工場消耗品80,000円を消費した。

(2) 当月の賃金の消費額を計上する。直接工の作業時間報告書によれば、直接作業時間は740時間、間接作業時間は30時間、手待時間は10時間であった。当工場において適用される直接工の予定賃率は、1時間当たり1,400円である。

また、間接工については、前月賃金未払高100,000円、当月賃金支払高350,000円、当月賃金未払高80,000円であった。

**Hint**
手待とは待機している状態のため、通常、どの製品にかかったかを特定できない

(3) 当月の直接作業時間にもとづき予定配賦率を適用して、製造間接費を各製造指図書に配賦する。なお、当工場の年間の固定製造間接費予算は8,100,000円、年間の変動製造間接費予算は5,400,000円であり、年間の予定総直接作業時間は9,000時間である。

➡ 答案27ページ

## 第2回　費目別計算2　　　　　　A　10分　➡ 解答122ページ

下記の一連の取引について仕訳しなさい。ただし、勘定科目は次の中から最も適当と思われるものを選ぶこと。

| 材　　　　料 | 材　料　副　費 | 材 料 価 格 差 異 | 賃　金　・　給　料 |
| --- | --- | --- | --- |
| 材 料 副 費 差 異 | 仕　　掛　　品 | 製　造　間　接　費 | 製造間接費配賦差異 |
| 賃　率　差　異 | | | |

ヨコ解き
問　題

第1問

第2問

第3問

**第4問
(1)**

第4問
(2)

第5問

(1)①　当工場では材料の消費額を予定価格@1,600円/kgを用いて計算している。当月に材料500kgを消費し、材料の実際価格は@1,500円/kgであったため、材料価格差異を計上した。

**Hint**
材料副費(材料の付随費用)は購入後も(検収や保管などで)発生するため予定配賦を行うことがある

②　当工場では材料の購入から消費までに付随的にかかる材料副費について予定配賦を行っている。当月の材料副費の予定配賦額63,200円に対して、実際発生額は80,000円であったため、材料副費差異を計上した。

(2)　当工場では直接工の賃金の消費額を予定賃率@1,000円/時間を用いて計算している。当月の直接工の直接作業時間は906時間、間接作業時間は14時間であり、実際賃率は@1,100円/時間であったため、賃率差異を計上した。

(3)　当工場では製造間接費について直接作業時間を基準として各製造指図書に予定配賦している。年間の製造間接費予算は40,608,000円、年間の予定総直接作業時間は11,280時間である。当月の直接作業時間は906時間、当月の製造間接費の実際発生額は3,328,000円であったため、製造間接費配賦差異勘定に振り替えた。

**Rule**
予定－実際
＝⊕→貸方差異
　　予定より少なかった
　　⊖→借方差異
　　予定より多かった

➡ 答案28ページ

| 第3回 | 費目別計算3 | B | 10分 | ➡ 解答124ページ |

当社では受注生産を行っており、実際個別原価計算を採用している。製造間接費は予定配賦額を各製造指図書に配賦している。次の[資料]にもとづいて、下記の問に答えなさい。

[資料]

1. 製造間接費予算

公式法変動予算を採用している。

年間製造間接費予算：120,000円

（内訳：年間変動製造間接費84,000円、年間固定製造間接費36,000円）

Hint
操業度に応じた予算許容額と、実際発生額の差額が予算差異

2. 基準操業度

製造間接費の配賦基準は直接作業時間を基準としており、年間予定直接作業時間（基準操業度）は1,200時間である。

問1　下記の(1)～(3)の取引について仕訳しなさい。なお、勘定科目は次の中から最も適当と思われるものを選び、正確に記入すること。

材　　　　料　　賃金・給料　　水道光熱費　　製造間接費

仕　掛　品　　予算差異　　操業度差異

(1) 当月の製造間接費について以下の直接作業時間をもとに予定配賦を行った。

| No.101 | No.102 | No.103 | 合　　計 |
|--------|--------|--------|---------|
| 40時間 | 30時間 | 20時間 | 90時間 |

(2) 当月の製造間接費の実際発生額は次のとおりであった。

消耗品の消費額　　　：2,000円

間接工の賃金消費額：5,000円

水道光熱費の発生額：2,800円

(3) 製造間接費の予定配賦額と実際発生額との差額を、予算差異勘定と操業度差異勘定に振り替えた。

問2　製造間接費予算について、変動費と固定費を区別せず固定予算を採用している場合の製造間接費勘定、予算差異勘定、操業度差異勘定の記入を行いなさい。

Hint
「固定」とは予算許容額が実際操業度にかかわらず固定していること

➡ 答案29ページ

| 第4回 | 本社工場会計1 | A | 10分 | ➡ 解答129ページ |

当社は本社と工場が離れていることから、工場会計を独立させている。材料と製品の倉庫は工場に置き、材料購入を含めて支払い関係はすべて本社が行っている。なお、工場元帳には、次の勘定が設定されている。

（第147回改）

| 材 | 料 | 賃 | 金 | 製 造 間 接 費 |
| 仕 掛 品 | 原 価 差 異 | 製 品 |
| 本 社 |

Hint
(1)素材はモノを表す勘定
消耗器具もモノの1つ
(2)月単位の平均単価を算定すればよい
(3)時間記録は直接工のみ
間接工は要支払額で計上

ヨコ解き問題
第1問
第2問
第3問
第4問(1)
第4問(2)
第5問

当月の次の取引について、工場での仕訳を示しなさい。

(1)① 当月、製品用の素材8,000kg（購入価額200円／kg）および工場で使用する消耗器具（購入価額15,000円）を掛けで購入し、倉庫に搬入した。

② 当月、製造のために6,000kgの素材を出庫した。なお、月初に素材2,000kg（購入価額190円／kg）があり、材料費は月次総平均法で計算している。

(2) 当月、工場での賃金の消費額を計上する。直接工の作業時間の記録によれば、直接工は直接作業のみ1,600時間行った。当工場で適用する予定総平均賃率は1,400円である。また、間接工については、前月賃金未払高60,000円、当月賃金支払高750,000円、当月賃金未払高50,000円であった。

(3) 本社の当座預金口座より支払った光熱費などの当月の間接経費250,000円を計上した。

➡ 答案29ページ

| 第5回 | 本社工場会計2 | A | 10分 | ➡ 解答130ページ |

A社は本社会計から工場会計を独立させている。材料と製品の倉庫は工場に置き、材料購入を含めて支払い関係は本社が行っている。

下記の(1)から(4)はA社の11月の取引の一部である。これらについて、工場および本社で行われる仕訳を示しなさい。勘定科目は次の中から最も適当と思われるものを選び、正確に記入すること。

(第153回改)

| 現 金 | 材 料 | 賃 金 ・ 給 料 | 製 造 間 接 費 |
| 仕 掛 品 | 製 品 | 売 上 原 価 | 本 社 |
| 工 場 | 買 掛 金 | 当 座 預 金 | 機械減価償却累計額 |

(1) 材料費900,000円を掛けにて購入し、工場の倉庫に搬入された。

(2) 直接工賃金1,400,000円と間接工賃金600,000円を現金で支払った。

(3) 工場の機械について、当月の減価償却費300,000円を計上した。機械減価償却累計額勘定は、本社元帳に設けている。

(4) 販売した製品の製造原価は2,000,000円であったため、売上原価を計上する。製品は工場から得意先に発送しているため、製品勘定は工場元帳に設けている。売上原価勘定は本社元帳に設けている。

➡ 答案30ページ

| 第6回 | 個別原価計算1 | A 15分 | ➡ 解答132ページ |

A株式会社では、当月から製品の受注生産を行っており、製品原価の計算には実際個別原価計算を採用している。次の［資料］にもとづいて、下記の［一連の取引］(1)～(4)について仕訳を示しなさい。なお、勘定科目は次の中から最も適当と思われるものを選び、正確に記入すること。

（第148回改）

ヨコ解き
問題

第1問

第2問

第3問

第4問
(1)

第4問
(2)

第5問

仕 掛 品　　現　　　　金　　材　　　　料　　賃 金・給 料
原 価 差 異　　製　　　　品　　買　　掛　　金　　製 造 間 接 費

［資料］

1．当月の直接材料消費量・直接作業時間

| 製 造 指 図 書 番 号 | #101 | #102 | #103 |
|---|---|---|---|
| 直 接 材 料 消 費 量 | 20kg | 26kg | 18kg |
| 直 接 作 業 時 間 | 46時間 | 61時間 | 28時間 |

（注）直接労務費は予定平均賃率を使用して計算しており、予定平均賃率は1,400円／時間であった。

2．年間製造間接費予算額　　　　504,000円
3．年間予定直接作業時間　　　　1,680時間
4．当月の製造間接費実際発生額　42,200円

Hint

配賦率＝ 予算額 / 予定時間

［一連の取引］

(1) 当月分の直接材料費を計上する。なお、直接材料費は予定消費単価を使用して計算しており、予定消費単価は2,400円／kgである。

(2) 当月分の製造間接費を予定配賦する。なお、製造間接費の配賦基準は直接作業時間である。

(3) 製造指図書#102については、製造作業の一部を協力会社のB社に依頼している。当月中に、必要材料をB社に無償で引き渡し、すべての作業が完了しA社に納品後、材料は消費された。B社の作業に対する加工賃18,600円は現金で支払った。

Hint

外注加工に係る科目が無い場合、直接、仕掛品に計上する

(4) 当月までに製造指図書#101のみが完成した。製造指図書#101の完成品原価を計上する。

➡ 答案30ページ

東京製作所の埼玉工場では、当月から高級家具の受注生産を行っており、製品原価の計算には実際個別原価計算を採用している。次の［資料］にもとづいて、下記の**問**に答えなさい。

（第154回改）

［資料］

1．当月の直接材料購入量・在庫量

| | |
|---|---|
| 月初在庫量　 | 350 kg（実際購入単価　650円／kg） |
| 当月購入量　 | 1,300 kg（実際購入単価　620円／kg） |
| 月末在庫量　 | 300 kg（棚卸減耗等はなかった） |

**Hint**
月初＋当月−月末で、材料の実際消費額を算定する

2．当月の原価計算表

| 製造指図書番号 | ＃301 | ＃301-1 | ＃302 | 合　　計 |
|---|---|---|---|---|
| 直 接 材 料 費 | 330,000円 | 60,000円 | 420,000円 | 810,000円 |
| 直 接 労 務 費 | 170,000円 | 40,000円 | 200,000円 | 410,000円 |
| 製 造 間 接 費 | 272,000円 | 64,000円 | 320,000円 | 656,000円 |

（注）直接材料費は予定消費単価、製造間接費は予定配賦率を使用して計算している。

3．製造間接費月間予算（固定予算）　680,000円

4．当月の生産状況

(1)　製造指図書＃301および＃302は当月製造に着手し、当月末までに＃301は完成し、＃302は未完成であった。

(2)　製造指図書＃301-1は、一部仕損となった＃301を合格品とするために発行した補修指図書であり、仕損は正常なものであった。なお、補修は当月中に開始し、当月中に完了している。

**Rule**
補修指図書にかかった原価は仕損費となり、元の指図書に負担させる

**問1**　下記の(1)～(3)について仕訳を示しなさい。なお、勘定科目は次の中から最も適当と思われるものを選び、正確に記入すること。

材　　　　料　　仕　掛　品　　消 費 価 格 差 異
製 造 間 接 費　　製　　　　品　　買　掛　金

(1)　当月分の直接材料実際購入高を計上する。なお、材料はすべて掛けにて購入した。

(2)　当月分の直接材料費を計上する。

(3)　直接材料の消費価格差異を計上する。実際消費単価は先入先出法にもとづいて計算する。

**問2**　当月の完成品原価を計算しなさい。

→ 答案31ページ

## 第8回　個別原価計算3

B　15分　→ 解答134ページ

当工場では、実際個別原価計算を採用している。次の［資料］にもとづいて、6月の仕掛品勘定と月次損益計算書を作成しなさい。

[資料]

(1)

| 製造指図書番号 | 直接材料費 | 直接労務費 | 製造間接費 | 備　考 |
|---|---|---|---|---|
| #12 | 50,000円（5月分）<br>300,000円（6月分） | 40,000円（5月分）<br>160,000円（6月分） | 54,000円（5月分）<br>90,000円（6月分） | 5/20 製造着手<br>6/ 3 完成<br>6/ 8 販売 |
| #13 | 890,000円 | 450,000円 | 324,000円 | 6/ 4 製造着手<br>6/10 一部仕損<br>6/20 完成<br>6/22 販売 |
| #14 | 840,000円 | 750,000円 | ?　円 | 6/21 製造着手<br>6/27 完成<br>6/30 在庫 |
| #15 | 80,000円 | 37,500円 | 27,000円 | 6/28 製造着手<br>6/30 仕掛 |

製造指図書#14の製造にかかった6月の直接作業時間は600時間であった。

(2)　製造間接費は、直接作業時間を配賦基準として各製造指図書に予定配賦している。年間の製造間接費予算額は 12,960,000円、年間の正常直接作業時間は 14,400時間である。6月の製造間接費実際発生額は、991,000円であり、月次損益計算書においては、製造間接費の配賦差異は原価差異として売上原価に賦課する。

ヨコ解き
問　題

第1問

第2問

第3問

第4問
(1)

第4問
(2)

第5問

Hint
各指図書の6月中の動きを一覧できるようにまとめるとよい。
（売：売上原価、品：製品、仕：仕掛品、×：未着手）

　　　　　月初　月中　月末
#12：仕——品→売
#13：×→仕——品→売
#14：×→仕——品
#15：×→仕

Hint
6月の原価差異の計算で、#12の5月分の製造間接費を含めないようにする

Hint
不利差異⇒売上原価⊕
有利差異⇒売上原価⊖

# 第**4**問-(2)　総合原価計算,部門別計算

| 第1回 | 単純総合原価計算1 | A | 15分 | → 解答136ページ |
|---|---|---|---|---|

当社は製品Aを製造・販売し、製品原価の計算は単純総合原価計算により行っている。次の[資料]にもとづいて、下記の各問に答えなさい。

**Rule**
先入先出法では、月末分は当月発生分から構成されると考える

[資料]

[当月の生産データ]

| | | |
|---|---|---|
| 月初仕掛品 | 400 個 | (50%) |
| 当月投入量 | 2,600 | |
| 合　計 | 3,000 個 | |
| 差引：正常仕損 | 100 | |
| 月末仕掛品 | 600 | (50%) |
| 完成品 | 2,300 個 | |

[原価データ]

| | |
|---|---|
| 月初仕掛品原価 | |
| 直接材料費 | 203,800 円 |
| 加工費 | 170,000 |
| 小計 | 373,800 円 |
| 当月製造費用 | |
| 直接材料費 | 1,248,000 円 |
| 加工費 | 1,950,000 |
| 小計 | 3,198,000 円 |
| 合計 | 3,571,800 円 |
| | |
| 月初製品原価 | 1,488,000 円 |

**Hint**
正常仕損を月末仕掛品に負担させないように、仕損分の個数を分母に含めて計算する

[販売実績データ]

| | | |
|---|---|---|
| 月初製品 | 1,200 個 | |
| 当月完成品 | 2,300 | |
| 合　計 | 3,500 個 | |
| 当月販売品 | 2,800 個 | |
| 月末製品 | 700 | |
| 合　計 | 3,500 個 | |

(1) 直接材料は工程の始点で投入しており、（　）内は加工費の進捗度である。仕損品の処分価額はない。

(2) 原価投入額を完成品総合原価と月末仕掛品原価に配分する方法として先入先出法を用いること。

(3) 正常仕損は工程の終点で発生したため、その正常仕損費は完成品に負担させること。

**問1**　答案用紙の原価計算表を完成しなさい。

**問2**　完成品単位原価と当月の売上原価を計算しなさい。なお、製品の倉出単価の計算は先入先出法を用いること。

➡ 答案32ページ

| 第2回 | 単純総合原価計算2 | B 10分 | ➡ 解答138ページ |

当社は製品Zを製造・販売し、製品原価の計算は単純総合原価計算により行っている。次の[資料]にもとづいて、月末仕掛品の原料費と加工費、完成品総合原価を計算しなさい。ただし、原価投入額合計を完成品総合原価と月末仕掛品原価に配分する方法として平均法を用いること。

[資料]

[生産データ]

| 月初仕掛品 | 400 kg (50%) |
| 当月投入量 | 4,600 |
| 合 計 | 5,000 kg |
| 正常仕損品 | 200 |
| 月末仕掛品 | 800 (50%) |
| 完 成 品 | 4,000 kg |

[原価データ]

| 月初仕掛品原価 | |
| A原料費 | 28,000 円 |
| B原料費 | 6,500 |
| 加 工 費 | 20,000 |
| 小 計 | 54,500 円 |
| 当月製造費用 | |
| A原料費 | 322,000 円 |
| B原料費 | 154,500 |
| 加 工 費 | 463,000 |
| 小 計 | 939,500 円 |
| 合 計 | 994,000 円 |

(注) A原料は工程の始点、B原料は工程を通じて平均的に投入しており、( )内は加工費の進捗度である。

なお、正常仕損は工程の終点で発生し、その処分価額は1,000円である。正常仕損費はすべて完成品に負担させる。

ヨコ解き
問 題
第1問
第2問
第3問
第4問(1)
第4問(2)
第5問

Hint
B原料は工程を通じて平均的に投入しているので、加工費と同様に計算する

Rule
仕損品に処分価額があり、完成品負担の場合、完成品原価から処分価額を差し引く

➡ 答案33ページ

　Ｚ社は、同一工程で等級製品Ａ、Ｂ、Ｃを連続生産している。製品原価の計算方法は、１か月の完成品総合原価を製品１個当たりの重量によって定められた等価係数に完成量を乗じた積数の比で各等級製品に按分する方法を採用している。

　次の［資料］にもとづいて、当月の月末仕掛品原価、等級製品Ａ、Ｂ、Ｃの完成品総合原価を計算しなさい。

［資料］

１．生産データ

| | | | |
|---|---|---|---|
| 月初仕掛品 | 400 | 個（25％） | |
| 当月投入 | 6,400 | | |
| 合計 | 6,800 | 個 | |
| 正常仕損 | 600 | | |
| 月末仕掛品 | 200 | （50％） | |
| 完成品 | 6,000 | 個 | |

⑴　完成品は、Ａが4,000個、Ｂが1,500個、Ｃが500個である。また、材料は工程の始点で投入し、（　　）内は加工費の進捗度である。

⑵　原価投入額合計を完成品総合原価と月末仕掛品原価に配分する方法には先入先出法を用い、正常仕損は工程の終点で発生したので、正常仕損費はすべて完成品に負担させる。この仕損品の処分価額はゼロである。

２．原価データ

| | | |
|---|---|---|
| 月初仕掛品原価 | | |
| 直接材料費 | 28,000 | 円 |
| 加工費 | 9,000 | |
| 小計 | 37,000 | 円 |
| 当月製造費用 | | |
| 直接材料費 | 256,000 | 円 |
| 加工費 | 396,000 | |
| 小計 | 652,000 | 円 |
| 合計 | 689,000 | 円 |

**Rule**
完成品原価を各製品に配分する基準は積数（等価係数×完成量）

３．製品１個当たりの重量（単位：ｇ）

| Ａ | Ｂ | Ｃ |
|---|---|---|
| 300 | 600 | 1,200 |

**Rule**
等価係数は
Ａ：Ｂ：Ｃ＝1：2：4
Ａを1とすると、
Ｂ：$\frac{600}{300}=2$
Ｃ：$\frac{1,200}{300}=4$

➡ 答案33ページ

第4回　　**組別総合原価計算**　　A 15分　➡ 解答142ページ

当社は組製品ＡとＢを製造しており、原価計算方法として組別総合原価計算を採用している。原料費は各組製品に直課し、加工費は直接作業時間により各組製品に予定配賦している。次の [資料] にもとづいて、下記の問に答えなさい。

（第148回改）

[資料]

1．生産データ

|  | A製品 | B製品 |
|---|---|---|
| 月初仕掛品 | 100 kg (50%) | 300 kg (50%) |
| 当月投入 | 2,000 | 3,150 |
| 合　計 | 2,100 kg | 3,450 kg |
| 減　損 | － | 200 |
| 月末仕掛品 | 200　(50%) | 500　(40%) |
| 完成品 | 1,900 kg | 2,750 kg |

（1）原料は工程の始点で投入し、（　　）内は加工費の進捗度である。

（2）原価投入額合計を完成品総合原価と月末仕掛品に配分するためには先入先出法を用いている。

（3）減損は工程の途中で発生した正常なものであり、正常減損の処理は度外視法によること。

2．原価データ
　加 工 費 予 算 額（年間）　　32,760,000円
　予定直接作業時間（年間）　　　　18,000時間

3．当月の直接作業時間
　A製品　450時間　　　B製品　800時間

問1　加工費の予定配賦率を計算しなさい。

問2　答案用紙の組別総合原価計算表を完成しなさい。

**Rule**

減損発生点が不明の場合、完成品と月末仕掛品の両者負担となる

**Hint**

予定配賦率＝$\dfrac{予算額}{予定時間}$

予定配賦率を実際の作業時間に掛けて各製品の加工費を求める

ヨコ解き
問題

第1問

第2問

第3問

第4問
(1)

第4問
(2)

第5問

➡ 答案34ページ

| 第5回 | 工程別総合原価計算 | B | 20分 | ➡ 解答144ページ |
|---|---|---|---|---|

当社は製品Aを製造し、製品原価の計算は累加法による工程別総合原価計算を採用している。次の［資料］にもとづいて、第1工程完成品総合原価、第2工程月末仕掛品の前工程費と加工費、第2工程完成品総合原価を計算しなさい。

（第149回改）

［資料］

|  | 第1工程 | 第2工程 |
|---|---|---|
| 月初仕掛品 | 400 個（50％） | 800 個（75％） |
| 当月投入 | 8,000 | 7,600 |
| 合計 | 8,400 個 | 8,400 個 |
| 正常仕損品 | 200 | 200 |
| 月末仕掛品 | 600 （50％） | 1,000 （40％） |
| 完成品 | 7,600 個 | 7,200 個 |

(1) 原料はすべて第1工程の始点で投入し、（　　）内は加工費の進捗度である。

(2) 原価投入額を完成品総合原価と月末仕掛品原価に配分する方法は、第1工程は平均法、第2工程は先入先出法を用いること。

(3) 第1工程の途中で発生する正常仕損品に処分価額はなく、この正常仕損の処理は度外視法による。

(4) 第2工程の終点で発生する正常仕損品は105,000円の処分価額があり、第2工程の正常仕損費は完成品に負担させること。

| | 第1工程 | 第2工程 |
|---|---|---|
| 月初仕掛品原価 | | |
| 原 料 費（前工程費） | 43,000 円 | 208,200 円 |
| 加 工 費 | 87,500 | 120,800 |
| 小 計 | 130,500 円 | 329,000 円 |
| 当月製造費用 | | |
| 原 料 費（前工程費） | 900,000 円 | （ ？ ）円 |
| 加 工 費 | 1,690,000 | 2,304,000 |
| 小 計 | 2,590,000 円 | （ ？ ）円 |
| 投入額合計 | 2,720,500 円 | （ ？ ）円 |

＊上記資料の（？）は各自計算すること。

**Hint**
「途中で発生」した正常仕損品は両者負担となる
⇒分母から仕損分を引いて割り振ります

**Hint**
「完成品に負担させる」ということは「月末仕掛品には負担させない」ことを意味しています
⇒分母から仕損分を引いてはいけません

➡ 答案34ページ

| 第6回 | 部門別計算1 | A | 15分 | ➡ 解答146ページ |

Z社は実際個別原価計算を採用し、製造間接費の計算は部門別計算を行っている。製造間接費の製品別配賦は実際配賦を行い、配賦基準として、切削部門には切削作業時間、組立部門には組立作業時間を用いている。次の[資料]にもとづいて、下記の問に答えなさい。（第145回改）

ヨコ解き
問題

第1問

第2問

第3問

第4問
(1)

第4問
(2)

第5問

[資料]

1. 製造間接費の実際発生額（部門共通費配賦後）　　　　　　（単位：円）

| 切　削　部 | 組　立　部 | 修　繕　部 | 動　力　部 | 工場事務部 | 合　計 |
|---|---|---|---|---|---|
| 300,000 | 120,000 | 350,000 | 630,000 | 800,000 | 2,200,000 |

2. 補助部門費の配賦
以下の各部門の用役提供にもとづき、補助部門費を直接配賦法により製造部門に配賦する。

| | 合　計 | 切　削　部 | 組　立　部 | 修　繕　部 | 動　力　部 | 工場事務部 |
|---|---|---|---|---|---|---|
| 動力消費量 | 1,100kwh | 600kwh | 300kwh | 100kwh | × | 100kwh |
| 従業員数 | 60人 | 10人 | 30人 | 5人 | 10人 | 5人 |
| 修繕回数 | 50回 | 20回 | 15回 | × | 10回 | 5回 |

3. 製造指図書ごとの当月の作業時間

| | ♯101 | ♯102 | 合　計 |
|---|---|---|---|
| 切削作業時間 | 1,500時間 | 500時間 | 2,000時間 |

| | ♯101 | ♯102 | 合　計 |
|---|---|---|---|
| 組立作業時間 | 4,000時間 | 3,500時間 | 7,500時間 |

問1　答案用紙の補助部門費配賦表を完成しなさい。

問2　各製造指図書への製造間接費の実際配賦額を答えなさい。

Hint
直接配賦法では、補助部門間の用役の授受を無視する

Hint
計算した製造部門費の金額を作業時間で割って配賦率を計算する

➡ 答案35ページ

X社は実際個別原価計算を採用し、製造間接費の計算は部門別計算を行い、予定配賦を行っている。製造部門費の配賦基準は直接作業時間である。次の［資料］にもとづいて、下記の問に答えなさい。

（第152回改）

［資料］

1．月次予算データ

（1）製造間接費の月次予算額（部門共通費配賦後）　　　　　　　　　　　　（単位：円）

| 組 立 部 間 | 切 削 部 間 | 修 繕 部 門 | 工場事務部間 | 材料倉庫部門 | 合　　計 |
|---|---|---|---|---|---|
| 655,000 | 610,000 | 225,000 | 220,000 | 450,000 | 2,160,000 |

　　組立部門の月間予定直接作業時間は8,000時間、切削部門の月間予定直接作業時間は6,000時間である。

（2）補助部門費の配賦

　　以下の各部門の用役提供にもとづき、補助部門費を直接配賦法により製造部門に配賦する。

| 配 賦 基 準 | 合　　計 | 組立部門 | 切削部門 | 修繕部門 | 工場事務部門 | 材料倉庫部門 |
|---|---|---|---|---|---|---|
| 従 業 員 数 | 120 人 | 50 人 | 50 人 | 5 人 | 10 人 | 5 人 |
| 修 繕 時 間 | 150 時間 | 75 時間 | 50 時間 | － | 12 時間 | 13 時間 |
| 材料運搬回数 | 200 回 | 120 回 | 60 回 | 20 回 | － | － |

Hint
合計と組立部門、切削部門と修繕部門の間の線を二重にして見やすくしてから始めましょう
合計 組立 切削 修繕

2．実際発生データ

（1）補助部門費配賦後の製造部門費の実際発生額　　　（単位：円）

| 組立部 | 切削部 |
|---|---|
| 1,209,000 | 958,750 |

（2）実際直接作業時間

| | 組立部門 | 切削部門 |
|---|---|---|
| 実際直接作業時間 | 7,800 時間 | 5,900 時間 |

問1　答案用紙の月次予算部門別配賦表を完成しなさい。

問2　問1の月次予算部門別配賦表にもとづいて、組立部門費と切削部門費の予定配賦額と実際配賦額の当月の差額を製造間接費配賦差異勘定に振り替える仕訳をしなさい。勘定科目は次の中から最も適当と思われるものを選び、正確に記入すること。

　　　組立部門費　　　切削部門費　　　製　品　　　仕　掛　品　　　製造間接費配賦差異

Hint
製造部門費の予算額を予定直接作業時間で割って予定配賦率を算定する

➡ 答案35ページ

| 第8回 | 部門別計算3 | B | 15分 | ➡ 解答150ページ |

実際個別原価計算制度を採用している当社の以下の［取引］について、下記の問に答えなさい。なお、当社は製造間接費については部門別計算を行い、各製造指図書には予定配賦を行っている。

［取引］

(1) 甲・乙製造部門費を、直接作業時間を基準として各製造指図書に予定配賦した。

|  | 予定配賦率 | 当月実際直接作業時間 |
|---|---|---|
| 甲製造部門費 | @170円 | 4,300時間 |
| 乙製造部門費 | @150円 | 3,400時間 |

ヨコ解き<br>
問 題<br>
第1問<br>
第2問<br>
第3問<br>
第4問<br>(1)<br>
第4問<br>(2)<br>
第5問

**Hint** 製造間接費をまとめて配賦するのではなく、部門別に配賦率を計算して配賦している

(2)① 製造間接費の実際発生額は、材料500,000円、賃金310,000円、経費440,000円であり、次のとおり各部門に配賦した。

|  | 甲製造部 | 乙製造部 | 動力部 | 修繕部 |
|---|---|---|---|---|
| 材　料 | 250,000円 | 200,000円 | 30,000円 | 20,000円 |
| 賃　金 | 150,000円 | 90,000円 | 40,000円 | 30,000円 |
| 経　費 | 200,000円 | 150,000円 | 50,000円 | 40,000円 |
|  | 600,000円 | 440,000円 | 120,000円 | 90,000円 |

② 上記補助部門費の実際発生額を次の配賦率により、甲・乙製造部門へ配賦した。

|  | 甲製造部 | 乙製造部 |
|---|---|---|
| 動力部門費 | 55% | 45% |
| 修繕部門費 | 70% | 30% |

(3) 甲・乙製造部で把握された差異を、製造部門費配賦差異勘定へ振り替えた。なお、製造部門費配賦差異が借方と貸方で生じた場合には相殺せずに解答すること。

**Hint** 部門別計算を行うことで、配賦差異をまとめて把握するのではなく、部門別に把握できる

問1　上記取引(1)について仕訳を行いなさい。ただし、勘定科目は、次の勘定科目から最も適当と思われるものを選び、正確に記入すること。

　　　甲 製 造 部 門 費　　　乙 製 造 部 門 費　　　仕　掛　品　　　製　　　品

問2　上記取引(2)について補助部門費配賦後の各製造部門費を答えなさい。

問3　上記取引(3)について答案用紙の製造部門費配賦差異勘定の記入を行いなさい。

# 第5問 標準原価計算、CVP分析等

第1回 | 標準原価計算1 | A | 15分 | → 解答152ページ

当社は、食材を仕入れて製品Aに加工し、スーパーに販売している。原価計算方式としては、パーシャル・プランの標準原価計算を採用している。次の［資料］にもとづいて、当月の仕掛品勘定および月次損益計算書を完成しなさい。

（第147回改）

Rule
パーシャル・プランでは、仕掛品勘定（借方）に実際発生額
⇒仕掛品勘定で差異が出る

［資料］

1．製品A 1個当たりの標準原価

| 直接材料費 | 1,500円／kg ×0.2 kg | 300円 |
| 加 工 費 | 400円／時間 ×0.25 時間 | 100円 |
| | | 400円 |

2．当月の生産・販売実績

| 月 初 仕 掛 品 | 750個（60％） | 月 初 製 品 | 300個 |
| 当 月 着 手 | 2,950 | 完 成 品 | 3,000 |
| 合 計 | 3,700個 | 合 計 | 3,300個 |
| 月 末 仕 掛 品 | 700 （50％） | 月 末 製 品 | 200 |
| 完 成 品 | 3,000個 | 販 売 品 | 3,100個 |

Rule
不利差異：
売上原価に⊕
有利差異：
売上原価に⊖

材料はすべて工程の始点で投入している。

（　　）内は加工進捗度を示す。

3．当月の原価実績

製造費用

| 直接材料費 | 908,500円 |
| 加 工 費 | 297,000円 |

| 販売費及び一般管理費 | 1,879,500円 |

4．その他の条件

(1) 製品Aの販売単価は1,200円である。

(2) 標準原価差異は月ごとに損益計算に反映させており、その全額を売上原価に賦課する。

➡ 答案36ページ

| 第2回 | 標準原価計算2 | A | 15分 | ➡ 解答154ページ |

当社の埼玉工場では、工程の始点で投入した原料Aを加工して製品Xを生産している。標準原価計算制度を採用し、勘定記入の方法はシングル・プランによる。製品Xの標準原価カードは次のとおりである。

（第146回改）

| 原 料 費 | 標 準 単 価 70円／g | 標 準 消 費 量 2 g | 140円 |
| 加 工 費 | 標 準 配 賦 率 30円／時間 | 標準直接作業時間 4時間 | 120円 |
| 製品X1個当たり標準製造原価 | | | 260円 |

次の［資料］にもとづいて、答案用紙の各勘定に適切な金額を記入しなさい。なお、材料勘定には、原料Aに関する取引だけが記録されている。

ヨコ解き 問 題
第1問
第2問
第3問
第4問 (1)
第4問 (2)
第5問

［資料］

(1) 原料A2,800 gを1 g当たり75円で掛けにて購入した。当工場では実際の購入単価をもって材料勘定への受入記録を行っている。

(2) 原料Aの実際消費量は2,600 gであった。原料の消費額については、製品の生産実績にもとづき、月末に一括して仕掛品勘定に振り替え、原価差異を把握する。

(3) 原料Aの月末在庫は200 gであった。月初在庫はなかった。

(4) 製品Xの生産実績は次のとおりである。

    月 初 仕 掛 品 　　200 個（加工進捗度50％）
    当 月 投 入 　　1,250
    　合 　 計 　　1,450 個
    月 末 仕 掛 品 　　250 　（加工進捗度40％）
    当 月 完 成 品 　1,200 個

**Hint**

材料の標準購入量
2 g×1,250個
　　　当月投入
＝2,500 g

**Rule**

BOX図の形

➡ 答案37ページ

当社はパーシャル・プランの標準原価計算を採用している。製品Zの1個当たりの標準原価は以下のように設定されている。

| 直接材料費 | 標準単価 | 800円／kg | 標準消費量 | 4kg／個 | 3,200円 |
| 直接労務費 | 標準賃率 | 2,200円／時間 | 標準直接作業時間 | 0.5時間／個 | 1,100円 |
| 製造間接費 | 標準配賦率 | 3,000円／時間 | 標準直接作業時間 | 0.5時間／個 | 1,500円 |
| | | | | | 5,800円 |

製造間接費は直接作業時間を配賦基準として配賦されている。当月、製品Zを 370個生産した。月初および月末に仕掛品は存在しなかった。

なお、製造間接費には公式法変動予算が設定されている。年間の正常直接作業時間は2,400時間であり、年間変動製造間接費予算は3,360,000円、年間固定製造間接費予算は3,840,000円である。

**Hint**
$$\frac{\text{変動製造間接費予算額}}{\text{正常直接作業時間}}$$
$$=\text{変動費配賦率}$$
$$\frac{\text{固定製造間接費予算額}}{\text{正常直接作業時間}}$$
$$=\text{固定費配賦率}$$

当月の実際製造費用が、次のとおりであったとする。

直接材料費　1,230,000円（実際価格 @ 820円）
直接労務費　425,600円（実際賃率 @2,240円）
製造間接費　590,000円

材料の実際消費量は、1,500kg、実際直接作業時間は、190時間であった。

問1　当月の完成品標準原価を計算しなさい。

問2　当月の原価差異の総額を計算しなさい。 借方差異か貸方差異かを明示すること。

問3　直接労務費の作業時間差異を計算しなさい。借方差異か貸方差異かを明示すること。

問4　公式法変動予算にもとづく製造間接費予算差異を計算しなさい。借方差異か貸方差異かを明示すること。

**Hint**
借りているから不利（借方差異は不利差異）、貸しているから有利（貸方差異は有利差異）と覚えましょう

➡ 答案37ページ

| 第4回 | 標準原価計算4 | | B | 20分 | ➡ 解答158ページ |

　株式会社銀座製菓では、洋菓子（製品X）を製造している。原価計算方式としては標準原価計算を採用している。加工費の配賦基準は直接作業時間であり、予算直接作業時間を基準操業度としている。次の［資料］にもとづいて、下記の問に答えなさい。　　　　（第152回改）

ヨコ解き
問　題

第1問

第2問

第3問

第4問
(1)

第4問
(2)

第5問

[資料]

1．原価標準（製品1個当たりの標準原価）

製品X

| 原 料 費 | 8円／g ×150 g | 1,200 円 |
| 加 工 費 | 1,500 円／時間 ×0.6 時間 | 900 円 |
| | 合計 | 2,100 円 |

Hint
原価差異は当月投入量に対して標準と実際を比較する

2．当月予算

| | 製 品 X |
|---|---|
| 変 動 加 工 費 | 400 円／時間 |
| 固 定 加 工 費 | 1,003,200 円 |

※加工費予算は公式法変動予算を用いている。

基準操業度は912時間である。

3．当月の生産データ

| 月初仕掛品 | 300 個（50％） |
|---|---|
| 当 月 着 手 | 1,390 |
| 合　　計 | 1,690 個 |
| 月末仕掛品 | 200 （80％） |
| 完 成 品 | 1,490 個 |

※材料はすべて工程の始点で投入している。

（　　）内は加工進捗度を示す。

Hint
まず生産データのBOX図を描いて、当月投入量を把握する

4．当月実績

| | 製 品 X |
|---|---|
| 原 料 費 | 1,634,000 円 |
| 原 料 消 費 量 | 215,000 g |
| 加 工 費 | 1,372,000 円 |
| 直 接 作 業 時 間 | 920 時間 |

問　製品Xの標準原価差異を分析し、

(1) 原料費差異を価格差異と数量差異に分けて答えなさい。

(2) 加工費差異を予算差異、能率差異、操業度差異に分けて答えなさい。なお、能率差異は変動費と固定費の両方からなる。

(3) 能率差異を変動費のみから計算した場合の、予算差異、能率差異、操業度差異を答えなさい。

Hint
加工費の標準配賦率から変動加工費の配賦率を差し引くと固定費配賦率

➡ 答案38ページ

## 第5回 CVP分析1 　　　B 20分 ➡ 解答160ページ

京橋産業は、全国に寿司チェーンを展開している。現在、東京駅前店の11月の利益計画を作成している。10月の利益計画では、売上高は7,000,000円であり、変動費と固定費は次の［資料］のとおりであった。11月の利益計画は、変動費率と固定費額について10月と同じ条件で作成する。下記の問に答えなさい。

（第150回改）

[資料]

| 変動費 | |
|---|---|
| 食 材 費 | 1,610,000円 |
| アルバイト給料 | 840,000円 |
| そ の 他 | 140,000円 |

| 固定費 | |
|---|---|
| 正 社 員 給 料 | 1,300,000円 |
| 水 道 光 熱 費 | 1,030,000円 |
| 支 払 家 賃 | 880,000円 |
| そ の 他 | 570,000円 |

**Hint**
$$○○率＝\frac{○○}{全体}×100（\%）$$
したがって
$$変動費率＝\frac{変動費}{売上高}×100（\%）$$

**問1** 変動費率を計算しなさい。

**問2** 損益分岐点売上高を計算しなさい。

**問3** 目標営業利益1,260,000円を達成するために必要な売上高を計算しなさい。

**問4** 11月の売上高は7,500,000円と予想されている。11月の利益計画における貢献利益と営業利益を計算しなさい。

**Rule**
売上高が増えると、その変動費率分の変動費も増える

**問5** これまで水道光熱費をすべて固定費としてきたが、精査してみると変動費部分もあることがわかった。過去6か月の売上高と水道光熱費の実績データは以下のとおりであった。高低点法により、売上高に対する水道光熱費の変動費率（%）を計算しなさい。

| | 4月 | 5月 | 6月 | 7月 | 8月 | 9月 |
|---|---|---|---|---|---|---|
| 売 上 高 | 7,050,000円 | 7,600,000円 | 6,600,000円 | 7,400,000円 | 7,800,000円 | 7,500,000円 |
| 水 道 光 熱 費 | 1,031,000円 | 1,050,000円 | 1,018,000円 | 1,041,000円 | 1,054,000円 | 1,045,000円 |

**Hint**
8月が高点、6月が低点
この間を直線と仮定するのが高低点法

➡ 答案38ページ

| 第6回 | CVP分析2 | B | 15分 | ➡ 解答162ページ |

当年度の直接原価計算方式の損益計算書は次のとおりであった。平均変動費率および年間固定費が次年度も当年度と同様であると予測されているとき、下記の問に答えなさい。

### 直接原価計算方式の損益計算書
（単位：万円）

| | | |
|---|---:|---:|
| 売　上　高 | | 10,000 |
| 変動売上原価 | | 5,600 |
| 　変動製造マージン | | 4,400 |
| 変動販売費 | | 400 |
| 　貢　献　利　益 | | 4,000 |
| 製造固定費 | 2,000 | |
| 固定販売費および一般管理費 | 1,600 | 3,600 |
| 　営　業　利　益 | | 400 |

**問1** 損益分岐点の売上高はいくらか。

**問2** 800万円の営業利益を達成する売上高はいくらか。

**問3** 現在の売上高（10,000万円）が何%落ち込むと損益分岐点の売上高に達するか。

**問4** 売上高が1,000万円増加するとき営業利益はいくら増加するか。

Rule
販売単価・販売数量がわからない問題は販売単価を1（万）円と仮定して解くとよい

Hint
販売単価を1（万）円と仮定すると、変動費の単価は0.6（万）円となる（変動費率は0.6）

Hint
損益分岐点：
収益＝費用（変動費＋固定費）
∴ S＝0.6S＋3,600
　収益　変動費　固定費

ヨコ解き問題
第1問
第2問
第3問
第4問(1)
第4問(2)
第5問

➡ 答案39ページ

➡ 解答164ページ

## 第7回　直接原価計算1　　B　15分

食品を製造、販売する北海道食品では、これまで全部原価計算による損益計算書のみを作成してきたが、製品Xの月間利益計画を作成するため、直接原価計算による損益計算書を作成することとした。

製品Xの販売価格は1kg当たり500円を予定している。次の［資料］にもとづいて、その下の［会話文］の（　ア　）と（　イ　）に入るもっとも適切な語を選んで○で囲みなさい。また、（　①　）～（　⑥　）に入る金額を計算しなさい。

（第156回改）

［資料］

(1)　1kg当たり全部製造原価

直接材料費　200円／kg　　　　　　変動加工費　70円／kg

固定加工費月額　420,000円（全部原価計算では月間生産量をもとに配賦率を算定する）

(2)　販売費及び一般管理費

変動販売費　40円／kg

固定販売費及び一般管理費月額　226,000円

(3)　生産・販売計画（仕掛品は存在しない）

月初在庫量　　　0kg　　　　月間販売量　4,000kg

月間生産量　4,000kg　　　　月末在庫量　　　0kg

［会話文］

社　　　長：全部原価計算と違って、直接原価計算では、売上高から変動費を差し引いて（　ア　）利益が出てくるわけですね。

経理部長：はい。月間生産・販売量を4,000kgとする現在の計画では、月間（　ア　）利益は（　①　）円になります。仮に、月間生産・販売量を5,000kgとすると、月間（　ア　）利益は（　②　）円になります。

社　　　長：なるほど。（　ア　）利益は売上高に（　イ　）変化するわけですね。

経理部長：そうです。次に、（　ア　）利益から固定費を差し引いて営業利益を出します。月間生産・販売量を4,000kgとする現在の計画では、月間営業利益は（　③　）円になります。

社　　　長：月間営業利益がマイナスにならないようにするためには、月間売上高はいくら必要になりますか。

経理部長：損益分岐点ですね。損益分岐点の月間売上高は（　④　）円です。

56

社　　長：わかりました。この月間売上高は上回らないといけませんね。ところで、直接原価
　　　　　計算の営業利益は全部原価計算の営業利益と同じ金額になるのですか。

経理部長：現在の計画ではそうですが、生産量と販売量が一致しないときは同じ金額にはなり
　　　　　ません。仮に、月間生産量だけを5,000kgに増やし、月間販売量は4,000kgのまま変
　　　　　わらないとします。直接原価計算では、月間営業利益は（　⑤　）円ですが、全部
　　　　　原価計算では、月間営業利益は（　⑥　）円になります。

社　　長：販売量が変わらないのに、生産量だけを増やして利益が増えるのはおかしいですね。

経理部長：そのとおりです。そのため、販売量の変化と利益の変化の関係を把握しやすい直接
　　　　　原価計算のほうが利益計画に適しているといえます。

Hint
生産量＞販売量の場合、期末製品が生じる。固定製造原価は、直接では全額費用となるが、全部では期末製品に配賦される

ヨコ解き
問　題

第1問

第2問

第3問

第4問
（1）

第4問
（2）

第5問

➡ 答案39ページ

第8回 | **直接原価計算2** | B | 15分 | ➡ 解答167ページ

当社は、製品Aを製造・販売している。次の［資料］にもとづいて、答案用紙に示されている全部原価計算による損益計算書と直接原価計算による損益計算書を完成しなさい。

［資料］

1．予定生産量（1,200個）における加工費予算

当社では加工費を生産量にもとづいて予定配賦し、すべての配賦差異を当期の売上原価に賦課している。

| | |
|---|---|
| 変動加工費 | 750 円／個 |
| 固定加工費 | 1,000 円／個（1,200,000 円） |

2．実際製造原価

| | |
|---|---|
| 原料費（変動費） | 500 円／個 |
| 変動加工費 | 750 円／個（ 837,000 円） |
| 固定加工費 | 1,200,000 円 |

3．実際販売費及び一般管理費

| | |
|---|---|
| 変動販売費 | 250 円／個 |
| 固定販売費 | 140,000 円 |
| 一般管理費（固定費） | 360,000 円 |

4．実際生産量・販売量

| | |
|---|---|
| 当期製品生産量 | 1,116 個 |
| 当期製品販売量 | 1,116 個 |

（注）期首・期末に製品と仕掛品は存在しない。

5．実際販売価格　　　　　3,200 円/個

# 第1部 ヨコ解き! 編

## 解答・解説

解答は、ネットスクールで作成したものです。

# 第1問 仕訳問題【解答・解説】

**解答** ▶ 第1回 固定資産1 ➡ 問題2ページ

| | | 仕 | | 訳 | |
|---|---|---|---|---|---|
| | 借 方 科 目 | 金 額 | 貸 方 科 目 | 金 額 | |
| 1 | 備　　　　品 | 1,458,000 | 営業外支払手形 | 1,500,000 | |
| | 前 払 利 息 | 42,000 | | | |
| 2 | 備　　　　品 | 1,152,000 | 営業外支払手形 | 1,200,000 | |
| | 支 払 利 息 | 48,000 | | | |
| 3 | 当 座 預 金 | 1,800,000 | 土　　　　地 | 2,500,000 | |
| | 営業外受取手形 | 1,200,000 | 固定資産売却益 | 500,000 | |
| 4 | 固定資産圧縮損 | 200,000 | 備　　　　品 | 200,000 | |
| 5 (1) | 固定資産圧縮損 | 1,250,000 | 備　　　　品 | 1,250,000 | |
| 5 (2) | 減 価 償 却 費 | 250,000 | 備　　　　品 | 250,000 | |

**ここに注意**

1、2 利息相当額を前払利息とするか支払利息とするかは問題文の指示に従う。
3 営業外取引における手形の受取りは「営業外受取手形」で処理する。
4 国庫補助金の受取りと備品の取得の仕訳は処理済み。
5 償却方法が直接法であることに注意する。

**予想配点** 仕訳1組につき4点。
5は(1)と(2)両方正解で4点
合計 20 点。

---

**解説** ▶

　仕訳問題を解くとき、「問題文のキーワードとなる語句に着目して、勘定科目を考える」ようにすると、仕訳を考えやすくなります。

## 1. 固定資産の割賦購入(1)

> 　全従業員に支給するため、事務用のパソコン一式(現金購入価格¥1,458,000)を割賦で購入①した。代金は、来月末より月末ごとに支払期限が順次到来する額面¥125,000の約束手形12枚を振り出して相手先に交付した②。なお、利息相当額については、資産の勘定(前払利息)を用いて処理する③こととする。

**補足**
　固定資産の減価償却費は販売費及び一般管理費に表示し、支払利息は営業外費用に表示します。
　利息を固定資産に含めると、減価償却費に利息が含まれてしまいます。

❶現金購入価格が取得原価となる
❷営業外取引の手形の振出しは「営業外支払手形」で処理する
　¥125,000 × 12 枚＝¥1,500,000
❸手形の額面総額と現金購入価格の差額が利息相当額となる
　¥1,500,000 － ¥1,458,000 ＝ ¥42,000

(備　　　　品)❶ 1,458,000　(営業外支払手形)❷ 1,500,000

(前 払 利 息)❸ 　 42,000

## 2. 固定資産の割賦購入(2)

> ×年4月1日、商品陳列棚を分割払いで購入し、代金として毎月末に支払期日が順次到来する額面¥120,000の約束手形10枚を振り出して交付した。なお、商品陳列棚の現金購入価額は¥1,152,000である。なお、利息相当額については、費用の勘定を用いて処理することとする。

❶ ¥120,000 × 10枚＝¥1,200,000
❸ ¥1,200,000 － ¥1,152,000
　＝¥48,000

（備　　　　品）❷　1,152,000　（営業外支払手形）❶　1,200,000
（支　払　利　息）❸　　　48,000

## 3. 営業外受取手形

> 帳簿価額¥2,500,000の土地を¥3,000,000で売却し、売買代金の60％は当座預金に入金され、残額は6か月後を支払期日とする手形で受け取った。

❷売却代金の60％
　¥3,000,000 × 60％＝¥1,800,000
❸営業外取引における手形の受取りは、「営業外受取手形」で処理する
　¥3,000,000 － ¥1,800,000 ＝¥1,200,000
❹勘定科目群より、「固定資産売却益」で処理することになる
　売却価額－帳簿価額＝売却損益
　¥3,000,000 － ¥2,500,000 ＝¥500,000
　　　　　　　　　　　　　（益）

（当　座　預　金）❷　1,800,000　（土　　　　地）❶　2,500,000
（営業外受取手形）❸　1,200,000　（固定資産売却益）❹　　500,000

## 4. 圧縮記帳(1)

> 備品¥1,000,000の取得にあたり、国庫補助金¥200,000を受け取り、これにかかわる会計処理も適切に行われていたが、当該国庫補助金を返還しないことが本日確定したため、直接控除方式により圧縮記帳の処理を行った。

❶国庫補助金の受取時および備品の取得時の仕訳は処理済である。
❷備品の取得原価から国庫補助金相当額を直接控除し、借方に固定資産圧縮損を計上する。

処理済：（現　金　等）　　　200,000　（国庫補助金受贈益）❶　　200,000
処理済：（備　　　品）❶　1,000,000　（現　金　等）　　　1,000,000
本　　問：（固定資産圧縮損）❷　200,000　（備　　　品）　　　　200,000

ヨコ解き
解　答

第1問
第2問
第3問
第4問
(1)
第4問
(2)
第5問

## 5. 圧縮記帳(2)

---

(1) 最新式のレジスター 25台（@¥100,000）の導入にあたり、去る6月7日に国から¥1,250,000の補助金を得て、7月1日レジスターを予定どおり購入したが適正に処理済みである。そのうえで、補助金に関する圧縮記帳を直接控除方式にて行った。

(2) 本日決算日（12月31日）につき、上記の備品について減価償却（200％定率法）を月割計算にて行う。耐用年数は5年、記帳方法は直接法によること。

---

補足
　圧縮損で利益を圧縮することで、補助金をもらった期にまとめて課税されません。また固定資産を圧縮し減価償却費が少なくなることで、利益が増加し、耐用年数にわたり課税されます。

❶🖩@¥100,000 × 25台＝¥2,500,000
　レジスターとはスーパーなどのレジのことです。
❹🖩圧縮記帳後の取得原価
　　¥2,500,000 － ¥1,250,000
　　＝¥1,250,000
　　減価償却（直接法）
　　償却率：1 ÷ 5年×200％＝0.4
　　¥1,250,000 × 0.4 × $\frac{6か月}{12か月}$
　　＝¥250,000

| | | | | |
|---|---|---|---|---|
| （備　品）❶ | 2,500,000 | （当 座 預 金）❷ | 2,500,000 |
| (1)（固定資産圧縮損） | 1,250,000 | （備　品）❸ | 1,250,000 |
| (2)（減 価 償 却 費） | 250,000 | （備　品）❹ | 250,000 |

---

解 答 ▶ **第2回　固定資産2** ➡ 問題3ページ

| | 仕　　　　訳 | | | |
|---|---|---|---|---|
| | 借　方　科　目 | 金　　額 | 貸　方　科　目 | 金　　額 |
| 1 | リ ー ス 資 産 | 210,000 | リ ー ス 債 務 | 210,000 |
| 2 | リ ー ス 資 産 | 3,000,000 | リ ー ス 債 務 | 3,000,000 |
| | リ ー ス 債 務 | 50,000 | 普 通 預 金 | 50,000 |
| 3 | 建　　　　物 | 140,000 | 当 座 預 金 | 700,000 |
| | 修 繕 引 当 金 | 400,000 | | |
| | 修　　繕　　費 | 160,000 | | |
| 4 | 建　　　　物 | 6,120,000 | 建 設 仮 勘 定 | 4,000,000 |
| | | | 当 座 預 金 | 2,120,000 |
| 5 | 建 設 仮 勘 定 | 5,000,000 | 当 座 預 金 | 5,000,000 |
| | 建　　　　物 | 14,000,000 | 建 設 仮 勘 定 | 15,000,000 |
| | 修　　繕　　費 | 1,000,000 | | |

！ここに注意

1 利子抜き法の場合、見積現金購入価額を取得原価とする。
2 利子込み法の場合、リース料総額を取得原価とする。
3 建物の改良のための支出は、資本的支出に該当する。
4 不動産の登記料は固定資産の取得原価に含める。
5 既存の工場の修繕代金は修繕費に振り替える。

予想配点　仕訳1組につき4点。合計20点。

## 解 説

仕訳問題を解くとき、「問題文のキーワードとなる語句に着目して、勘定科目を考える」ようにすると、仕訳を考えやすくなります。

### 1. リース取引（利子抜き法）

×年4月1日、リース会社からコピー機をリースする契約を結び、リース取引を開始した。リース期間は5年、リース料は年間￥50,000（毎年3月末払い）、リースするコピー機の見積現金購入価額は￥210,000である。なお、決算日は3月31日（1年決算）である。また、このリース取引はファイナンス・リース取引であり、利子抜き法で会計処理を行う。

❶見積現金購入価額を取得原価とし、リース資産勘定を借方に計上する。また、同額を借り入れたと考え、リース債務勘定を貸方に計上する。

（リース資産）❶ 210,000 （リース債務） 210,000

**補足**
利子抜き法は、リース債務計上額も利息抜きとなります。
そして、リース料支払時に元本返済と利息を区別します。
（借）リース債務 ××
　　　支払利息 ×
　　　（貸）現金等 ××

### 2. リース取引（利子込み法）

リース会社とパソコン10台のリース契約を、リース期間5年、リース料月額￥50,000（毎月1日に前払い）の条件で結び、パソコンが納品されるとともに、第1回のリース料￥50,000を普通預金から支払った。このリース取引は、ファイナンス・リース取引であったため、利子込み法により処理することとした。リース契約時に生じる科目と、リース料支払時に生じる科目は相殺しないこと。

❶ ￥50,000×12か月×5年
　＝￥3,000,000

（リース資産）❶ 3,000,000 （リース債務）❶ 3,000,000
（リース債務）❷ 50,000 （普通預金）❸ 50,000

**補足**
リース資産、リース債務の計上額は、原則的には、利子抜き法で処理します。
利子込み法は、簡便法として例外的に認めているにすぎません。

### 3. 資本的支出・収益的支出

建物の修繕工事を行い、代金￥700,000は小切手を振り出して支払った。なお、工事代金の20%は改良のための支出と判断された。また、この修繕工事に備えて、前期に￥400,000の引当金を設定している。

❷ ￥700,000×20%＝￥140,000
❹ ￥700,000－￥140,000
　＝￥560,000（収益的支出）
　￥560,000－￥400,000＝￥160,000

（建　　　物）❷ 140,000 （当座預金）❶ 700,000
（修繕引当金）❸ 400,000
（修　繕　費）❹ 160,000

**補足**
イメージとしては、資本的支出で固定資産の価値が上がるため資産計上し、収益的支出で価値が下がった箇所を元に戻すため費用計上します。

ヨコ解き
解　答
第1問
第2問
第3問
第4問
(1)
第4問
(2)
第5問

## 4. 建設仮勘定の処理(1)

> 建設会社に依頼していた建物の建設工事が完了し、建物の引渡しを受けたので、建設工事代金¥6,000,000❶からすでに支払っていた手付金¥4,000,000❷を差し引いた残額と、建物の登記料¥120,000❸を小切手を振り出して支払った。登記料は固定資産の取得原価に含める。

❶ 🖩 ¥6,000,000 ＋ ¥120,000
　　＝ ¥6,120,000

| | | | | | |
|---|---|---|---|---|---|
| (建　　　　物) | ❶ | 6,120,000 | (建 設 仮 勘 定) | ❷ | 4,000,000 |
| | | | (当 座 預 金) | ❸ | 2,120,000 |

## 5. 建設仮勘定の処理(2)

> 既存の工場の増設工事について、3回に分けて各¥5,000,000を分割支払いする建設工事契約を締結し❶それぞれ建設仮勘定に計上している。これが完成して最終回の支払いを当座預金から行い❷、また、建設工事代金の総額¥15,000,000❸を建設仮勘定から、建物と既存の工場の修繕費¥1,000,000❹に振り替えた。

❹ 🖩 ¥15,000,000 － ¥1,000,000
　　＝ ¥14,000,000

| | | | | | |
|---|---|---|---|---|---|
| (建 設 仮 勘 定) | ❶ | 5,000,000 | (当 座 預 金) | ❷ | 5,000,000 |
| (建　　　　物) | ❹ | 14,000,000 | (建 設 仮 勘 定) | ❸ | 15,000,000 |
| (修　　繕　　費) | ❹ | 1,000,000 | | | |

## 参考　リースと割賦購入の共通点

　リースも割賦購入も、ともに固定資産を使用できるとともに、支払いは分割払いという点が似ています。

> **（例）**　備品の現金購入価額¥90、利息相当額¥10、5回支払い、割賦購入の場合、約束手形を振り出し、前払利息を計上する。

　リースの場合、利子抜き法とする。便宜上、減価償却は無視する。

| | 割賦購入 | | リース | |
|---|---|---|---|---|
| 取得時 | (借)備　　　品　90　(貸)営業外支払手形　100<br>　　　前 払 利 息　10 | | (借)リース資産　90　(貸)リース債務　90 | |
| 支払時 | (借)営業外支払手形　20　(貸)当 座 預 金　20<br>(借)支 払 利 息　　2　(貸)前 払 利 息　　2 | | (借)リース債務　18　(貸)当 座 預 金　20<br>　　　支 払 利 息　　2 | |
| 財務諸表 | 貸借対照表　　損益計算書<br>備　品90　外 支 手80　支払利息　2<br>前払利息　8 | | 貸借対照表　　損益計算書<br>リース資産 90　リース債務 72　支払利息　2 | |

　支払利息と固定資産は同額となり、割賦購入の営業外支払手形と前払利息を相殺すると、正味の負債はリース債務と同額となります。

## 解答 ▶ 第3回 固定資産3　　　→ 問題4ページ

| | 仕 | | 訳 | |
|---|---|---|---|---|
| | 借 方 科 目 | 金 額 | 貸 方 科 目 | 金 額 |
| 1 | 備品減価償却累計額 | 360,000 | 備　　品 | 400,000 |
| | 貯 蔵 品 | 25,000 | | |
| | 固定資産除却損 | 15,000 | | |
| 2 | 建物減価償却累計額 | 1,200,000 | 建　　物 | 3,000,000 |
| | 未 決 算 | 1,800,000 | | |
| 3 | 未 収 入 金 | 1,400,000 | 未 決 算 | 1,280,000 |
| | | | 保 険 差 益 | 120,000 |
| 4 | 備品減価償却累計額 | 531,360 | 備　　品 | 900,000 |
| | 減 価 償 却 費 | 55,296 | | |
| | 営業外受取手形 | 178,500 | | |
| | 固定資産売却損 | 134,844 | | |
| 5 | 車　　両 | 2,000,000 | 車　　両 | 1,600,000 |
| | 車両減価償却累計額 | 1,440,000 | 固定資産売却益 | 80,000 |
| | | | 未 払 金 | 1,760,000 |

**ここに注意**

1 帳簿価額と処分価値との差額を固定資産除却損として処理する。
2 固定資産の帳簿価額を未決算勘定で処理する。
4 売却時の帳簿価額と売却額との差額は固定資産売却損(益)で処理する。
5 固定資産売却損益は下取価額と旧固定資産の帳簿価額との差額。

**予想配点** 仕訳1組につき4点。合計20点。

ヨコ解き解答 第1問 第2問 第3問 第4問(1) 第4問(2) 第5問

※ 仕訳問題における借方の中または貸方の中における科目の順序は、順不同です。

## 解説 ▶

仕訳問題を解くとき、「問題文のキーワードとなる語句に着目して、勘定科目を考える」ようにすると、仕訳を考えやすくなります。

### 1.固定資産の除却

備品(取得原価:￥400,000、期首減価償却累計額:￥360,000、記帳方法:間接法)を期首に、除却した。なお、この備品の処分価値は￥25,000と見積もられた。

❶ 帳簿価額 ￥400,000 － ￥360,000
　　　　＝￥40,000
　処分価値 ￥25,000
　除 却 損 ￥25,000 － ￥40,000
　　　　＝△￥15,000

(備品減価償却累計額)❶ 360,000 (備　　品)❶ 400,000
(貯 蔵 品)❷ 25,000
(固定資産除却損)❸ 15,000

### 2.固定資産の滅失(1)

当期首に、倉庫(取得原価￥3,000,000、減価償却累計額￥1,200,000、間接法で記帳)が火災により全焼した。この倉庫には総額￥3,000,000の火災保険を掛けていたので、保険会社に保険金の支払いを請求した。

❸ 貸借差額が「未決算」

(建物減価償却累計額)❷ 1,200,000 (建　　物)❶ 3,000,000
(未 決 算)❸ 1,800,000

65

## 3. 固定資産の滅失(2)

> 4月1日に火災により焼失した建物(取得原価¥2,000,000、焼失時の減価償却累計額❷ ¥720,000、間接法で記帳)について、請求していた保険金¥1,400,000を支払う旨の連絡を、❶ 本日、保険会社より受けた。
>
> この建物については、焼失時に固定資産の帳簿価額の全額を未決算勘定に振り替えていた。当社の決算日は3月末日である。

❷ 🖩 ¥2,000,000 − ¥720,000
　 = ¥1,280,000
❸ 🖩 ¥1,400,000 − ¥1,280,000
　 = ¥120,000

| （未 収 入 金）❶ | 1,400,000 | （未　決　算）❷ | 1,280,000 |
|---|---|---|---|
| | | （保 険 差 益）❸ | 120,000 |

## 4. 固定資産の売却

> ×5年4月1日に¥900,000で取得した備品(耐用年数10年)を、×9年12月31日に¥178,500❶ ❷ で売却し、代金は相手先振出の約束手形を受け取った。当社の決算日は3月末日であり、減価償却は200%定率法、期首減価償却累計額は¥531,360、記帳を間接法によっている。❸ 売却した年度の減価償却費は月割計算で算定すること。

❹ 🖩 償却率：$\frac{1}{10年}$ × 200% = 0.2
　×9年度（9か月分の月割計算）
　償却額：（¥900,000 − ¥531,360）
　　　　　× 0.2 × $\frac{9か月}{12か月}$ = ¥55,296
❺ 貸借差額

| （備品減価償却累計額）❸ | 531,360 | （備　　　品）❶ | 900,000 |
|---|---|---|---|
| （減 価 償 却 費）❹ | 55,296 | | |
| （営業外受取手形）❷ | 178,500 | | |
| （固定資産売却損）❺ | 134,844 | | |

## 5. 固定資産の買い換え

> 当期首に、営業用の乗用車を¥2,000,000で翌月末払いの条件で購入し、従来使用してい❶ ❷ ❶ た乗用車(取得原価¥1,600,000、減価償却累計額¥1,440,000、間接法で記帳)については、❸ ❹ ¥240,000で下取りされることとなった。この下取価格は新車代金の支払額から差し引くこ❺ ❺ ❺ ととされた。

❻ 🖩 ¥240,000 − （¥1,600,000
　　 − ¥1,440,000）= ¥80,000
❷ 🖩 ¥2,000,000 − ¥240,000
　　 = ¥1,760,000

| （車両減価償却累計額）❹ | 1,440,000 | （車　　　両）❸ | 1,600,000 |
|---|---|---|---|
| （未 収 入 金）❺ | 240,000 | （固定資産売却益）❻ | 80,000 |

＋

| （車　　　両）❶ | 2,000,000 | （未 収 入 金）❺ | 240,000 |
|---|---|---|---|
| | | （未 払 金）❷ | 1,760,000 |

**第4回 ソフトウェア、研究開発費** ➡ 問題5ページ

| | 仕 | | 訳 | |
|---|---|---|---|---|
| | 借 方 科 目 | 金 額 | 貸 方 科 目 | 金 額 |
| 1 | ソフトウェア | 3,000,000 | ソフトウェア仮勘定 | 3,000,000 |
| 2 | ソフトウェア<br>長期前払費用 | 19,200,000<br>4,800,000 | ソフトウェア仮勘定 | 24,000,000 |
| 3 | ソフトウェア<br>固定資産除却損 | 2,500,000<br>580,000 | ソフトウェア仮勘定 | 3,080,000 |
| 4 | 研 究 開 発 費 | 2,400,000 | 当 座 預 金 | 2,400,000 |
| 5 | 研 究 開 発 費 | 870,000 | 当 座 預 金<br>普 通 預 金 | 420,000<br>450,000 |

**ここに注意**

1 完成し使用開始するまで「ソフトウェア仮勘定」で処理する。
2 勘定科目群に適切な費用科目が無いため、長期前払費用で処理する。
3 資産性が無いものはソフトウェア仮勘定から直接、固定資産除却損に振り替える。
4、5 研究開発目的の支出はすべて研究開発費で処理する。

**予想配点** 仕訳1組につき4点。合計20点。

ヨコ解き
解 答

第1問

第2問

第3問

第4問
(1)

第4問
(2)

第5問

**解 説**

仕訳問題を解くとき、「問題文のキーワードとなる語句に着目して、勘定科目を考える」ようにすると、仕訳を考えやすくなります。

## 1. ソフトウェア仮勘定(1)

社内利用目的のソフトウェアの開発を外部に依頼し、契約総額¥3,000,000の全額をすでに支払っていた❶。本日、このソフトウェアの製作が完成し使用を開始したため、ソフトウェアの勘定に振り替えた❷。

**補足**
作っている途中（未完成）であるという事実を示すため、〇〇仮勘定で、B/S上、表示します。

❶ 完成し使用開始するまで「ソフトウェア仮勘定」で処理している。

支 払 時：（ソフトウェア仮勘定）❶ 3,000,000 （当座預金など）❷ 3,000,000
（本日） （ソフトウェア）❷ 3,000,000 （ソフトウェア仮勘定） 3,000,000

## 2. ソフトウェア仮勘定(2)

外部に開発を依頼していた社内利用目的のソフトウェア（開発費用¥24,000,000は4回分割で銀行振込により全額支払済み❶）が完成し使用を開始したため、ソフトウェア勘定に振り替えた❸。なお、開発費用¥24,000,000の中には、今後の4年間のシステム関係の保守費用¥4,800,000が含まれていた❷❸。

❸ ¥24,000,000 − ¥4,800,000
＝ ¥19,200,000

（ソフトウェア）❸ 19,200,000 （ソフトウェア仮勘定）❶ 24,000,000
（長期前払費用）❷ 4,800,000

### 3. ソフトウェア仮勘定⑶

> 外部に開発を依頼していた<u>社内利用目的のソフトウェア</u>（開発費用¥3,080,000は銀行振<u>**❶**</u>込により全額支払済み）が完成し使用を開始したため、ソフトウェア勘定に振り替えた。なお、この開発費用の内容を精査したところ¥3,080,000の中には、<u>ソフトウェアの作り直</u><u>**❷**</u><u>し対象となった部分の費用¥580,000</u>が含まれており、<u>資産性がないものとして除却処理す</u><u>**❷**</u><u>る</u>こととした。

**❸** 🖩 ¥3,080,000 − ¥580,000
　　= ¥2,500,000

（ソフトウェア）**❸**　2,500,000　（ソフトウェア仮勘定）**❶**　3,080,000

（固定資産除却損）**❷**　　580,000

### 4. 研究開発費⑴

> 研究開発に従事している<u>従業員の給料¥400,000</u>および<u>特定の研究開発にのみ使用する目</u><u>**❶❷**</u><u>的で購入した機械装置の代金¥2,000,000</u>を<u>当座預金口座から振り込んで支払った</u>。<u>**❷**</u>

**❶** 研究開発目的の支出は、すべて研究
　開発費で処理する。
　🖩 ¥400,000 + ¥2,000,000 = ¥2,400,000

（研究開発費）**❶**　2,400,000　（当座預金）**❷**　2,400,000

補足
　研究開発が将来の売上の獲得に役立つかどうかを判定するルールを一律に決めることが難しいため、資産計上せずに、まとめて費用処理します。

### 5. 研究開発費⑵

> <u>特定の研究開発の目的で備品¥350,000</u>と<u>実験用の薬剤¥70,000</u>を購入し、<u>代金は小切手</u><u>**❶**</u><u>を振り出して支払う</u>とともに、この研究プロジェクトにのみ従事している<u>客員研究員Ａ氏</u><u>**❷**</u><u>に対する今月分の業務委託費¥450,000</u>を当社の<u>普通預金口座から</u>Ａ氏の指定する預金口座<u>**❶**</u>　　　　　　　　　　　　　　　　　　　　　　　　　　　　　　　　　　　　　**❸**<u>に振り込んだ</u>。<u>**❸**</u>

**❶** 🖩 ¥350,000 + ¥70,000 + ¥450,000
　　= ¥870,000

（研究開発費）**❶**　　870,000　（当座預金）**❷**　　420,000

　　　　　　　　　　　　　　　　（普通預金）**❸**　　450,000

**解答** ▶ **第5回　株式の発行**　　　　　　　➡ 問題6ページ

| | 仕　　　　訳 | | | |
|---|---|---|---|---|
| | 借 方 科 目 | 金　額 | 貸 方 科 目 | 金　額 |
| 1 | 普 通 預 金 | 5,000,000 | 資　　本　　金<br>資 本 準 備 金 | 4,000,000<br>1,000,000 |
| 2 | 当 座 預 金<br><br>創　立　費 | 1,000,000<br><br>30,000 | 資　　本　　金<br>資 本 準 備 金<br>現　　　　　金 | 500,000<br>500,000<br>30,000 |
| 3 | 株式申込証拠金<br><br>当 座 預 金 | 2,240,000<br><br>2,240,000 | 資　　本　　金<br>資 本 準 備 金<br>別 段 預 金 | 1,120,000<br>1,120,000<br>2,240,000 |
| 4 | 諸　　資　　産 | 8,700,000 | 諸　　負　　債<br>資　　本　　金<br>その他資本剰余金<br>負ののれん発生益 | 3,400,000<br>3,000,000<br>2,000,000<br>300,000 |
| 5 | 商　　　　品<br>建　　　　物<br>備　　　　品<br>の　れ　ん | 400,000<br>900,000<br>300,000<br>200,000 | 普 通 預 金 | 1,800,000 |

**⚠ ここに注意**

1 資本金としなかった金額は、資本準備金で処理する。
2 設立時の費用は創立費で処理する。
3 会社法が規定する資本金の最低額は、払込金額の2分の1となる。
4 株式交付額よりも受入純資産の方が大きければ収益とする。
5 受入純資産よりも現金支払額の方が大きければのれんとする。

**予想配点** 仕訳1組につき4点。合計20点。

**ヨコ解き 解答**

第1問

第2問

第3問

第4問（1）

第4問（2）

第5問

---

**解説** ▶

　仕訳問題を解くとき、「問題文のキーワードとなる語句に着目して、勘定科目を考える」ようにすると、仕訳を考えやすくなります。

### 1. 株式の発行（設立時）

　会社の設立にあたり、発行可能株式総数10,000株のうち<u>2,500株を1株あたり¥2,000の価額で発行</u>❶❷し、その全額の引受けと払込みを受け、<u>払込金は普通預金とした</u>❷。なお、<u>払込金の8割に相当する金額を資本金とする</u>❶。

❶払込金の2割は、資本準備金で処理する。
　🖩払込金：
　　@¥2,000 × 2,500株＝¥5,000,000
　資本金：
　　¥5,000,000 × 80%＝¥4,000,000
　資本準備金
　　¥5,000,000 × 20%＝¥1,000,000

（普 通 預 金）❷ 5,000,000　（資　本　金）❶ 4,000,000
　　　　　　　　　　　　　　（資本準備金）❶ 1,000,000

## 2. 株式の発行（設立時）

会社の設立にあたり、発行可能株式総数10,000株のうち**2,500株を1株当たり¥400で発**
**行**し、その全額について引受けと払込みを受け、払込金は当座預金とした。なお、**会社法**
**が認める最低限度額を資本金として計上**する。
また、会社の**設立準備のために発起人が立て替えていた諸費用¥30,000を現金で支払った。**

❶ 🧮 @¥400 × 2,500株 × $\frac{1}{2}$ = ¥500,000

| （当 座 預 金） | 1,000,000 | （資 本 金）❶ | 500,000 |
|---|---|---|---|
| | | （資 本 準 備 金） | 500,000 |
| （創 立 費）❷ | 30,000 | （現 金） | 30,000 |

**補足**
資本準備金を増減させる手続きは、資本金を増減させる手続きよりも簡単です。そのため、将来の損失の発生などに備えるために、一部を資本準備金とすることが認められています。

## 3. 株式の発行（増資時）

**新株800株（1株の払込金額は¥2,800）を発行して増資を行う**ことになり、払い込まれた
800株分の申込証拠金は別段預金に預け入れていたが、株式の払込期日となったので、**申**
**込証拠金を資本金に充当**し、**別段預金を当座預金に預け替えた**。なお、**資本金には会社法**
**が規定する最低額を組み入れる**こととする。

❶ 🧮 @¥2,800 × 800株
　　 = ¥2,240,000

❷ 🧮 ¥2,240,000 × $\frac{1}{2}$
　　 = ¥1,120,000

| 処理済：（別 段 預 金）❶ | 2,240,000 | （株式申込証拠金）❶ | 2,240,000 |
|---|---|---|---|
| 本　問：（株式申込証拠金） | 2,240,000 | （資 本 金）❷ | 1,120,000 |
| | | （資 本 準 備 金）❷ | 1,120,000 |
| （当 座 預 金）❸ | 2,240,000 | （別 段 預 金） | 2,240,000 |

## 4. 吸収合併

A社を吸収合併し、新たに当社の株式1,000株（合併時点の時価@¥5,000）を発行し、こ
れを**A社の株主に交付**した。そのときの**A社の諸資産（時価）は¥8,700,000、諸負債（時価）**
**は¥3,400,000**であった。また、合併にあたっては、**取得の対価のうち60%を資本金、残り**
**40%をその他資本剰余金として計上**することとした。

**補足**
取得する資産、負債の価値よりも安く買えるのは、買われる企業が赤字であったり将来の成長が難しいなど、特殊な場合です。

❶受け入れた諸資産・諸負債は時価で
　計上する
❷取得の対価
🧮 @¥5,000 × 1,000株 = ¥5,000,000
　資本金
🧮 ¥5,000,000 × 60% = ¥3,000,000
　その他資本剰余金
🧮 ¥5,000,000 × 40% = ¥2,000,000
❸「諸資産と諸負債の差額」＞「取得の対
　価」となる場合、差額を「負ののれん
　発生益」で処理する
　諸資産と諸負債の差額
🧮 ¥8,700,000 − ¥3,400,000 = ¥5,300,000
　負ののれん発生益
🧮 ¥5,300,000 − ¥5,000,000 = ¥300,000

| （諸 資 産）❶ | 8,700,000 | （諸 負 債）❶ | 3,400,000 |
|---|---|---|---|
| | | （資 本 金）❷ | 3,000,000 |
| | | （その他資本剰余金）❷ | 2,000,000 |
| | | （負ののれん発生益）❸ | 300,000 |

## 5.買収

B社の事業の一部を譲り受けることになり、<u>譲渡代金¥1,800,000を普通預金口座から相</u>
<u>手先口座に振り込んだ。</u>❶ この取引により<u>譲り受けた資産の評価額は、商品¥400,000、建物</u>
<u>¥900,000、備品¥300,000であり、引き受けた負債はなかった。</u>❷❸❹

補足
のれんはいわばその企業が持つブランド力や技術力などです。そののれんを使って獲得した売上と費用を対応させるために毎期償却を行います。

❺▣貸借差額

| | | | | | |
|---|---|---|---|---|---|
| (商 品) ❷ | 400,000 | (普 通 預 金) ❶ | 1,800,000 |
| (建 物) ❸ | 900,000 | | |
| (備 品) ❹ | 300,000 | | |
| (の れ ん) ❺ | 200,000 | | |

ヨコ解き
解 答

第1問

第2問

第3問

第4問
(1)

第4問
(2)

第5問

---

解答 ▶ 第6回 資本の変動 ➡ 問題7ページ

| | 仕 訳 | | | |
|---|---|---|---|---|
| | 借 方 科 目 | 金 額 | 貸 方 科 目 | 金 額 |
| 1 | 繰越利益剰余金 | 3,470,000 | 未 払 配 当 金 | 2,700,000 |
| | | | 利 益 準 備 金 | 270,000 |
| | | | 別 途 積 立 金 | 500,000 |
| 2 | 別 途 積 立 金 | 1,800,000 | 繰越利益剰余金 | 1,800,000 |
| | 繰越利益剰余金 | 2,100,000 | 未 払 配 当 金 | 2,000,000 |
| | | | 利 益 準 備 金 | 100,000 |
| 3 | その他資本剰余金 | 1,160,000 | 未 払 配 当 金 | 1,080,000 |
| | | | 資 本 準 備 金 | 80,000 |
| 4 | その他資本剰余金 | 600,000 | 資 本 準 備 金 | 600,000 |
| | 繰越利益剰余金 | 900,000 | 利 益 準 備 金 | 900,000 |
| 5 | 資 本 準 備 金 | 3,000,000 | その他資本剰余金 | 3,000,000 |
| | 利 益 準 備 金 | 2,500,000 | 繰越利益剰余金 | 2,500,000 |

⚠️ここに注意

1 配当金の10分の1を準備金として積み立てても、資本金の4分の1とならない。
2 繰越利益剰余金は相殺しない。
3 その他資本剰余金からの配当は、資本準備金を積み立てる。
4、5 資本と利益の変動は、積立ても取崩しも区別する。

予想配点 仕訳1組につき4点。
合計20点。

---

解説 ▶

仕訳問題を解くとき、「問題文のキーワードとなる語句に着目して、勘定科目を考える」ようにすると、仕訳を考えやすくなります。

## 1. 剰余金の配当

定時株主総会を開催し、繰越利益剰余金¥3,500,000の処分を次のとおり決定した。なお、資本金は¥80,000,000、資本準備金は¥12,000,000、利益準備金は¥7,000,000❷であり、発行済株式数は3,000株である。❶

株主配当金：1株につき¥900　利益準備金：会社法が定める金額　別途積立金：¥500,000

❶ 🖩@ 900 円× 3,000 株＝ 2,700,000 円
❷ 🖩
　配当金の 10 分の 1
　　2,700,000 円× $\frac{1}{10}$ ＝ 270,000 円…①
　積立限度額
　　80,000,000 円× $\frac{1}{4}$ －（12,000,000 円
　　＋ 7,000,000 円）＝ 1,000,000 円…②
　利益準備金の積立額
　　①＜②→② 270,000 円
❸ 2,700,000 円＋ 270,000 円
　　＋ 500,000 円＝ 3,470,000 円

| （繰越利益剰余金）❸ | 3,470,000 | （未払配当金）❶ | 2,700,000 |
|---|---|---|---|
| | | （利益準備金）❷ | 270,000 |
| | | （別途積立金） | 500,000 |

$2,700,000 × \frac{1}{10} = 270,000$　　$80,000,000 × \frac{1}{4} = 20,000,000$

| 残 | 1,000,000 |
|---|---|
| 利準 | 7,000,000 |
| 資準 | 12,000,000 |

## 2. 剰余金の配当

株主総会が開催され、別途積立金¥1,800,000を全額取り崩して繰越利益剰余金に振り替えたうえで、❶ 繰越利益剰余金を財源に1株につき¥200の配当を実施することが可決された。株主総会開催直前の純資産は、資本金¥20,000,000、資本準備金¥4,000,000、利益準備金¥900,000、別途積立金¥1,800,000、および繰越利益剰余金¥700,000❸であった。会社法に定める金額の利益準備金を積み立てる。なお、発行済株式総数は10,000株である。❷

❷ 🖩@ ¥200×10,000株
　　＝¥2,000,000（株主配当金）
❸ 🖩¥20,000,000× $\frac{1}{4}$ ＝¥5,000,000
　　　　　（資本金の額の4分の1）
　¥5,000,000－（¥4,000,000＋
　¥900,000）＝¥100,000
　　　　　（積立上限額）…①
　¥2,000,000× $\frac{1}{10}$ ＝¥200,000
　　　　　（株主配当金の10分の1）…②
　①＜②より、¥100,000
　　　　　（利益準備金の積立額）

| （別途積立金） | 1,800,000 | （繰越利益剰余金）❶ | 1,800,000 |
|---|---|---|---|
| （繰越利益剰余金） | 2,100,000 | （未払配当金）❷ | 2,000,000 |
| | | （利益準備金）❸ | 100,000 |

# 解答・解説編

## 3. その他資本剰余金からの配当

定時株主総会を開催し、その他資本剰余金￥1,400,000の処分を次のとおり決定した。なお、資本金は￥32,000,000、資本準備金は￥4,800,000、利益準備金は ￥3,120,000であり、発行済株式数は3,000株である。

株主配当金：1株につき￥360　　準備金：会社法が定める金額

■@￥360×3,000株＝￥1,080,000
②￥32,000,000×1/4＝￥8,000,000
￥8,000,000−（￥4,800,000＋￥3,120,000）＝￥80,000（積立上限額）…①
￥1,080,000×1/10＝￥108,000（株主配当金の10分の1）…②
①＜②より、￥80,000（資本準備金の積立額）

| | | | |
|---|---|---|---|
| （その他資本剰余金） | 1,160,000 | （未払配当金） | 1,080,000 |
| | | （資本準備金） | 80,000 |

補足
その他資本剰余金は資本であり本来は配当できないはずですが、利益剰余金がない場合でも配当したいという実務上の要請から認められています。

## 4. 準備金の積立て

株主総会の決議を経て、その他資本剰余金￥600,000および繰越利益剰余金￥900,000をそれぞれ準備金に組み入れることとした。

②組み入れる準備金
その他資本剰余金 → 資本準備金
繰越利益剰余金　 → 利益準備金

| | | | |
|---|---|---|---|
| （その他資本剰余金） | 600,000 | （資本準備金） | 600,000 |
| （繰越利益剰余金） | 900,000 | （利益準備金） | 900,000 |

## 5. 準備金の取崩し

繰越利益剰余金が￥5,500,000の借方残高となっていたため、株主総会の決議によって、資本準備金￥3,000,000と、利益準備金￥2,500,000を取り崩すこととした。利益準備金の取崩額は、繰越利益剰余金とした。

| | | | |
|---|---|---|---|
| （資本準備金） | 3,000,000 | （その他資本剰余金） | 3,000,000 |
| （利益準備金） | 2,500,000 | （繰越利益剰余金） | 2,500,000 |

補足
資本と利益は区別しなければならないため、資本準備金と繰越利益剰余金を直接相殺することはできません。そのため、いったんその他資本剰余金にした後に相殺します。
（借）その他資本剰余金
　（貸）繰越利益剰余金

|   |   | 仕 | | 訳 | |
|---|---|---|---|---|---|
|   |   | 借 方 科 目 | 金　額 | 貸 方 科 目 | 金　額 |
| 1 |   | 当 座 預 金 | 497,000 | 電子記録債権 | 500,000 |
|   |   | 電子記録債権売却損 | 3,000 |   |   |
| 2 |   | 買 　 掛 　 金 | 700,000 | 電子記録債権 | 700,000 |
| 3 |   | クレジット売掛金 | 105,000 | 売　　　上 | 100,000 |
|   |   | 支 払 手 数 料 | 5,000 | 仮 受 消 費 税 | 10,000 |
| 4 |   | 売 　 掛 　 金 | 1,000,000 | 売　　　上 | 900,000 |
|   |   |   |   | 返 金 負 債 | 100,000 |
| 5 | (1) | 契 約 資 産 | 880,000 | 売　　　上 | 880,000 |
|   | (2) | 売 　 掛 　 金 | 2,420,000 | 売　　　上 | 1,540,000 |
|   |   |   |   | 契 約 資 産 | 880,000 |

**こに注意**

1 手形の割引に準じて処理する。
2 他社の債権を譲渡して支払いに充てている。
3 クレジット手数料は、試験では税抜きの販売代金をもとに計算する問題が出題されている。
4 顧客に返金する義務を返金負債で処理する。
5 すべての履行義務を充足し、債権を認識するまでは契約資産で処理する。

**予想配点** 仕訳1組につき4点。5は(1)と(2)両方正解で4点 合計20点。

## 解説

　仕訳問題を解くとき、「問題文のキーワードとなる語句に着目して、勘定科目を考える」ようにすると、仕訳を考えやすくなります。

### 1.電子記録債権の割引き

> 　電子記録債権¥500,000を割り引く❶ために、取引銀行を通じて電子債権記録機関に当該債権の譲渡記録の請求を行い、取引銀行から割引料¥3,000を差し引いた手取金が当座預金の口座❷❸に振り込まれた。

❸ ¥500,000 － ¥3,000 ＝ ¥497,000

（当 座 預 金）❸　497,000　（電子記録債権）❶　500,000
（電子記録債権売却損）❷　3,000

### 2.電子記録債権の譲渡

> 　B社に対する買掛金¥700,000の支払い❶につき、取引銀行を通じて電子債権記録機関にA社に対する電子記録債権の譲渡記録❷を行った。

（買 　 掛 　 金）❶　700,000　（電子記録債権）❷　700,000

## 3. クレジット売掛金・消費税（税抜方式）

商品を¥100,000（税抜き）でクレジット払いの条件で顧客に販売した。信販会社への**❶**ク
レジット手数料（税抜きの販売代金の５％）も販売時に計上した。**❸❹** なお、消費税の税率は
10％とし、税抜方式で処理するが、クレジット手数料には消費税は課税されない。**❷**

**❷** ¥100,000 × 10％＝¥10,000
**❸** ¥100,000 × 5％＝¥5,000
**❹** ¥100,000 ＋¥10,000 －¥5,000
　　 ＝¥105,000

| （クレジット売掛金）**❹** | 105,000 | （売　　　上）**❶** | 100,000 |
|---|---|---|---|
| （支 払 手 数 料）**❸** | 5,000 | （仮受消費税）**❷** | 10,000 |

ヨコ解き
解 答

第1問

第2問

第3問

第4問
(1)

第4問
(2)

第5問

## 4. 変動対価・リベート（返金負債）

７月中にＣ社へ甲商品4,000個を１個あたり¥250で掛けにて販売した。**❶❸** 同社との間には、
７月から８月の間に同商品を合計5,500個以上購入した場合に、当該期間の販売額の１割を
リベートとして支払う契約を締結している。**❷❸** 返金は９月末に支払う予定である。この条件
が達成される可能性は高い。

**❶** @¥250 × 4,000 個＝¥1,000,000
**❷** ¥1,000,000 × 0.1 ＝¥100,000
**❸** ¥1,000,000 －¥100,000
　　 ＝¥900,000

| （売　掛　金）**❶** | 1,000,000 | （売　　　上）**❸** | 900,000 |
|---|---|---|---|
| | | （返 金 負 債）**❷** | 100,000 |

## 5. 複数の履行義務の充足（契約資産）

(1) Ｄ社と商品乙¥880,000および商品丙¥1,540,000を販売する契約を締結した。ただし、
　 商品乙の引渡しと商品丙の引渡しは、それぞれ独立した履行義務として識別する。また、
　 代金の請求は商品乙と商品丙の両方をＤ社に移転した後に行う契約内容になっている。**❶**
　 契約締結の直後に商品乙を引き渡した**❷**が、商品丙については在庫がないので、後日引き
　 渡すこととなった。

(2) 上記の取引の２週間後、販売契約のうち、商品丙をＤ社に引き渡し、**❸** 商品乙と商品丙
　 の代金に対する請求書を送付した。**❹**

**❹** ¥880,000 ＋¥1,540,000
　　 ＝¥2,420,000

| (1)（契 約 資 産）**❶** | 880,000 | （売　　　上）**❷** | 880,000 |
|---|---|---|---|
| (2)（売　掛　金）**❹** | 2,420,000 | （売　　　上）**❸** | 1,540,000 |
| | | （契 約 資 産）**❶** | 880,000 |

| | 仕 訳 | | | |
|---|---|---|---|---|
| | 借 方 科 目 | 金 額 | 貸 方 科 目 | 金 額 |
| 1 | 当 座 預 金<br>為 替 差 損 益 | 5,250,000<br>500,000 | 売 掛 金 | 5,750,000 |
| 2 | 売 掛 金 | 2,200,000 | 売 上 | 2,200,000 |
| 3 | 為 替 差 損 益 | 800,000 | 売 掛 金 | 800,000 |
| 4 | 為 替 差 損 益 | 60,000 | 買 掛 金 | 60,000 |
| 5 | 当 座 預 金 | 11,000,000 | 売 掛 金 | 11,000,000 |

**ここに注意**

1 入金時のレートの方が小さいため、為替差損となる。
2 販売前に為替予約を行っているため、予約レートで換算する。
3 予約レートと販売時のレートとの差額が為替差損益となる。
4 予約レートの方が大きく負債が増加するため為替差損となる。
5 予約レートで決済するため、為替差損益は生じない。

**予想配点** 仕訳1組につき4点。合計20点。

**解説**

　仕訳問題を解くとき、「問題文のキーワードとなる語句に着目して、勘定科目を考える」ようにすると、仕訳を考えやすくなります。

### 1. 外貨建て売掛金の決済

> 　米国の取引先に対して、製品50,000ドルを3か月後に決済の条件で輸出していたが、本日、50,000ドルの送金があり当座預金口座に入金した。
> 　輸出時の為替相場は1ドル¥115、本日の為替相場は1ドル¥105であった。

**補足**
　為替差損益は為替相場の変動による収支の増減により生じたもので、企業の本業の収益・費用と区別するために、P/L上、営業外の区分に表示します。

**❶** 50,000 ドル×@¥115
　＝¥5,750,000
**❷** 50,000 ドル×@¥105
　＝¥5,250,000
**❸** (@¥105−@¥115)×50,000 ドル
　＝¥△500,00

(当 座 預 金)**❷** 5,250,000　(売 掛 金)**❶** 5,750,000
(為 替 差 損 益)**❸** 500,000

### 2. 為替予約（事前予約）

> 　米国の取引先に対して、製品20,000ドルを3か月後に決済の条件で輸出した。輸出時の為替相場は1ドル¥115であったが、20,000ドルを3か月後に1ドル¥110で売却する為替予約が輸出の1週間前に結ばれていたため、この為替予約により振当処理を行う。

**❶** @¥110 × 20,000 ドル
　＝¥2,200,000

(売 掛 金)**❶** 2,200,000　(売 上)**❶** 2,200,000

### 3. 為替予約（事後予約）(1)

先日、商品を800,000ドルにて米国の顧客に掛けで売り渡し、適切に処理していたが（取引時の直物為替相場1ドル＝¥115）、今後円の為替相場が上昇するリスクに備えて、全額1ドル＝¥114にてドルを円に売却する為替予約を締結した。ただし、当該売掛金の円換算額と、為替予約による円換算額との差額はすべて当期の損益として振当処理を行う。

| ❶🖩(@¥114－@¥115) ×800,000ドル<br>＝△¥800,000（損） | （為 替 差 損 益）❶ | 800,000 | （売　掛　金） | 800,000 |

ヨコ解き
解　答

第1問

第2問

第3問

第4問
(1)

第4問
(2)

第5問

### 4. 為替予約（事後予約）(2)

×年8月1日、1か月前の7月1日の輸入取引によって生じた外貨建ての買掛金30,000ドル（決済日は×年9月30日）について、1ドル¥110で30,000ドルを購入する為替予約を取引銀行と契約し、振当処理を行うこととし、為替予約による円換算額との差額はすべて当期の損益として処理する。なお、輸入取引が行われた×年7月1日の為替相場（直物為替相場）は1ドル¥108であり、また本日（×年8月1日）の為替相場（直物為替相場）は1ドル¥109である。

| ❶🖩(@¥110－@¥108) ×30,000ドル<br>＝¥60,000 | （為 替 差 損 益）❶ | 60,000 | （買　掛　金） | 60,000 |

### 5. 為替予約の決済

米国の取引先に対して、商品100,000ドルを3か月後に決済の条件で輸出していたが、本日、100,000ドルの送金があり当座預金口座に入金した。

商品の輸出後、円の為替相場が上昇するリスクに備えて、全額1ドル＝¥110にてドルを円に売却する為替予約を締結していた。輸出時の為替相場は1ドル¥115、本日の為替相場は1ドル¥105であった。

| ❶🖩100,000ドル×@¥110<br>＝¥11,000,000 | （当 座 預 金）❶ | 11,000,000 | （売　掛　金）❷ | 11,000,000 |

# 第2問　個別論点

（単位：千円）

| 科　目 | 個別財務諸表 | | 修正・消去 | | 連結財務諸表 |
|---|---|---|---|---|---|
| | P　社 | S　社 | 借　方 | 貸　方 | |
| **貸借対照表** | | | | | |
| 現　金　預　金 | 180,000 | 65,000 | | | 245,000 |
| 売　　掛　　金 | 480,000 | 220,000 | | 180,000 | 520,000 |
| 商　　　　　品 | 370,000 | 165,000 | | 42,000 | 493,000 |
| 未　収　入　金 | 80,000 | 13,000 | | | 93,000 |
| 貸　　付　　金 | 150,000 | | | 60,000 | 90,000 |
| 未　収　収　益 | 12,000 | | | | 12,000 |
| 土　　　　　地 | 165,000 | 36,000 | | 6,000 | 195,000 |
| 建　　　　　物 | 50,000 | | | | 50,000 |
| 建物減価償却累計額 | △ 24,000 | | *ともに正解で* | | △ 24,000 |
| （　の　れ　ん　） | | | 80,000 | 4,000 | 72,000 |
| | | | | 4,000 | |
| S　社　株　式 | 200,000 | | | 200,000 | 0 |
| 資　産　合　計 | 1,663,000 | 499,000 | 80,000 | 496,000 | 1,746,000 |
| 買　　掛　　金 | 181,000 | 205,000 | 180,000 | | 206,000 |
| 借　　入　　金 | 125,000 | 70,000 | 60,000 | | 135,000 |
| 未　　払　　金 | 120,000 | 42,000 | | | 162,000 |
| 未　払　費　用 | 88,000 | 2,000 | | | 90,000 |
| 資　　本　　金 | 226,000 | 100,000 | 100,000 | | 226,000 |
| 資　本　剰　余　金 | 123,000 | 20,000 | 20,000 | | 123,000 |
| 利　益　剰　余　金 | 800,000 | 60,000 | 30,000 | | 768,000 |
| | | | 4,000 | | |
| | | | 1,200 | | |
| | | | 27,000 | | |
| | | | 918,300 | 888,500 | |
| 非支配株主持分 | | | | 30,000 | 36,000 |
| | | | | 1,200 | |
| | | | | 4,800 | |
| 負債純資産合計 | 1,663,000 | 499,000 | 1,340,500 | 924,500 | 1,746,000 |
| **損益計算書** | | | | | |
| 売　　上　　高 | 1,560,000 | 1,080,000 | 860,000 | | 1,780,000 |
| 売　上　原　価 | 1,041,000 | 767,000 | 42,000 | 860,000 | 963,000 |
| | | | | 27,000 | |
| 販売費及び一般管理費 | 465,000 | 288,000 | *ともに正解で* | | 753,000 |
| （のれん）償却 | | | 4,000 | | 4,000 |
| 受　取　利　息 | 5,200 | 800 | 1,500 | | 4,500 |
| 支　払　利　息 | 4,000 | 1,800 | | 1,500 | 4,300 |
| 土　地　売　却　益 | 6,000 | | 6,000 | | 0 |
| 当　期　純　利　益 | 61,200 | 24,000 | 913,500 | 888,500 | 60,200 |
| 非支配株主に帰属する当期純利益 | | | 4,800 | | 4,800 |
| 親会社株主に帰属する当期純利益 | 61,200 | 24,000 | 918,300 | 888,500 | 55,400 |

連結財務諸表の金額がゼロとなる場合には、「0」と記入すること。

予想配点　■ 1つにつき2点。
合計 20 点。

連結第2年度（×1年4月1日から×2年3月31日まで）の連結精算表（連結貸借対照表と連結損益計算書の部分）の作成が問われています。

連結第1年度（×0年4月1日から×1年3月31日まで）の連結修正仕訳は、帳簿に記録されていないので、連結第2年度において連結開始仕訳を行う必要があります。連結第1年度に行った連結修正仕訳を考え、連結開始仕訳を行った後、当期の連結修正仕訳を行います。

単位が千円単位となっているため、以下の金額は **(単位：千円)** として解説します。

### 連結開始仕訳
**投資と資本の相殺消去 ❶**

P社持分（持分割合：80％）

$\quad (100,000 + 20,000 + 30,000) \times 80\% = 120,000$

非支配株主持分（持分割合：100％－80％＝20％）

$\quad (100,000 + 20,000 + 30,000) \times 20\% = 30,000$

のれん：$\underset{\text{S社株式}}{200,000} - \underset{\text{P社持分}}{120,000} = 80,000$

| （資　本　金） | 100,000 | （S　社　株　式） | 200,000 |
|---|---|---|---|
| （資本剰余金） | 20,000 | （非支配株主持分） | 30,000 |
| （利益剰余金） | 30,000 | | |
| （の　れ　ん） | 80,000 | | |

資本金：226,000 + 100,000 - 100,000 = **226,000**
資本剰余金：123,000 + 20,000 - 20,000 = **123,000**

### のれんの償却 ❷

のれんは20年にわたり定額法で償却します。連結第1年度の連結修正仕訳となるので、「のれん償却」ではなく、「利益剰余金」の減少として処理します。

$\quad 80,000 \div 20\text{年} = 4,000$

| （利益剰余金） | 4,000 | （の　れ　ん） | 4,000 |
|---|---|---|---|

### S社の当期純利益の非支配株主持分への振替え ❸

非支配株主の持分割合に応じて、S社の当期純利益を非支配株主持分へと振り替えます。

連結第1年度の連結修正仕訳となるので、「非支配株主に帰属する当期純利益」ではなく、「利益剰余金」の減少として処理します。

$\quad 6,000 \times 20\% = 1,200$

| （利益剰余金） | 1,200 | （非支配株主持分） | 1,200 |
|---|---|---|---|

連結第1年度

利益剰余金（個別S社）

| 減少 | | 期首 | |
|---|---|---|---|
| | － | | 30,000 |
| | | 増加 | |
| 期末 | | 当期純利益 | |
| | 36,000 | | 6,000 ＊2 |

連結第2年度

利益剰余金（個別S社）

| 減少 | | 期首 | |
|---|---|---|---|
| | － | | 36,000 ＊1 |
| | | 増加 | |
| 期末 | | 当期純利益 | |
| | 60,000 | | 24,000 |

＊1　S社は支配獲得後に配当を行っていないので、答案用紙のS社の個別財務諸表より、貸借差額で算定することもできます。

＊2　S社は支配獲得後に配当を行っておらず、支配獲得時のS社の利益剰余金30,000が与えられているので、貸借差額で算定します。

### 当期の連結修正仕訳
**のれんの償却**

| （のれん償却） | 4,000 | （の　れ　ん） | 4,000 |
|---|---|---|---|

（のれん）：80,000 - 4,000 - 4,000 = **72,000**

### S社の当期純利益の非支配株主持分への振替え

$24,000$（精算表の当期純利益）$\times 20\% = 4,800$

| （非支配株主に帰属する当期純利益） | 4,800 | （非支配株主持分） | 4,800 |
|---|---|---|---|

非支配株主持分：30,000 + 1,200 + 4,800 = **36,000**

ヨコ解き
解　答

第1問

第2問

第3問

第4問
(1)

第4問
(2)

第5問

### 売掛金と買掛金の相殺消去

親子会社間の売掛金と買掛金は連結グループ内部の債権債務にすぎないため、相殺消去します。貸付金と借入金などについても同様です。

| （買　掛　金）180,000 | （売　掛　金）180,000 |
|---|---|

売掛金：480,000 + 220,000 − 180,000 = **520,000**
買掛金：181,000 + 205,000 − 180,000 = **206,000**

### 貸付金と借入金の相殺消去

| （借　入　金）60,000 | （貸　付　金）60,000 |
|---|---|

貸付金：150,000 − 60,000 = **90,000**
借入金：125,000 + 70,000 − 60,000 = **135,000**

### 売上高と仕入高の相殺消去

親子会社間の商品売買は連結ベースでみると、内部取引（単なるグループ内部での商品の移動）になるため、相殺消去を行います。

| （売　上　高）860,000 | （売上原価）860,000 |
|---|---|
| | 当期商品仕入高 |

売上高：1,560,000 + 1,080,000 − 860,000
　　　 = **1,780,000**

### 受取利息と支払利息の相殺消去

貸付金と借入金の相殺に伴い、そこから発生する利息も相殺消去します。

| （受　取　利　息）1,500 | （支　払　利　息）1,500 |
|---|---|

受取利息：5,200 + 800 − 1,500 = **4,500**
支払利息：4,000 + 1,800 − 1,500 = **4,300**

### 商品の未実現利益の消去

(1) 期末商品

連結グループの外部へ販売していない状況での利益の計上は認められないため、未実現利益（未販売の商品の利益）を消去します。
　　140,000 × 30%（売上総利益率）= 42,000

| （売上原価）42,000 | （商　　　品）42,000 |
|---|---|

(2) 期首商品

期首商品の未実現利益は、当期にすべて実現したと考えます。
　　90,000 × 30%（売上総利益率）= 27,000

①前期の引継ぎの仕訳

前期に行った連結修正仕訳を再び行います。当期の連結修正仕訳となるので、前期の「売上原価」は「利益剰余金」として処理します。

| ~~（利益剰余金）~~ 27,000 | ~~（商──品）27,000~~ |
|---|---|
| 売上原価 | |

②当期の実現の仕訳

期首商品に含まれる未実現利益は、当期にすべて実現したと考えます。

| ~~（商──品）27,000~~ | （売上原価）27,000 |
|---|---|

上記①と②の仕訳を合算・相殺したものが、連結修正仕訳となります。

| （利益剰余金）27,000 | （売上原価）27,000 |
|---|---|

商品：370,000 + 165,000 − 42,000 = **493,000**
売上原価：1,041,000 + 767,000 − 860,000
　　　　　 + 42,000 − 27,000 = **963,000**

### 土地の売却

| （土地売却益）6,000 | （土　　　地）6,000 |
|---|---|

土地：165,000 + 36,000 − 6,000 = **195,000**

### 非支配株主持分の計算

アップストリームの取引が無ければ以下の式で計算できます。
　子会社当期末純資産 × 非株割合
　（100,000 + 20,000 + 60,000）× 20% = 36,000

### 利益剰余金の修正・消去欄の記入

連結損益計算書の親会社株主に帰属する当期純利益までの合計（918,300、888,500）を計算し、連結貸借対照表の利益剰余金の行に移します。

なお、本試験では利益剰余金を時間をかけて解くよりも他の問題を確実に得点した方が効率的です。

### 連結財務諸表の資本金と資本剰余金

子会社の資本金と資本剰余金は支配獲得時の資本連結の仕訳でゼロとなるため、**連結財務諸表の資本金と資本剰余金は、親会社の金額となります。**

なお、子会社の資本金や資本剰余金の増加は2級では出題されていないため気にする必要はありません。

### 開始仕訳が1発でできるタイムテーブル

以下のタイムテーブルを描くことで、利益剰余金や非支配株主持分などの当期首残高を計算でき、開始仕訳を行うことができます。

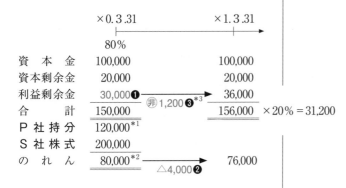

* 1　150,000×80％＝120,000
* 2　200,000－120,000＝80,000
* 3　(36,000－30,000)×20％＝1,200
　　　×0年度の利益剰余金の増加に伴う非支配株主持分への影響を計算します。

### 開始仕訳（p.79の❶～❸合計）

| | | | |
|---|---|---|---|
| (資　本　金) | 100,000 | (S 社 株 式) | 200,000 |
| (資本剰余金) | 20,000 | (非支配株主持分) | 31,200 |
| (利益剰余金) | 35,200*4 | | |
| (の　れ　ん) | 76,000 | | |

* 4　30,000＋1,200＋4,000＝35,200
　　　支配獲得時の利益剰余金、利益剰余金増加額の振替え、のれんの償却額の合計（色字の部分）となります。

ヨコ解き
解　答

第1問

第2問

第3問

第4問
(1)

第4問
(2)

第5問

連 結 貸 借 対 照 表
×7年3月31日 （単位：千円）

| 資　産 | 金　額 | 負債・純資産 | 金　額 |
|---|---|---|---|
| 現 金 預 金 | 433,000 | 買 掛 金 | 491,000 |
| 売 掛 金 | 520,000 | 未 払 金 | 126,000 |
| 商 品 | 525,000 | 資 本 金 | 226,000 |
| 未 収 入 金 | 57,000 | 資 本 剰 余 金 | 123,000 |
| 土 地 | 235,000 | 利 益 剰 余 金 | 802,000 |
| の れ ん | 32,000 | 非 支 配 株 主 持 分 | 34,000 |
| | 1,802,000 | | 1,802,000 |

連 結 損 益 計 算 書
自×6年4月1日 至×7年3月31日 （単位：千円）

| 費　用 | 金　額 | 収　益 | 金　額 |
|---|---|---|---|
| 売 上 原 価 | 922,000 | 売 上 高 | 1,780,000 |
| 販売費及び一般管理費 | 766,800 | 受 取 配 当 金 | 4,000 |
| の れ ん 償 却 | 4,000 | 固 定 資 産 売 却 益 | 2,000 |
| 非支配株主に帰属する当期純利益 | 4,600 | | |
| 親会社株主に帰属する当期純利益 | 88,600 | | |
| | 1,786,000 | | 1,786,000 |

予想配点 ▨ 1つにつき2点。
合計20点。

## 解 説

　連結第2年度（×6年4月1日から×7年3月31日まで）の連結財務諸表（連結貸借対照表と連結損益計算書）の作成が問われています。

　連結第1年度（×5年4月1日から×6年3月31日まで）の連結修正仕訳は、帳簿に記録されていないので、連結第2年度において連結開始仕訳を行う必要があります。連結第1年度に行った連結修正仕訳を考え、連結開始仕訳を行った後、当期の連結修正仕訳を行います。

　単位が千円単位となっているため、以下の金額は**（単位：千円）**として解説します。

**連結開始仕訳**
**投資と資本の相殺消去 ❶**
　P社持分（持分割合：80％）
　　（100,000＋20,000＋30,000）×80％＝120,000
　非支配株主持分（持分割合：100％－80％＝20％）
　　（100,000＋20,000＋30,000）×20％＝30,000
　のれん：160,000－120,000＝40,000
　　　　　S社株式　P社持分

| （資 本 金）100,000 | （S 社 株 式）160,000 |
|---|---|
| （資本剰余金） 20,000 | （非支配株主持分） 30,000 |
| （利益剰余金） 30,000 | |
| （の れ ん） 40,000 | |

資本金：226,000＋100,000－100,000＝**226,000**
資本剰余金：123,000＋20,000－20,000＝**123,000**

**のれんの償却 ❷**
　のれんは10年にわたり定額法で償却します。連結第1年度の連結修正仕訳となるので、「のれん償却」ではなく、「利益剰余金」の減少として処理します。
　　40,000÷10年＝4,000

| （利益剰余金） 4,000 | （の れ ん） 4,000 |
|---|---|

## S社の当期純利益の非支配株主持分への振替え ❸

非支配株主の持分割合に応じて、S社の当期純利益を非支配株主持分へと振り替えます。

連結第1年度の連結修正仕訳となるので、「非支配株主に帰属する当期純利益」ではなく、「利益剰余金」の減少として処理します。

$16,000 \times 20\% = 3,200$

| （利益剰余金） | 3,200 | （非支配株主持分） | 3,200 |
|---|---|---|---|

連結第1年度

利益剰余金（個別S社）

| 減少 | | 期首 | |
|---|---|---|---|
| | － | | 30,000 |
| | | 増加 | |
| 期末 | | 当期純利益 | |
| | 46,000 | | 16,000*2 |

連結第2年度

利益剰余金（個別S社）

| 減少 | | 期首 | |
|---|---|---|---|
| 配当 | 10,000 | | 46,000*1 |
| | | 増加 | |
| 期末 | | 当期純利益 | |
| | 60,000 | | 24,000 |

＊1　貸借差額で算定する。
＊2　S社は前期に配当を行っておらず、支配獲得時のS社の利益剰余金30,000が与えられているので、貸借差額で算定する。

## 当期の連結修正仕訳
### のれんの償却 ❹

| （のれん償却） | 4,000 | （の れ ん） | 4,000 |
|---|---|---|---|

のれん：$40,000 - 4,000 - 4,000 = 32,000$

### S社の当期純利益の非支配株主持分への振替え ❺

$24,000 \times 20\% = 4,800$

| （非支配株主に帰属する当期純利益） | 4,800 | （非支配株主持分） | 4,800 |
|---|---|---|---|

### 剰余金の配当 ❻

受取配当金と非支配株主持分を減らすとともに、利益剰余金の減少を取り消します。

| （受取配当金） | 8,000 | （利益剰余金） | 10,000 |
|---|---|---|---|
| （非支配株主持分） | 2,000 | | |

## 売掛金と買掛金の相殺消去

親子会社間の売掛金と買掛金は連結グループ内部の債権債務にすぎないため、相殺消去します。

| （買　掛　金） | 180,000 | （売　掛　金） | 180,000 |
|---|---|---|---|

売掛金：$480,000 + 220,000 - 180,000 = 520,000$
買掛金：$394,000 + 277,000 - 180,000 = 491,000$

## 売上高と仕入高の相殺消去

親子会社間の商品売買は連結ベースでみると、内部取引（単なるグループ内部での商品の移動）になるため、相殺消去を行います。

| （売　上　高） | 860,000 | （売 上 原 価） | 860,000 |
|---|---|---|---|
| | | 当期商品仕入高 | |

売上高：$1,560,000 + 1,080,000 - 860,000$
　　　　$= 1,780,000$

## 商品の未実現利益の消去
（1）期末商品

連結グループの外部へ販売していない状況での利益の計上は認められないため、未実現利益（未販売の商品の利益）を消去します。

未実現利益：$110,000 \times \dfrac{0.1}{1.1} = 10,000$

非支配株主持分への影響額：
　$10,000 \times 20\% = 2,000$

| （売 上 原 価） | 10,000 | （商　　　　品） | 10,000 |
|---|---|---|---|
| （非支配株主持分） | 2,000 | （非支配株主に帰属する当期純利益） | 2,000 |

（2）期首商品

未実現利益：$99,000 \times \dfrac{0.1}{1.1} = 9,000$

①前期の引継ぎの仕訳

前期に行った連結修正仕訳を再び行います。当期の連結修正仕訳となるので、前期の「売上原価」は「利益剰余金」として処理します。

| （利益剰余金） | 9,000 | （商　　　　品） | 9,000 |
|---|---|---|---|
| 売上原価 | | | |
| （非支配株主持分） | 1,800 | （利益剰余金） | 1,800* |
| | | 非支配株主に帰属する当期純利益 | |

＊　$9,000 \times 20\% = 1,800$

ヨコ解き解答

第1問

第2問

第3問

第4問(1)

第4問(2)

第5問

## ②当期の実現の仕訳

期首商品に含まれる未実現利益は、当期にすべて実現したと考えます。

~~（商　　　　品）9,000~~ ~~（売 上 原 価）9,000~~
~~（非支配株主に帰属する当期純利益）1,800~~ ~~（非支配株主持分）1,800~~

上記①と②の仕訳を合算・相殺したものが、連結修正仕訳となります。

（利 益 剰 余 金）9,000　（売 上 原 価）9,000
（非支配株主に帰属する当期純利益）1,800　（利 益 剰 余 金）1,800

（考え方）

企業グループ内にあった期首商品は当期に売れて利益が実現したと考えます。

（利 益 剰 余 金）9,000　（売 上 原 価）9,000

前期の利益を減らしたけど ⟶ 当期の利益になったよ

（非支配株主に帰属する当期純利益）1,800　（利 益 剰 余 金）1,800

当期の非株損益になったよ ⟵ 前期の非株損益を減らしたけど

売上原価は英語でCOSTと呼ぶこともあります。

1文字をとって、語呂合わせで
　「り・C」「損・り」→「利子、sorry」
期末商品は
　「C・商」「非・損」→「師匠、ひっそり」
と覚えましょう！

商　　　品：370,000＋165,000−10,000＝**525,000**
売 上 原 価：1,014,000＋767,000−860,000
　　　　　　＋10,000−9,000＝**922,000**

### 土地の売却

（固定資産売却益）6,000　（土　　　地）6,000

土地：205,000＋36,000−6,000＝**235,000**

### 未収入金と未払金の相殺消去

（未 払 金）36,000　（未 収 入 金）36,000

未収入金：80,000＋13,000−36,000＝**57,000**
未払金：120,000＋42,000−36,000＝**126,000**

### 非支配株主持分の計算

以下の式で計算できます。

子会社当期末純資産×非株割合
　−アップストリームの非株影響額
（100,000＋20,000＋60,000）×20％−2,000
＝34,000

### 利益剰余金

連結貸借対照表の貸借差額より802,000

利益剰余金は次のように計算することもできますが、貸借差額で計算した方が圧倒的に時間を節約できます。

また、本試験では利益剰余金を時間をかけて解くよりも他の問題を確実に得点した方が効率的です。

当期首残高：

（800,000−88,200）＋46,000−30,000
　P社期首残　　S社期首残　資本連結

−4,000　−3,200−9,000＋1,800＝713,400
前期のれん　前期利益　期首商品

剰余金の配当：△10,000＋10,000＝0
親会社株主に帰属する当期純利益：88,600
当期末残高：713,400＋88,600＝802,000

### 利益率と付加率

利益率（売上総利益率）は、売価を100％とした場合の利益の割合をいいます。

$$利益率 = \frac{利益}{売価} \times 100（\%）$$

例　売価100、利益率10％の場合

売価 100　| 利益　10　| 売価×利益率
　　　　　| 原価　　　| ＝利益
　　　　　| 　　　90　|

付加率は原価を100％とした場合の利益の割合をいいます。

$$付加率 = \frac{利益}{原価} \times 100（\%）$$

例　売価110、付加率10％の場合

売価 110　| 利益　10　| 売価×$\frac{付加率}{100\%+付加率}$
　　　　　| 原価　　　| ＝利益
　　　　　| 　　　100 |

## 連結財務諸表作成の考え方

連結財務諸表は企業グループ全体の財務諸表であるため、**個別財務諸表を合算すること**がまず基本的な考え方としてあります。しかし、合算した財務諸表をそのまま公表すると問題がある場合には、連結「**修正仕訳**」を行います。

例えば、親子会社間で商品売買を行っている場合には、売上が過大に計上されていたり、期末商品に未実現利益が含まれていたりします。また、親子会社間の土地の売却で利益がかさ上げされていることもあります。

もし、本試験で迷った場合には「合算した財務諸表をそのまま公表して問題はないのか」、「どの科目に問題があるのか」といった観点から考えるようにしましょう。

## 開始仕訳が1発でできるタイムテーブル（参考）

本問の翌期（×8年3月期）の連結財務諸表を作成する場合の開始仕訳（×5年3月から×7年3月まで）を行う場合でも、タイムテーブルの基本的な描き方は同じです。なお、のれんを2年償却することに注意してください。

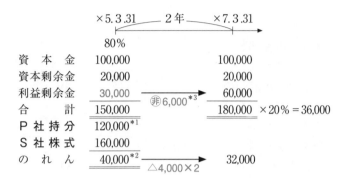

* 1　$150,000 \times 80\% = 120,000$
* 2　$160,000 - 120,000 = 40,000$
* 3　$(60,000 - 30,000) \times 20\% = 6,000$

### 開始仕訳（p.82、83の❶〜❻合計）

| | | | |
|---|---|---|---|
| （資 本 金） | 100,000 | （S 社 株 式） | 160,000 |
| （資本剰余金） | 20,000 | （非支配株主持分） | 36,000 |
| （利益剰余金） | 44,000*4 | | |
| （の れ ん） | 32,000 | | |

* 4　$30,000 + 6,000 + 4,000 \times 2 = 44,000$
　　支配獲得時の利益剰余金、利益剰余金増加額（利益−配当）の振替え、のれんの償却額の合計（色字の部分）となります。

ヨコ解き
解　答

第1問

第2問

第3問

第4問
(1)

第4問
(2)

第5問

## 株 主 資 本 等 変 動 計 算 書
### 自×8年4月1日 至×9年3月31日
（単位：千円）

| | 資 本 金 | 株 主 資 本 | | |
|---|---|---|---|---|
| | | 資 本 剰 余 金 | | |
| | | 資本準備金 | その他資本剰余金 | 資本剰余金合計 |
| 当 期 首 残 高 | 40,000 | （ 3,200 ） | （ 1,000 ） | （ 4,200 ） |
| 当 期 変 動 額 | | | | |
| 剰 余 金 の 配 当 | | （ 50 ） | （ △ 550 ） | （ △ 500 ） |
| 別途積立金の積立て | | | | |
| 新 株 の 発 行 | （ 500 ） | （ 500 ） | | （ 500 ） |
| 吸 収 合 併 | （ 6,000 ） | | （ 2,800 ） | （ 2,800 ） |
| 当 期 純 利 益 | | | | |
| 当 期 変 動 額 合 計 | （ 6,500 ） | （ 550 ） | （ 2,250 ） | （ 2,800 ） |
| 当 期 末 残 高 | （ 46,500 ） | （ 3,750 ） | （ 3,250 ） | （ 7,000 ） |

（下段へ続く）

（上段から続く）

| | 株 主 資 本 | | | | 株主資本合 計 |
|---|---|---|---|---|---|
| | 利 益 剰 余 金 | | | | |
| | 利益準備金 | その他利益剰余金 | | 利益剰余金合 計 | |
| | | 別途積立金 | 繰越利益剰余金 | | |
| 当 期 首 残 高 | 800 | （ 440 ） | （ 2,400 ） | （ 3,640 ） | （ 47,840 ） |
| 当 期 変 動 額 | | | | | |
| 剰 余 金 の 配 当 | （ 150 ） | | （ △ 1,650 ） | （ △ 1,500 ） | （ △ 2,000 ） |
| 別途積立金の積立て | | （ 160 ） | （ △ 160 ） | ― | ― |
| 新 株 の 発 行 | | | | | （ 1,000 ） |
| 吸 収 合 併 | | | | | （ 8,800 ） |
| 当 期 純 利 益 | | | （ 1,960 ） | （ 1,960 ） | （ 1,960 ） |
| 当 期 変 動 額 合 計 | （ 150 ） | （ 160 ） | （ 150 ） | （ 460 ） | （ 9,760 ） |
| 当 期 末 残 高 | （ 950 ） | （ 600 ） | （ 2,550 ） | （ 4,100 ） | （ 57,600 ） |

**！ここに注意**

- 株主資本等変動計算書への記入は「千円単位」
- 金額が負の値のときは、金額の前に△を付して示す

予想配点 ▮ 1つにつき2点。合計20点。

## 解 説

　本問は、株主資本等変動計算書の作成に関する問題です。問題文は「円単位」ですが、**答案用紙は「千円単位」**なので注意しましょう。また、**金額が負の値のときは、金額の前に△を付して示す**のを忘れないようにしましょう。解説も答案用紙に合わせて「千円単位」とします。

## ×8年6月28日

### ①②剰余金の配当

| （その他資本剰余金） | 550 | （未 払 配 当 金） | 500 |
| --- | --- | --- | --- |
| | | （資 本 準 備 金） | 50 * |
| （繰 越 利 益 剰 余 金） | 1,650 | （未 払 配 当 金） | 1,500 |
| | | （利 益 準 備 金） | 150 * |

* @10円×50,000株＝500,000円　→　500千円（その他資本剰余金を財源とした株主配当金）
@30円×50,000株＝1,500,000円　→　1,500千円（繰越利益剰余金を財源とした株主配当金）
合計　2,000千円

$40,000$千円$×\dfrac{1}{4}＝10,000$千円（資本金の額の4分の1）

$10,000$千円$－（3,200$千円$＋800$千円$）＝6,000$千円（積立上限額）…①
　　　　資本準備金　利益準備金

$2,000$千円$×\dfrac{1}{10}＝200$千円（株主配当金の10分の1）…②

①＞②より、財源別に株主配当金の10分の1をそれぞれ準備金に積み立てます。

$500$千円$×\dfrac{1}{10}＝50$千円（資本準備金の積立額）

$1,500$千円$×\dfrac{1}{10}＝150$千円（利益準備金の積立額）

### ③剰余金の処分

| （繰 越 利 益 剰 余 金） | 160 | （別 途 積 立 金） | 160 |
| --- | --- | --- | --- |

## ×8年9月1日

### 増資

| （当 座 預 金） | 1,000 | （資 本 金） | 500 * |
| --- | --- | --- | --- |
| | | （資 本 準 備 金） | 500 |

* 会社法が定める最低限度額とは、払込金の2分の1となります。
@1,000円×1,000株＝1,000,000円　→　1,000千円

$1,000$千円$×\dfrac{1}{2}＝500$千円

## ×9年2月1日

### 吸収合併

| （諸 資 産） | 18,000 | （諸 負 債） | 10,000 |
| --- | --- | --- | --- |
| （の れ ん） | 800 | （資 本 金） | 6,000 |
| | | （その他資本剰余金） | 2,800 * |

* @1,100円×8,000株＝8,800,000円　→　8,800千円
8,800千円－6,000千円＝2,800千円

## ×9年3月31日

### 当期純利益

| （損 益） | 1,960 | （繰 越 利 益 剰 余 金） | 1,960 |
| --- | --- | --- | --- |

ヨコ解き
解　答

第1問

第2問

第3問

第4問
(1)

第4問
(2)

第5問

売買目的有価証券

| 日 付 | 摘 要 | 借 方 | 日 付 | 摘 要 | 貸 方 |
|---|---|---|---|---|---|
| ×1 11 1 | 当 座 預 金 | 294,000 | ×2 3 31 | 次 期 繰 越 | 296,400 |
| ×2 3 31 | 有価証券評価益 | 2,400 | | | |
| | | 296,400 | | | 296,400 |

満期保有目的債券

| 日 付 | 摘 要 | 借 方 | 日 付 | 摘 要 | 貸 方 |
|---|---|---|---|---|---|
| ×2 2 1 | 当 座 預 金 | 591,000 | ×2 3 31 | 次 期 繰 越 | 591,300 |
| ×2 3 31 | 有 価 証 券 利 息 | 300 | | | |
| | | 591,300 | | | 591,300 |

有 価 証 券 利 息

| 日 付 | 摘 要 | 借 方 | 日 付 | 摘 要 | 貸 方 |
|---|---|---|---|---|---|
| ×1 11 1 | 当 座 預 金 | 100 | ×2 3 31 | 当 座 預 金 | 600 |
| ×2 3 31 | 損 益 | 1,400 | 〃 | 未収有価証券利息 | 600 |
| | | | 〃 | 満期保有目的債券 | 300 |
| | | 1,500 | | | 1,500 |

予想配点 ▨ 1つにつき2点。合計20点。

**こに注意**

・端数利息を支払ったときは、借方に有価証券利息を計上する。
・満期保有目的債券の償却期間は60か月（＝5年）となり、当期の保有月数は2か月となる。

**解 説**

　有価証券に係る一連の取引の流れを問う問題です。一つひとつの取引を丁寧に読み取り、仕訳をしましょう。売買目的有価証券と満期保有目的債券の処理を分けて考えると効率よく解けます。

## 1．売買目的有価証券の処理
### 期中取引
11月1日（購入）

| （売買目的有価証券） | 294,000 *1 | （当 座 預 金） | 294,100 |
|---|---|---|---|
| （有 価 証 券 利 息） | 100 *2 | | |

$*1 \quad ¥300,000 \times \dfrac{@¥98.00}{@¥100} = ¥294,000$

$*2 \quad ¥300,000 \times 0.4\% \times \dfrac{1か月}{12か月} = ¥100$

 **電卓の打ち方** 300,000 ✕ ・ 98 ＝ 294,000

3月31日（利息の受取り）

| （ 当 座 預 金 ） | 600 | （ 有 価 証 券 利 息 ） | 600 $^{*3}$ |
|---|---|---|---|

* 3　$¥300,000 \times 0.4\% \times \dfrac{6か月}{12か月} = ¥600$

## 決算整理

3月31日（評価替え）

| （ 売 買 目 的 有 価 証 券 ） | 2,400 | （ 有 価 証 券 評 価 益 ） | 2,400 $^{*4}$ |
|---|---|---|---|

* 4　$¥300,000 \times \dfrac{@¥98.80}{@¥100} = ¥296,400$（時価）

　　　$¥296,400 - ¥294,000 = ¥2,400$（評価益）

売買目的有価証券の次期繰越額：**¥296,400**（時価）

## 2．満期保有目的債券の処理

### 期中取引

2月1日（購入）

| （ 満 期 保 有 目 的 債 券 ） | 591,000 $^{*1}$ | （ 当 座 預 金 ） | 591,000 |
|---|---|---|---|

* 1　$¥600,000 \times \dfrac{@¥98.50}{@¥100} = ¥591,000$

### 決算整理

3月31日（利息の未収計上）

| （ 未 収 有 価 証 券 利 息 ） | 600 | （ 有 価 証 券 利 息 ） | 600 $^{*2}$ |
|---|---|---|---|

* 2　当期経過月数：2か月

　　　$¥600,000 \times 0.6\% \times \dfrac{2か月}{12か月} = ¥600$

3月31日（償却原価法の適用）

| （ 満 期 保 有 目 的 債 券 ） | 300 | （ 有 価 証 券 利 息 ） | 300 $^{*3}$ |
|---|---|---|---|

* 3　償却額総額：$¥600,000 - ¥591,000 = ¥9,000$

　　　償却期間：60か月（×2年2月1日～×7年1月31日）

　　　$¥9,000 \times \dfrac{2か月}{60か月} = ¥300$

ヨコ解き
解　答

第1問
第2問
第3問
第4問
(1)
第4問
(2)
第5問

計算用紙

国債　4/1　　　　11/1　294,000 ⟶ 3/31　296,400

　　　+2,400

2か月

2/1　3/31

A社　591,000 ⟶ 591,300

　　　+300

$(9,000) \times \dfrac{2}{60}$

問1

その他有価証券

| 日 付 | | 摘 要 | 借 方 | 日 付 | | 摘 要 | 貸 方 |
|---|---|---|---|---|---|---|---|
| ×1 | 4 1 | 前 期 繰 越 | 9,830,000 | ×1 | 4 1 | その他有価証券評価差額金 | 830,000 |
| | 5 10 | 普 通 預 金 | 1,250,000 | | 12 31 | 普 通 預 金 | 2,500,000 |
| ×2 | 3 31 | その他有価証券評価差額金 | 1,375,000 | ×2 | 3 31 | 次 期 繰 越 | 9,125,000 |
| | | | 12,455,000 | | | | 12,455,000 |

有価証券利息

| 日 付 | | 摘 要 | 借 方 | 日 付 | | 摘 要 | 貸 方 |
|---|---|---|---|---|---|---|---|
| ×2 | 3 31 | 損 益 | 17,500 | ×1 | 9 30 | 普 通 預 金 | 10,000 |
| | | | | | 12 31 | 普 通 預 金 | 2,500 |
| | | | | ×2 | 3 31 | 普 通 預 金 | 5,000 |
| | | | 17,500 | | | | 17,500 |

問2

投資有価証券売却 （ **益** ） ￥ 97,500

予想配点 1つにつき2点。
合計20点。

---

解 説

　その他有価証券に係る一連の取引の流れを問う問題です。一つひとつの取引を丁寧に読み取り、仕訳をしましょう。

**期首（洗替処理）**

　前期末に時価評価したその他有価証券について、取得原価に戻す仕訳を行います。

（その他有価証券評価差額金）　830,000　（その他有価証券）　830,000 *1

　　* 1　（￥4,800,000＋￥5,030,000）－（￥4,000,000＋￥5,000,000）＝￥830,000
　　　　　　前期末時価合計　　　　　　　取得原価合計

**期中取引**

　5月10日（追加取得）

（その他有価証券）　1,250,000 *2　（普 通 預 金）　1,250,000

　　* 2　＠￥2,500×500株＝￥1,250,000
　　　　　A株式簿価：￥4,000,000＋￥1,250,000＝￥5,250,000

**9月30日（利息の受取り）**

| （普通預金） | 10,000 | （有価証券利息） | 10,000 *3 |

* 3　¥5,000,000 × 0.4% × $\frac{6か月}{12か月}$ ＝ ¥10,000

**12月31日（売却）**

| （普通預金） | 2,600,000 | （その他有価証券） | 2,500,000 *4 |
| | | （投資有価証券売却益） | 97,500 *5 |
| | | （有価証券利息） | 2,500 |

* 4　¥5,000,000 × 50% ＝ ¥2,500,000（帳簿価額）
* 5　¥2,600,000 − ¥2,500 ＝ ¥2,597,500（売却価額）
　　¥2,597,500 − ¥2,500,000 ＝ ¥97,500（売却益）

当期の投資有価証券売却損益：**¥97,500（売却益）** … 問2

**3月31日（利息の受取り）**

| （普通預金） | 5,000 | （有価証券利息） | 5,000 *6 |

* 6　¥2,500,000 × 0.4% × $\frac{6か月}{12か月}$ ＝ ¥5,000

**期末評価**

3月31日

| （その他有価証券） | 1,375,000 | （その他有価証券評価差額金） | 1,375,000 *7 |

* 7　時価合計：@¥2,600 ×（2,000株 + 500株）＋ @¥1,050 × 2,500口 ＝ ¥9,125,000
　　簿価合計：¥5,250,000 ＋ ¥2,500,000 ＝ ¥7,750,000
　　評価差額：¥9,125,000 − ¥7,750,000 ＝ ¥1,375,000

ヨコ解き 解答　第1問　第2問　第3問　第4問(1)　第4問(2)　第5問

計算用紙

A株　4/1 4,000,000　5/10 +1,250,000　5,250,000　+1,250,000　3/31 6,500,000

B債　5,000,000　9/30 △2,500,000　2,500,000　+125,000　3/31 2,625,000　+1,375,000　9,125,000

問1

総　勘　定　元　帳
機　械　装　置

| 年 | 月 | 日 | 摘　　要 | 借　　方 | 年 | 月 | 日 | 摘　　要 | 貸　　方 |
|---|---|---|---|---|---|---|---|---|---|
| ×9 | 9 | 1 | 諸　　　口 | 6,000,000 | ×9 | 9 | 2 | 固定資産圧縮損 | 3,000,000 |
| | | | | | ×10 | 3 | 31 | 減 価 償 却 費 | 700,000 |
| | | | | | | 3 | 31 | 次 期 繰 越 | 2,300,000 |
| | | | | 6,000,000 | | | | | 6,000,000 |

リ　ー　ス　資　産

| 年 | 月 | 日 | 摘　　要 | 借　　方 | 年 | 月 | 日 | 摘　　要 | 貸　　方 |
|---|---|---|---|---|---|---|---|---|---|
| ×9 | 4 | 1 | リ ー ス 債 務 | 2,400,000 | ×10 | 3 | 31 | 減 価 償 却 費 | 480,000 |
| | | | | | | 3 | 31 | 次 期 繰 越 | 1,920,000 |
| | | | | 2,400,000 | | | | | 2,400,000 |

問2

| 借　方　科　目 | 金　　額 | 貸　方　科　目 | 金　　額 |
|---|---|---|---|
| 繰 延 税 金 資 産 | 78,750 | 法 人 税 等 調 整 額 | 78,750 |

ここに注意

・勘定記入において、相手勘定科目が2つ以上ある場合、「諸口」と記入する。

予想配点　□ 1つにつき3点。
仕訳1組につき2点。
合計20点。

解説

　本問は、固定資産に関する一連の処理が問われています。日付順に資料を整理し、丁寧に処理していきましょう。

## 1．各取引日における仕訳

### 4月1日

リース取引（ファイナンス・リース取引・利子込み法）開始

| （リース資産） | 2,400,000 [*1] | （リース債務） | 2,400,000 |
|---|---|---|---|

＊1　¥480,000×5年＝¥2,400,000（リース料総額）

### 6月7日

国庫補助金受入

| （普 通 預 金） | 3,000,000 | （国庫補助金受贈益） | 3,000,000 |
|---|---|---|---|

### 9月1日

機械装置購入

| （機 械 装 置） | 6,000,000 | （現　　　金） | 1,200,000 |
|---|---|---|---|
| | | （当 座 預 金） | 4,800,000 [*2] |

＊2　¥6,000,000－¥1,200,000＝¥4,800,000

**9月2日**

圧縮記帳処理

| （固定資産圧縮損） | 3,000,000 | （機 械 装 置） | 3,000,000 |

**3月31日**

リース料支払

| （リ ー ス 債 務） | 480,000 | （普 通 預 金） | 480,000 |

## 2. 決算整理手続（固定資産の減価償却）

### リース資産

| （減 価 償 却 費） | 480,000 *1 | （リ ー ス 資 産） | 480,000 |

*1　¥2,400,000 ÷ 5年 ＝ ¥480,000

### 機械装置

| （減 価 償 却 費） | 700,000 *2 | （機 械 装 置） | 700,000 |

*2　¥6,000,000 − ¥3,000,000 ＝ ¥3,000,000（圧縮記帳後の取得原価）

$$¥3,000,000 \times 0.400 \times \frac{7か月}{12か月} = ¥700,000$$

## 3. 税効果会計（問2）

税効果会計を適用した場合に必要となる仕訳

| （繰 延 税 金 資 産） | 78,750 *1 | （法 人 税 等 調 整 額） | 78,750 |

*1　¥6,000,000 − ¥3,000,000 ＝ ¥3,000,000（圧縮記帳後の取得原価）

$$¥3,000,000 \times 0.400 \times \frac{7か月}{12か月} = ¥700,000（会計上の償却額）$$

$$¥3,000,000 \times 0.250 \times \frac{7か月}{12か月} = ¥437,500（税法上の償却額）$$

¥700,000 − ¥437,500 ＝ ¥262,500（損金不算入額）

¥262,500 × 30％ ＝ ¥78,750

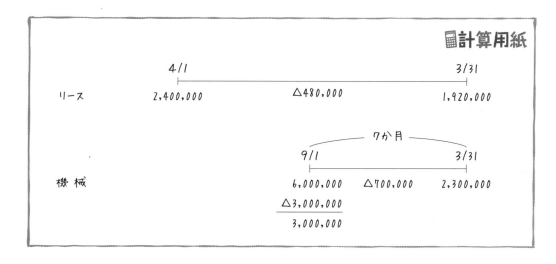

ヨコ解き
解　答

第1問

第2問

第3問

第4問
(1)

第4問
(2)

第5問

1.

### 建 物

| 年 | 月 | 日 | 摘 要 | 借 方 | 年 | 月 | 日 | 摘 要 | 貸 方 |
|---|---|---|---|---|---|---|---|---|---|
| ×8 | 4 | 1 | 前 期 繰 越 | 7,500,000 | ×9 | 3 | 31 | 次 期 繰 越 | 8,700,000 |
| ×8 | 7 | 1 | 未 払 金 | 1,200,000 | | | | | |
| | | | | 8,700,000 | | | | | 8,700,000 |

### 建物減価償却累計額

| 年 | 月 | 日 | 摘 要 | 借 方 | 年 | 月 | 日 | 摘 要 | 貸 方 |
|---|---|---|---|---|---|---|---|---|---|
| ×9 | 3 | 31 | 次 期 繰 越 | 2,760,000 | ×8 | 4 | 1 | 前 期 繰 越 | 2,400,000 |
| | | | | | ×9 | 3 | 31 | 減 価 償 却 費 | 360,000 |
| | | | | 2,760,000 | | | | | 2,760,000 |

### ソフトウェア

| 年 | 月 | 日 | 摘 要 | 借 方 | 年 | 月 | 日 | 摘 要 | 貸 方 |
|---|---|---|---|---|---|---|---|---|---|
| ×8 | 4 | 1 | 前 期 繰 越 | 600,000 | ×8 | 9 | 30 | 諸 口 | 600,000 |
| ×8 | 10 | 1 | 未 払 金 | 2,800,000 | ×9 | 3 | 31 | ソフトウェア償却 | 140,000 |
| | | | | | ×9 | 3 | 31 | 次 期 繰 越 | 2,660,000 |
| | | | | 3,400,000 | | | | | 3,400,000 |

2. 当期の固定資産除却損の金額 ￥ 500,000

予想配点 ▨ 1つにつき2点。
合計20点。

---

### 解 説

　本問は、固定資産に関する一連の処理が問われています。固定資産別に資料を整理し、丁寧に処理していきましょう。

### 1.前期末における資料の整理

> **建物（間接法）**
> 　事務所（前期末時点で取得から8年経過）
> 　　取得原価：7,500,000円
> 　　定額法、耐用年数25年
> 　　前期末の減価償却累計額：2,400,000円[*]
> 　　　＊　7,500,000円÷25年×8年＝2,400,000円

---

**ソフトウェア（直接法）**

**システムA**（前期末時点で取得から7年経過）

取得原価：2,000,000円

定額法、耐用年数10年

前期末の帳簿価額：**600,000円**[*1]

 ＊1　1年分の償却額：2,000,000円÷10年＝200,000円

 　　　2,000,000円 − (200,000円×7年) ＝600,000円

---

## 2．当期の取引

### ①商品倉庫の取得

| （建 物） | 1,200,000 | （未 払 金） | 1,200,000 |
|---|---|---|---|

---

**建物（間接法）**

商品倉庫（期中取得分）

取得原価：1,200,000円

定額法、耐用年数15年

期中に取得しているため、減価償却費は月割り（9か月）で計上

---

### ②システムの入替え

システムAの除却（当期6か月使用）

| （ソフトウェア償却） | 100,000[*1] | （ソ フ ト ウ ェ ア） | 600,000 |
|---|---|---|---|
| （固 定 資 産 除 却 損） | 500,000[*2] | | |

 ＊1　1年分の償却額：2,000,000円÷10年＝200,000円

 　　　　　　　　　　$200,000円 \times \dfrac{6か月}{12か月} = 100,000円$

 ＊2　600,000円 − 100,000円 ＝500,000円

システムBの購入

| （ソフトウェア） | 2,800,000 | （未 払 金） | 2,800,000 |
|---|---|---|---|

---

**ソフトウェア（直接法）**

システムB

取得原価：2,800,000円

定額法、耐用年数10年

期中に取得しているため、償却費は月割り（6か月）で計上

---

## 3．当期の減価償却

**建物**

事務所（既存分）

　7,500,000円÷25年＝300,000円

商品倉庫（期中取得分）

　$1,200,000円 \div 15年 \times \dfrac{9か月}{12か月} = 60,000円$

| （減 価 償 却 費） | 360,000 | （建物減価償却累計額） | 360,000 |
|---|---|---|---|

ヨコ解き
解 答

第1問

第2問

第3問

第4問
(1)

第4問
(2)

第5問

**ソフトウェア**

システムB

$$2,800,000円 \div 10年 \times \frac{6か月}{12か月} = 140,000円$$

（ソフトウェア償却）　　**140,000**　　（ソフトウェア）　　140,000

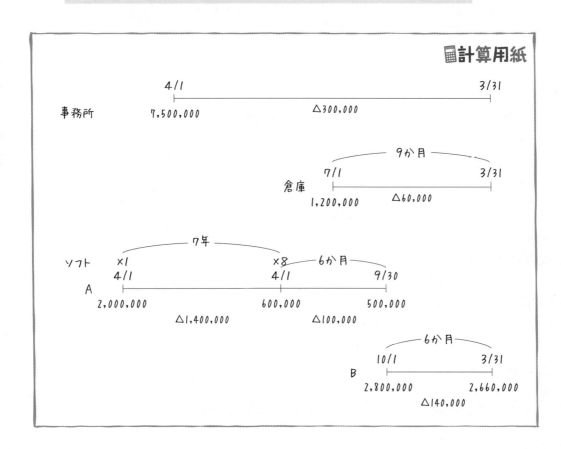

解 答 ▶ 第8回 商品売買　　　　　　　➡ 問題17ページ

(1)

総 勘 定 元 帳

買 掛 金

| 年月日 | | 摘　要 | 借　方 | 年月日 | | 摘　要 | 貸　方 |
|---|---|---|---|---|---|---|---|
| ×1 | 2 28 | 普 通 預 金 | 3,150,000 | ×1 | 1 1 | 前 期 繰 越 | 3,150,000 |
| | 12 31 | 次 期 繰 越 | 3,600,000 | | 11 1 | 商　　　　品 | 3,240,000 |
| | | | | | 12 31 | 為 替 差 損 | 360,000 |
| | | | 6,750,000 | | | | 6,750,000 |

商 品

| 年月日 | | 摘　要 | 借　方 | 年月日 | | 摘　要 | 貸　方 |
|---|---|---|---|---|---|---|---|
| ×1 | 1 1 | 前 期 繰 越 | 2,000,000 | ×1 | 6 30 | 売 上 原 価 | 1,000,000 |
| | 11 1 | 買 掛 金 | 3,240,000 | | 12 1 | 売 上 原 価 | 2,650,000 |
| | | | | | 12 31 | 棚 卸 減 耗 損 | 53,000 |
| | | | | | 12 31 | 次 期 繰 越 | 1,537,000 |
| | | | 5,240,000 | | | | 5,240,000 |

(2) 損益の金額

① 当 期 の 売 上 高　￥　6,800,000

② 当 期 の 為 替 差 損　￥　510,000

③ 当 期 の 為 替 差 益　￥　0

 ここに注意

・棚卸資産の払出単価の決定方法は移動平均法を採用している。
・商品売買の記帳は「販売のつど売上原価に振り替える方法（売上原価対立法）」を採用している。

予想配点　　1つにつき2点。合計20点。

ヨコ解き
解 答

第1問

第2問

第3問

第4問
(1)

第4問
(2)

第5問

　本問は、**輸入商品に関する商品売買の一連の処理**が問われています。[注意事項]をよく読んでから、[資料]を整理し、丁寧に処理していきましょう。また、商品の動きを把握するために、簡単な商品有高帳を作成すると整理しやすくなります。

## 1．商品関連取引

### 1月1日　前期繰越

商品の前期繰越額

　　商品Ｘ：@￥1,000×2,000個＝￥2,000,000

買掛金の前期繰越額

　　￥3,150,000（円建ての金額）

　　￥3,150,000÷@￥105＝30,000ドル（ドル建ての金額）

商品有高帳（1月1日）

　　数量：2,000個　　単価：@￥1,000　　金額：￥2,000,000

### 2月28日　買掛金支払

| （買　掛　金） | 3,150,000 | （普 通 預 金） | 3,300,000 [*1] |
|---|---|---|---|
| （為 替 差 損） | 150,000 [*2] | | |

＊1　@￥110×30,000ドル＝￥3,300,000（支払時の為替相場で換算）

＊2　貸借差額

### 6月30日　商品販売

| （現　　　金） | 1,800,000 [*1] | （売　　　上） | 1,800,000 |
|---|---|---|---|
| （売 上 原 価） | 1,000,000 [*2] | （商　　　品） | 1,000,000 |

＊1　@￥1,800×1,000個＝￥1,800,000

＊2　@￥1,000×1,000個＝￥1,000,000

**補足**
　「対立」には、「異なるものが向かい立つ」という意味もあります。売上原価対立法では、「売上」と「原価」が反対側に計上されています。

### 11月1日　輸入

仕入時に商品勘定で処理します。

| （商　　　品） | 3,240,000 | （買　掛　金） | 3,240,000 [*] |
|---|---|---|---|

＊　@10ドル×3,000個＝30,000ドル

　　@￥108×30,000ドル＝￥3,240,000（輸入時の為替相場で換算）

商品有高帳（11月1日）

　　数量：3,000個　　単価：￥3,240,000÷3,000個＝@￥1,080　　金額：￥3,240,000

11月1日の平均単価：$\dfrac{￥1,000,000＋￥3,240,000}{1,000個＋3,000個}＝@￥1,060$

### 12月1日　商品販売

| （売　掛　金） | 5,000,000 [*1] | （売　　　上） | 5,000,000 |
|---|---|---|---|
| （売 上 原 価） | 2,650,000 [*2] | （商　　　品） | 2,650,000 |

＊1　@￥2,000×2,500個＝￥5,000,000

＊2　@￥1,060×2,500個＝￥2,650,000

## 商品有高帳の作成

| 日付 | 受 入 | | | 払 出 | | | 残 高 | | |
|---|---|---|---|---|---|---|---|---|---|
| | 数量 | 単価 | 金 額 | 数量 | 単価 | 金 額 | 数量 | 単価 | 金 額 |
| 1/1 | 2,000 | 1,000 | 2,000,000 | | | | 2,000 | 1,000 | 2,000,000 |
| 6/30 | | | | 1,000 | 1,000 | 1,000,000 | 1,000 | 1,000 | 1,000,000 |
| 11/1 | 3,000 | 1,080 | 3,240,000 | | | | 4,000 | 1,060 | 4,240,000 |
| 12/1 | | | | 2,500 | 1,060 | 2,650,000 | 1,500 | 1,060 | 1,590,000 |

### 12月31日　決算（換算替え）

買掛金の換算替え

（為　替　差　損）　　　360,000 *　　　（買　掛　金）　　　　360,000

* @¥120×30,000ドル＝¥3,600,000（決算時の為替相場で換算）

¥3,600,000−¥3,240,000＝360,000（買掛金の増加 → 為替差損）

### 12月31日　次期繰越

商品X

棚卸減耗損：@¥1,060×（1,500個−1,450個）＝¥53,000

次期繰越額：@¥1,060×1,450個＝¥1,537,000

買掛金の次期繰越額：¥3,600,000（買掛金勘定における貸借差額により算定）

## 2．当期の売上高、為替差損および為替差益

当期の売　上　高：¥6,800,000

当期の為替差損：¥510,000

当期の為替差益：¥0

### 売　上

| | | |
|---|---|---|
| 6/30 | 1,800,000 | （＝@¥1,800×1,000個） |
| 12/1 | 5,000,000 | （＝@¥2,000×2,500個） |
| 合計 | 6,800,000 | |

### 為替差損

| | |
|---|---|
| 2/28 | 150,000 |
| 12/31 | 360,000 |
| 合計 | 510,000 |

ヨコ解き
解　答

第1問

第2問

第3問

第4問
(1)

第4問
(2)

第5問

**解答** ▶ 第1回　貸借対照表作成1 ➡ 問題18ページ

貸 借 対 照 表
×9年3月31日 （単位：円）

| 資 産 の 部 | | | 負 債 の 部 | | |
|---|---|---|---|---|---|
| I 流 動 資 産 | | | I 流 動 負 債 | | |
| 現　　　　金 | | 150,000 | 支 払 手 形 | | 190,000 |
| 当 座 預 金 | | （ 235,800 ） | 買 掛 金 | | 380,000 |
| 受 取 手 形 | （ 170,000 ） | | （未 払）費 用 | | （ 5,600 ） |
| 貸倒引当金 | （ 3,400 ） | （ 166,600 ） | （未払法人税等） | | （ 58,000 ） |
| 売 掛 金 | （ 410,000 ） | | II 固 定 負 債 | | |
| 貸倒引当金 | （ 8,200 ） | （ 401,800 ） | 長 期 借 入 金 | | 800,000 |
| 商　　　　品 | | （ 29,750 ） | 退職給付引当金 | | （ 352,500 ） |
| II 固 定 資 産 | | | 負 債 合 計 | | （ 1,786,100 ） |
| 建　　　　物 | （ 4,800,000 ） | | 純 資 産 の 部 | | |
| 減価償却累計額 | （ 905,000 ） | （ 3,895,000 ） | 資 本 金 | | 3,800,000 |
| 備　　　　品 | （ 600,000 ） | | 利 益 準 備 金 | | 360,450 |
| 減価償却累計額 | （ 292,800 ） | （ 307,200 ） | 繰越利益剰余金 | | （ 330,000 ） |
| 投 資 有 価 証 券 | | （ 790,400 ） | 純 資 産 合 計 | | （ 4,490,450 ） |
| 関 係 会 社 株 式 | | （ 300,000 ） | | | |
| 資 産 合 計 | | （ 6,276,550 ） | 負債・純資産合計 | | （ 6,276,550 ） |

> **予想配点** ▨ 1つにつき2点。
> 合計20点。

**解説**

### 未処理事項の処理
#### 1．手形の割引き
　受取手形が減少していることに注意しましょう。

| （当 座 預 金） | 49,800 | （受 取 手 形） | 50,000 |
|---|---|---|---|
| （手形売却損） | 200 | | |

　受取手形：¥220,000 － ¥50,000 ＝ ¥170,000

#### 2．建設仮勘定
　当期の3月1日に引渡しを受けているので、当期1か月経過しています。

| （建　　　物） | 1,800,000 | （建設仮勘定） | 1,200,000 |
|---|---|---|---|
| | | （当 座 預 金） | 600,000 |

　建物：¥3,000,000 ＋ ¥1,800,000 ＝ ¥4,800,000
　当座預金：¥786,000 ＋ ¥49,800 － ¥600,000
　　　　　　　＝ ¥235,800

### 決算整理事項
#### 1．貸倒引当金の設定
　貸倒引当金設定額
　　受取手形：¥170,000 × 2％ ＝ ¥3,400
　　売 掛 金：¥410,000 × 2％ ＝ ¥8,200
　貸倒引当金繰入額
　（¥3,400 ＋ ¥8,200）－ ¥7,000 ＝ ¥4,600

| （貸倒引当金繰入） | 4,600 | （貸倒引当金） | 4,600 |
|---|---|---|---|

#### 2．売上原価の算定
　期末帳簿棚卸高：@¥90 × 352個 ＝ ¥31,680
　棚卸減耗損：@¥90 ×（352個 － 350個）＝ ¥180
　商品評価損：(@¥90 － @¥85)× 350個 ＝ ¥1,750

| （仕　　　入） | 30,000 | （繰 越 商 品） | 30,000 |
|---|---|---|---|
| （繰 越 商 品） | 31,680 | （仕　　　入） | 31,680 |
| （棚 卸 減 耗 損） | 180 | （繰 越 商 品） | 180 |

| （商品評価損） | 1,750 | （繰越商品） | 1,750 |
| （仕　入） | 180 | （棚卸減耗損） | 180 |
| （仕　入） | 1,750 | （商品評価損） | 1,750 |

＊売上原価を仕入勘定で算定し、棚卸減耗損を売上原価に算入すると仮定

商品：￥31,680－￥180－￥1,750＝￥29,750

### 3．減価償却

**建物**

既存分

　￥3,000,000÷30年＝￥100,000

当期取得分

　$￥1,800,000÷30年×\dfrac{1か月}{12か月}＝￥5,000$

合　計：￥100,000＋￥5,000＝￥105,000

| （減価償却費） | 105,000 | （建物減価償却累計額） | 105,000 |

**備品**

償却率：$\dfrac{1}{10年}×200\%＝0.2$

（￥600,000－￥216,000）×0.2＝￥76,800

| （減価償却費） | 76,800 | （備品減価償却累計額） | 76,800 |

建物減価償却累計額：￥800,000＋￥105,000
　　　　　　　　　　＝￥905,000
備品減価償却累計額：￥216,000＋￥76,800
　　　　　　　　　　＝￥292,800

**！ここに注意**

・200%定率法

償却率：$\dfrac{1}{耐用年数}×200\%$

### 4．有価証券の評価

**(1) 子会社株式・関連会社株式**

支配目的で保有している場合、子会社株式となり、影響力行使目的で保有している場合、関連会社株式となります。

子会社株式と関連会社株式については、期末に取得原価で評価します。そのため、仕訳なしとなります。B/S上、合わせて関係会社株式として表示します。

**(2) 満期保有目的債券**

額面総額と帳簿価額との差額を5年間で償却します。

（￥800,000－￥788,000）÷5年＝￥2,400

| （満期保有目的債券） | 2,400 | （有価証券利息） | 2,400 |

満期保有目的債券とその他有価証券は、B/S上、投資有価証券として表示します。
　満期保有目的債券：￥788,000＋￥2,400
　　　　　　　　　　＝￥790,400

### 5．退職給付引当金

当期繰入額を費用計上します。

| （退職給付費用） | 92,500 | （退職給付引当金） | 92,500 |

退職給付引当金：￥260,000＋￥92,500
　　　　　　　　＝￥352,500

### 6．借入利息の未払計上

当期の費用として7か月分（×8年9月1日～×9年3月31日）の利息を計上します。

　$￥800,000×1.2\%×\dfrac{7か月}{12か月}＝￥5,600$

| （支払利息） | 5,600 | （未払利息） | 5,600 |

支払利息：￥4,450＋￥5,600＝￥10,050

### 7．未払法人税等

| （法人税、住民税及び事業税） | 125,000 | （仮払法人税等） | 67,000 |
| | | （未払法人税等） | 58,000 |

当期純利益：￥355,000－￥125,000＝￥230,000
繰越利益剰余金：￥100,000＋￥230,000
　　　　　　　　＝￥330,000

ヨコ解き
解答

第1問

第2問

第3問

第4問
(1)

第4問
(2)

第5問

損 益 計 算 書
（自×8年4月1日 至×9年3月31日）

（単位：円）

| | | | |
|---|---|---|---|
| I 売 上 高 | | | 6,580,000 |
| II 売 上 原 価 | | | |
| 1 商 品 期 首 棚 卸 高 | （ 330,000 ） | | |
| 2 当 期 商 品 仕 入 高 | （ 5,450,000 ） | | |
| 合 計 | （ 5,780,000 ） | | |
| 3 商 品 期 末 棚 卸 高 | （ 360,000 ） | | |
| 差 引 | （ 5,420,000 ） | | |
| 4 （棚 卸 減 耗 損） | （ 4,800 ） | | |
| 5 商 品 評 価 損 | （ 2,220 ） | （ 5,427,020 ） | |
| 売 上 総 利 益 | | （ 1,152,980 ） | |
| III 販売費及び一般管理費 | | | |
| 1 給 料 | 280,000 | | |
| 2 広 告 宣 伝 費 | 60,000 | | |
| 3 減 価 償 却 費 | （ 162,500 ） | | |
| 4 消 耗 品 費 | 155,000 | | |
| 5 保 険 料 | 10,000 | | |
| 6 貸 倒 引 当 金 繰 入 | （ 6,420 ） | | |
| 7 貸 倒 損 失 | （ 9,000 ） | | |
| 8 （ソフトウェア）償却 | （ 60,000 ） | （ 742,920 ） | |
| 営 業 利 益 | | （ 410,060 ） | |
| IV 営 業 外 収 益 | | | |
| 1 有 価 証 券 評 価 益 | | （ 11,400 ） | |
| V 営 業 外 費 用 | | | |
| 1 支 払 利 息 | （ 8,100 ） | | |
| 2 （手 形 売 却 損） | （ 3,400 ） | （ 11,500 ） | |
| 経 常 利 益 | | （ 409,960 ） | |
| VI 特 別 利 益 | | | |
| 1 （固 定 資 産 売 却 益） | | （ 70,000 ） | |
| VII 特 別 損 失 | | | |
| 1 （火 災 損 失） | | （ 100,000 ） | |
| 税 引 前 当 期 純 利 益 | | （ 379,960 ） | |
| 法人税、住民税及び事業税 | | （ 133,000 ） | |
| 当 期 純 利 益 | | （ 246,960 ） | |

（注）「固定資産売却益」は、「土地売却益」でも可。
　　　「火災損失」は、「災害損失」でも可。

予想配点 　1つにつき2点。
合計20点。

102

## 未処理事項の処理

### 1．未決算

「未決算の金額＞保険金の決定額」となるので、差額を「火災損失」で処理します。

¥700,000 － ¥800,000 ＝ △¥100,000（損）

| （未 収 入 金）700,000 | （未　決　算）800,000 |
|---|---|
| （火 災 損 失）100,000 | |

### 2．土地の売却

土地の売却の処理が未記帳であるため、処理します。

| （当 座 預 金）190,000 | （土　　　　地）120,000 |
|---|---|
| | （固定資産売却益）70,000 |

## 決算整理事項の処理

### 1．貸倒引当金の設定（差額補充法）

（¥400,000 ＋ ¥671,000）× 2 ％ ＝ ¥21,420

繰入額

¥21,420 － ¥15,000 ＝ ¥6,420

| （貸倒引当金繰入）6,420 | （貸 倒 引 当 金）6,420 |
|---|---|

### 2．売上原価の計算（仕入勘定で処理すると仮定）

損益計算書の「商品期末棚卸高」には、帳簿棚卸高を記入します。

帳簿棚卸高：@¥800×450個 ＝ ¥360,000

棚卸減耗損

@¥800 ×（450個 － 444個）＝ ¥4,800
帳簿価額　　帳簿数量　実地数量

商品評価損

（@¥800 － @¥795）×444個 ＝ ¥2,220
帳簿価額　正味売却価額　実地数量

| （仕　　　　入）330,000 | （繰 越 商 品）330,000 |
|---|---|
| （繰 越 商 品）360,000 | （仕　　　　入）360,000 |
| （棚 卸 減 耗 損）4,800 | （繰 越 商 品）4,800 |
| （商 品 評 価 損）2,220 | （繰 越 商 品）2,220 |
| （仕　　　　入）4,800 | （棚 卸 減 耗 損）4,800 |
| （仕　　　　入）2,220 | （商 品 評 価 損）2,220 |

### 3．減価償却費の計上

建物（耐用年数30年、残存価額ゼロ、定額法）

¥1,500,000 ÷ 30年 ＝ ¥50,000

備品（償却率25％、定率法）

（¥600,000 － ¥150,000）× 25％ ＝ ¥112,500

| （減 価 償 却 費）162,500 | （建物減価償却累計額）50,000 |
|---|---|
| | （備品減価償却累計額）112,500 |

### 4．ソフトウェアの償却

6 月 1 日に取得しているため、10か月分の償却費を計上します。

償却費：$¥360,000 ÷ 5 年 × \dfrac{10か月}{12か月} = ¥60,000$

| （ソフトウェア償却）60,000 | （ソフトウェア）60,000 |
|---|---|

### 5．売買目的有価証券の評価

売買目的有価証券については期末に時価評価し、評価差額は有価証券評価損（益）として処理します。

（¥80,000 ＋ ¥231,400）－（¥100,000 ＋ ¥200,000）
＝ ¥11,400

| （売買目的有価証券）11,400 | （有価証券評価益）11,400 |
|---|---|

### 6．長期借入金

当期の費用として 9 か月分（×8年 7 月 1 日 ～×9年 3 月31日）の利息を未払計上します。

$¥900,000 × 1.2％ × \dfrac{9か月}{12か月} = ¥8,100$

| （支 払 利 息）8,100 | （未 払 利 息）8,100 |
|---|---|

### 7．法人税、住民税及び事業税

「法人税、住民税及び事業税」の金額は、「仮払法人税等」と「未払法人税等」の合計となります。

¥55,000 ＋ ¥78,000 ＝ ¥133,000
仮払法人税等　未払法人税等

| （法人税,住民税及び事業税）133,000 | （仮払法人税等）55,000 |
|---|---|
| | （未払法人税等）78,000 |

ヨコ解き
解　答

第1問

第2問

第3問

第4問
（1）

第4問
（2）

第5問

精 算 表 （単位：円）

| 勘定科目 | 試算表 借方 | 試算表 貸方 | 修正記入 借方 | 修正記入 貸方 | 損益計算書 借方 | 損益計算書 貸方 | 貸借対照表 借方 | 貸借対照表 貸方 |
|---|---|---|---|---|---|---|---|---|
| 現 金 | 58,000 | | | | | | 58,000 | |
| 当 座 預 金 | 129,300 | | | | | | 129,300 | |
| 受 取 手 形 | 106,000 | | | | | | 106,000 | |
| 売 掛 金 | 170,000 | | | | | | 170,000 | |
| 繰 越 商 品 | 308,000 | | 272,200 | 308,000 | | | 249,500 | |
| | | | | 13,200 | | | | |
| | | | | 9,500 | | | | |
| 仮 払 金 | 30,000 | | | 30,000 | | | | |
| 建 物 | 750,000 | | 120,000 | | | | 870,000 | |
| 備 品 | 530,000 | | | | | | 530,000 | |
| 建 設 仮 勘 定 | 240,000 | | | 160,000 | | | 80,000 | |
| 満期保有目的の債券 | 596,000 | | 1,000 | | | | 597,000 | |
| 支 払 手 形 | | 27,000 | | | | | | 27,000 |
| 買 掛 金 | | 100,000 | | 1,000 | | | | 101,000 |
| 退職給付引当金 | | 180,000 | 30,000 | 50,000 | | | | 200,000 |
| 貸 倒 引 当 金 | | 2,500 | | 260 | | | | 2,760 |
| 建物減価償却累計額 | | 237,500 | | 28,000 | | | | 265,500 |
| 備品減価償却累計額 | | 190,800 | | 67,840 | | | | 258,640 |
| 資 本 金 | | 1,392,000 | | | | | | 1,392,000 |
| 繰越利益剰余金 | | 437,500 | | | | | | 437,500 |
| 売 上 | | 2,980,000 | | | | 2,980,000 | | |
| 有 価 証 券 利 息 | | 3,000 | | 1,000 | | 4,000 | | |
| 仕 入 | 2,070,000 | | | 2,070,000 | | | | |
| 給 料 | 430,000 | | | | 430,000 | | | |
| 水 道 光 熱 費 | 103,000 | | | | 103,000 | | | |
| 保 険 料 | 30,000 | | | 8,000 | 22,000 | | | |
| | 5,550,300 | 5,550,300 | | | | | | |
| 売 上 原 価 | | | 308,000 | 272,200 | 2,105,800 | | | |
| | | | 2,070,000 | | | | | |
| 商 品 評 価 損 | | | 9,500 | | 9,500 | | | |
| 棚 卸 減 耗 損 | | | 13,200 | | 13,200 | | | |
| 貸倒引当金(繰入)額 | | | 260 | | 260 | | | |
| 減 価 償 却 費 | | | 95,840 | | 95,840 | | | |
| 退 職 給 付 費 用 | | | 50,000 | | 50,000 | | | |
| 修 繕 費 | | | 40,000 | | 40,000 | | | |
| (前 払)保険料 | | | 8,000 | | | | 8,000 | |
| 為 替 差 損 益 | | | 1,000 | | 1,000 | | | |
| 当期純(利 益) | | | | | 113,400 | | | 113,400 |
| | | | 3,019,000 | 3,019,000 | 2,984,000 | 2,984,000 | 2,797,800 | 2,797,800 |

予想配点 ▨1つにつき2点。合計20点。

## 解説 ▶

「精算表の作成」が問われています。決算にさいし、(残高)試算表をもとに決算整理を行い、損益計算書および貸借対照表に記載する金額を確定させます。精算表は、この一連の流れを表にまとめたものです。

これ以上、金額の増減がないと判断できたら、(残高)試算表欄の金額に修正記入欄の金額を加減して、損益計算書欄または貸借対照表欄に金額を記入していきましょう。

### 未処理事項の処理

#### ⑴ 建設仮勘定

建設仮勘定¥160,000のうち、¥120,000は建物、¥40,000は修繕費として処理します。なお、建物として処理したものは、決算日の6か月前から使用開始されていることに注意しましょう。

（建　　　　物）120,000 （建設仮勘定）160,000
（修　繕　費） 40,000

貸借対照表欄
　建物：¥750,000 + ¥120,000 = ¥870,000
　建設仮勘定：¥240,000 − ¥160,000 = ¥80,000

#### ⑵ 仮払金

退職給付引当金の取崩しの未処理と判明したので、退職給付引当金を取り崩します。なお、退職給付引当金は、[資料Ⅱ]⑹において、金額の増減があります。

（退職給付引当金）30,000 （仮　払　金）30,000

### 決算整理事項の処理

#### ⑴ 売上原価の算定

売上原価は「売上原価」の行で計算することに注意しましょう。商品Bは、「原価＜正味売却価額」となるので、商品評価損は計上しません。

帳簿棚卸高
　商品A：@¥500 × 200個 = ¥ 100,000
　商品B：@¥410 × 420個 = ¥ 172,200
　　　　　　　合　計　　¥ 272,200

棚卸減耗損
　商品A：@¥500 × (200個 − 190個) = ¥ 5,000
　商品B：@¥410 × (420個 − 400個) = ¥ 8,200
　　　　　　　　合　計　　¥ 13,200

商品評価損
　商品A：(@¥500 − @¥450) × 190個 = ¥9,500

---

（売上原価）308,000 （繰越商品）308,000
（売上原価）2,070,000 （仕　　入）2,070,000
（繰越商品）272,200 （売上原価）272,200
（棚卸減耗損）13,200 （繰越商品）13,200
（商品評価損）9,500 （繰越商品）9,500

損益計算書欄
　売上原価：¥308,000 + ¥2,070,000 − ¥272,200
　　　　　= ¥2,105,800

貸借対照表欄
　繰越商品：¥308,000 − ¥308,000 + ¥272,200
　　　　　− ¥13,200 − ¥9,500 = ¥249,500

#### ⑵ 貸倒引当金の設定（差額補充法）

設定額：(¥106,000 + ¥170,000) × 1 %
　　　　受取手形　　売掛金
　　　= ¥2,760
繰入額：¥2,760 − ¥2,500 = ¥260

（貸倒引当金繰入額）260 （貸倒引当金）260

貸借対照表欄
　貸倒引当金：¥2,500 + ¥260 = ¥2,760

#### ⑶ 有形固定資産の減価償却

建物
　既存分
　　¥750,000 ÷ 30年 = ¥25,000
　当期の増改築工事による増加部分
　　当期経過月数：6か月
　　残存耐用年数：20年（＝30年 − 10年）
　　¥120,000 ÷ 20年 × $\frac{6か月}{12か月}$ = ¥3,000
　合計：¥25,000 + ¥3,000 = ¥28,000
備品
　(¥530,000 − ¥190,800) × 20% = ¥67,840

（減価償却費）95,840 （建物減価償却累計額）28,000
　　　　　　　　　　 （備品減価償却累計額）67,840

貸借対照表欄

建物減価償却累計額：¥237,500 ＋ ¥28,000
　　　　　　　　　　＝ ¥265,500

備品減価償却累計額：¥190,800 ＋ ¥67,840
　　　　　　　　　　＝ ¥258,640

## (4) 満期保有目的債券の評価替え（償却原価法）

　償還期間は 5 年ですが、前期首に取得し 1 年経過しているため、残り 4 年で償却します。

　　償却額：（¥600,000 － ¥596,000）÷ 4 年
　　　　　　＝ ¥1,000

（満期保有目的債券）　1,000　（有価証券利息）　1,000

損益計算書欄

　有価証券利息：¥3,000 ＋ ¥1,000 ＝ ¥4,000

貸借対照表欄

　満期保有目的債券：¥596,000 ＋ ¥1,000
　　　　　　　　　＝ ¥597,000

## (5) 買掛金の換算替え

　ドル建買掛金200ドルを決算時の為替相場で換算替えを行い、差額を為替差損益として処理します。

　　換算後の円建ての金額：@¥115 × 200ドル
　　　　　　　　　　　　＝ ¥23,000

　　為替差損益：¥23,000 － ¥22,000 ＝ ¥1,000（損）

（為替差損益）　1,000　（買　掛　金）　1,000

貸借対照表欄

　買掛金：¥100,000 ＋ ¥1,000 ＝ ¥101,000

## (6) 退職給付引当金

　退職給付引当金の残高が ¥200,000 となるように計上します。なお、[資料Ⅰ](2)において、退職給付引当金を取り崩していることに注意しましょう。

計上額：¥200,000 －（ ¥180,000 － ¥30,000 ）
　　　　　　　　　　　　　　　　未処理事項(2)
　　　＝ ¥50,000

（退職給付費用）　50,000　（退職給付引当金）　50,000

貸借対照表欄

　退職給付引当金：¥180,000 － ¥30,000 ＋ ¥50,000
　　　　　　　　　＝ ¥200,000

## (7) 保険料の前払い

　当期中の12月 1 日に 1 年分の火災保険料を支払っているため、翌期分となる 8 か月分を前払計上します。

　　前払額：$¥12,000 \times \dfrac{8か月}{12か月} = ¥8,000$

（前払保険料）　8,000　（保　険　料）　8,000

損益計算書欄

　保険料：¥30,000 － ¥8,000 ＝ ¥22,000

　未処理事項および決算整理事項において、金額の増減がなかった項目については、（残高）試算表欄の金額を損益計算書欄または貸借対照表欄に記載します。

### 当期純利益の算定

　損益計算書欄の貸借差額から当期純利益（または損失）を算定し、貸借対照表欄の貸借差額から算定した当期純利益（または純損失）と一致することを確認しましょう。

損益計算書欄

　¥2,984,000 － ¥2,870,600 ＝ ¥113,400（利益）
　　収益合計　　費用合計

　　　　　　　　　　　　　　　　↕ 一致

貸借対照表欄

　¥2,797,800 － ¥2,684,400 ＝ ¥113,400（利益）
　　資産合計　　負債・純資産合計

**解 答** ▶ 第4回　損益計算書作成2　　　　　➡ 問題24ページ

## 損　益　計　算　書
### （自×7年4月1日　至×8年3月31日）

（単位：円）

| | | | |
|---|---|---|---|
| Ⅰ | 売　　上　　高 | | （ 49,017,000 ） |
| Ⅱ | 売　上　原　価 | | |
| | 1　期首商品棚卸高 | （ 3,800,000 ） | |
| | 2　当期商品仕入高 | （ 32,651,000 ） | |
| | 　　　合　　　計 | （ 36,451,000 ） | |
| | 3　期末商品棚卸高 | （ 4,200,000 ） | |
| | 　　　差　　　引 | （ 32,251,000 ） | |
| | 4（棚　卸　減　耗　損） | （ 180,000 ） | |
| | 5　商　品　評　価　損 | （ 190,000 ） | （ 32,621,000 ） |
| | 　　売　上　総　利　益 | | （ 16,396,000 ） |
| Ⅲ | 販売費及び一般管理費 | | |
| | 1　給　　　　　料 | 9,608,300 | |
| | 2　水　道　光　熱　費 | 746,500 | |
| | 3　保　　険　　料 | （ 360,000 ） | |
| | 4　減　価　償　却　費 | （ 463,500 ） | |
| | 5　貸　倒　損　失 | （ 30,000 ） | |
| | 6　貸倒引当金繰入 | （ 35,700 ） | （ 11,244,000 ） |
| | 　　営　業　利　益 | | （ 5,152,000 ） |
| Ⅳ | 営　業　外　収　益 | | |
| | 1　受　取　利　息 | （ 100,000 ） | |
| | 2　有価証券（評価益） | （ 50,000 ） | （ 150,000 ） |
| Ⅴ | 営　業　外　費　用 | | |
| | 1　支　払　利　息 | 288,000 | |
| | 2　貸倒引当金繰入 | （ 150,000 ） | |
| | 3　有価証券売却損 | 964,000 | （ 1,402,000 ） |
| | 　　経　常　利　益 | | （ 3,900,000 ） |
| Ⅵ | 特　別　利　益 | | |
| | 1（負ののれん発生益） | | （ 100,000 ） |
| | 　税引前当期純利益 | | （ 4,000,000 ） |
| | 　法人税、住民税及び事業税 | | （ 1,000,000 ） |
| | 　当　期　純　利　益 | | （ 3,000,000 ） |

**予想配点**　　▨ 1つにつき2点。合計20点。

ヨコ解き解答

第1問

第2問

第3問

第4問(1)

第4問(2)

第5問

## 決算にあたっての修正事項

### 1．売上の計上（検収基準）

収益の認識は検収基準にもとづいているため、京都商事に納入した70,000円は当期の収益として計上します。

| （売 掛 金）70,000 | （売 上）70,000 |
|---|---|

なお、売掛金の増加は貸倒引当金の設定額に影響するため、注意しましょう。

・検収基準の場合、検収が完了した時点で収益を認識する

### 2．貸倒れの処理

貸し倒れた売掛金のうち30,000円は当期に販売した商品に係るものなので「貸倒損失」、残額は前期以前のものと判断できるため、「貸倒引当金」を充当します。

| （貸 倒 損 失）30,000 | （売 掛 金）50,000 |
|---|---|
| （貸倒引当金）20,000 | |

なお、売掛金の減少は貸倒引当金の設定額に、貸倒引当金の取崩しは貸倒引当金の繰入額に影響するため、注意しましょう。

## 決算整理事項

### 1．売上原価の計算および商品の評価

期末商品帳簿棚卸高4,200,000円は、［資料2］1．の売上に係る原価を控除済みとあるので、正しい金額です。この金額から棚卸減耗損および商品評価損の金額を差し引きます。

| （仕 入）3,800,000 | （繰 越 商 品）3,800,000 |
|---|---|
| （繰 越 商 品）4,200,000 | （仕 入）4,200,000 |
| （棚 卸 減 耗 損）180,000 | （繰 越 商 品）370,000 |
| （商 品 評 価 損）190,000 | |
| （仕 入）370,000 | （棚 卸 減 耗 損）180,000 |
| | （商 品 評 価 損）190,000 |

※売上原価は仕入勘定で算定していると仮定

### 2．貸倒引当金の設定（差額補充法）

債権により貸倒引当金の設定率が異なります。

### (1) 貸倒引当金設定額

クレジット売掛金：1,800,000円×0.5％＝9,000円

受取手形：3,087,000円×1％＝30,870円

売掛金：(5,163,000円＋70,000円－50,000円)×1％＝51,830円

### (2) 貸倒引当金繰入額

(9,000円＋30,870円＋51,830円)－(76,000円－20,000円)＝35,700円（販売費及び一般管理費）

| （貸倒引当金繰入）35,700 | （貸倒引当金）35,700 |
|---|---|

・決算整理により、売掛金と貸倒引当金が修正されていることに注意する

### 3．減価償却費の計上

#### (1) 建物

①当期取得分

期末までの使用月数に応じて月割計算します。

$$3,240,000円 \div 40年 \times \frac{2 \, カ月}{12 \, カ月} = 13,500円$$

②前期以前取得分

決算整理前残高試算表の建物7,240,000円のうち3,240,000円は、当期に取得した建物の金額なので、残額4,000,000円が前期以前に取得した分となります。

4,000,000円×0.9÷40年＝90,000円

#### (2) 車両運搬具

$$2,000,000円 \times 0.9 \times \frac{40,000km}{200,000km} = 360,000円$$

| （減 価 償 却 費）463,500 | （建物減価償却累計額）103,500 |
|---|---|
| | （車両運搬具減価償却累計額）360,000 |

### 4．有価証券の評価替え

売買目的有価証券およびその他有価証券は、期末における時価で評価替えを行います。

#### (1) 売買目的有価証券

$$\underset{時価}{600,000円} - \underset{簿価}{550,000円} = 50,000円（評価益）$$

| （売買目的有価証券）50,000 | （有価証券評価益）50,000 |
|---|---|

## (2) その他有価証券

$$\underset{時価}{750,000円} - \underset{簿価}{720,000円} = 30,000円（評価益相当）$$

（その他有価証券）30,000 （その他有価証券評価差額金）30,000

その他有価証券の評価差額は直接、貸借対照表に計上するため、本問の解答には影響しません。

## 5. 保険料の前払計上

毎年同額を6月1日に向こう1年分をまとめて支払っているということは、前期末に前払計上して期首に再振替仕訳した2カ月分と、当期に支払った際に計上した12カ月分の合計14カ月分が決算整理前残高試算表に計上されていることになります。そのため、14カ月分のうち2カ月分を繰り延べます。

$$420,000円 \times \frac{2カ月}{14カ月} = 60,000円$$

（前払保険料）60,000 （保　険　料）60,000

## 6. 貸付金の処理
### (1) 貸倒引当金の設定

当期に貸し付けたものなので、貸倒引当金の設定額がそのまま貸倒引当金繰入となります。

（貸倒引当金繰入）150,000 （貸倒引当金）150,000

5,000,000円×3％＝150,000円（営業外費用）

### (2) 未収利息の計上

当期の11月1日に貸し付けているので、当期に係る5カ月分の利息を未収計上します。

（未 収 利 息）100,000 （受 取 利 息）100,000

$$5,000,000円 \times 4.8\% \times \frac{5カ月}{12カ月} = 100,000円$$

## 7. 当期純利益の算定

損益計算書上で税引前当期純利益を求め、税引前当期純利益の25％が1,000,000円となることを確認し、「法人税、住民税及び事業税」に計上します。

（法人税、住民税及び事業税）1,000,000 （仮払法人税等）400,000
（未払法人税等）600,000

税引前当期純利益：4,000,000円
法人税、住民税及び事業税：4,000,000円×25％
＝1,000,000円
当期純利益：4,000,000円－1,000,000円
＝3,000,000円

ヨコ解き
解　答

第1問

第2問

第3問

第4問
(1)

第4問
(2)

第5問

貸 借 対 照 表
20×9年3月31日
株式会社神戸商会 （単位：円）

**資 産 の 部**

| I 流 動 資 産 | | |
|---|---|---|
| 現 金 及 び 預 金 | | ( 7,338,000 ) |
| 売 掛 金 | ( 9,220,000 ) | |
| 貸 倒 引 当 金 | ( 92,200 ) | ( 9,127,800 ) |
| 商 品 | | ( 8,500,000 ) |
| 未 収 入 金 | | ( 1,540,000 ) |
| 流 動 資 産 合 計 | | ( 26,505,800 ) |
| II 固 定 資 産 | | |
| 建 物 | 15,000,000 | |
| 減 価 償 却 累 計 額 | ( 5,500,000 ) | ( 9,500,000 ) |
| 備 品 | 7,200,000 | |
| 減 価 償 却 累 計 額 | ( 1,200,000 ) | ( 6,000,000 ) |
| 投 資 有 価 証 券 | | ( 7,700,000 ) |
| 固 定 資 産 合 計 | | ( 23,200,000 ) |
| 資 産 合 計 | | ( 49,705,800 ) |

**負 債 の 部**

| I 流 動 負 債 | | |
|---|---|---|
| 買 掛 金 | | 9,556,000 |
| 未 払 法 人 税 等 | | ( 1,221,500 ) |
| 未 払 消 費 税 | | ( 1,216,000 ) |
| 流 動 負 債 合 計 | | ( 11,993,500 ) |
| II 固 定 負 債 | | |
| （ 繰 延 税 金 負 債 ） | | ( 125,000 ) |
| 固 定 負 債 合 計 | | ( 125,000 ) |
| 負 債 合 計 | | ( 12,118,500 ) |

**純 資 産 の 部**

| I 株 主 資 本 | | |
|---|---|---|
| 資 本 金 | | 27,000,000 |
| 繰 越 利 益 剰 余 金 | | ( 9,987,300 ) |
| 株 主 資 本 合 計 | | ( 36,987,300 ) |
| II 評 価・換 算 差 額 等 | | |
| その他有価証券評価差額金 | | ( 600,000 ) |
| 評 価・換 算 差 額 等 合 計 | | ( 600,000 ) |
| 純 資 産 合 計 | | ( 37,587,300 ) |
| 負 債 純 資 産 合 計 | | ( 49,705,800 ) |

予想配点 □ 1つにつき2点。
合計20点。

## 決算にあたっての修正事項

### 1．火災未決算の処理

減失した資産の帳簿価額（火災未決算の金額）＞保険金の確定額なので、差額を火災損失として処理します。

火災損失：￥3,600,000 － ￥1,540,000
= ￥2,060,000

（未 収 入 金）1,540,000 （火災未決算）3,600,000
（火 災 損 失）2,060,000

### 2．売掛金の回収

（当 座 預 金）740,000 （売　掛　金）740,000

売掛金：￥9,960,000 － ￥740,000 = ￥9,220,000
現金預金：￥6,598,000 + ￥740,000
= ￥7,338,000

## 決算整理事項等

### 1．売上原価の算定

（仕　　　　　入）8,400,000 （繰 越 商 品）8,400,000
（繰 越 商 品）8,900,000 （仕　　　　　入）8,900,000
（商品評価損）170,000 （繰 越 商 品）170,000
（棚卸減耗損）230,000 （繰 越 商 品）230,000
（仕　　　　　入）170,000 （商品評価損）170,000
（仕　　　　　入）230,000 （棚卸減耗損）230,000

＊　売上原価を仕入勘定で算定すると仮定

商品：￥8,900,000 － ￥170,000 － ￥230,000
= ￥8,500,000
売上原価：￥8,400,000 + ￥67,500,000
－ ￥8,900,000 + ￥170,000
+ ￥230,000 = ￥67,400,000

### 2．貸倒引当金の設定（売上債権）

設定額
$$￥9,220,000 \times \frac{10}{1,000} = ￥92,200$$
繰入額
￥92,200 － ￥12,000 = ￥80,200

（貸倒引当金繰入）80,200 （貸 倒 引 当 金）80,200

貸倒引当金（流動資産）：￥12,000 + ￥80,200
= ￥92,200

### 3．減価償却

建物
￥15,000,000 ÷ 30年 = ￥500,000

（減価償却費）500,000 （建物減価償却累計額）500,000

備品
会計上：￥7,200,000 ÷ 6 年 = ￥1,200,000
税務上：￥7,200,000 ÷ 8 年 = ￥　900,000
損金算入限度超過額　　　　￥　300,000
繰延税金資産：￥300,000 × 25% = ￥75,000

（減価償却費）1,200,000 （備品減価償却累計額）1,200,000
（繰延税金資産）75,000 （法人税等調整額）75,000

建物減価償却累計額：￥5,000,000 + ￥500,000
= ￥5,500,000
減価償却費：￥300,000 + ￥500,000 + ￥1,200,000
= ￥2,000,000

### 4．消費税の処理（税抜方法）

仮受消費税＞仮払消費税なので、差額を未払消費税で処理します。

未払消費税：￥7,280,000 － ￥6,064,000
= ￥1,216,000

（仮受消費税）7,280,000 （仮払消費税）6,064,000
　　　　　　　　　　　　　（未払消費税）1,216,000

### 5．その他有価証券の評価

洗替処理

（その他有価証券）100,000 （繰延税金資産）25,000
　　　　　　　　　　　　（その他有価証券評価差額金）75,000

期末の評価替え
時価：￥7,700,000
取得原価：￥6,800,000 + ￥100,000
= ￥6,900,000
評価差額：￥7,700,000 － ￥6,900,000
= ￥800,000（評価益相当）
繰延税金負債：￥800,000 × 25% = ￥200,000
その他有価証券評価差額金
￥800,000 － ￥200,000 = ￥600,000

（その他有価証券）800,000 （繰延税金負債）200,000
　　　　　　　　　　　　（その他有価証券評価差額金）600,000

ヨコ解き
解　答

第1問

第2問

第3問

第4問
(1)

第4問
(2)

第5問

投資有価証券：¥6,800,000＋¥100,000
　　　　　　　＋¥800,000＝**¥7,700,000**

## ６．未払法人税等

| （法人税、住民税及び事業税）1,941,500 | （仮払法人税等） | 720,000 |
|---|---|---|
| | （未払法人税等） | 1,221,500 |

### 損 益 計 算 書

| 税引前当期純利益 | | 6,661,800 |
|---|---|---|
| 法人税、住民税及び事業税 | 1,941,500 | |
| 法 人 税 等 調 整 額 | △75,000 | 1,866,500 |
| | | 4,795,300 |

※　会計と税務の差異には交際費の損金不算入や配当金の益金不算入など永久に解消されないものがあるため、税引前利益と調整後の法人税等は必ずしも実効税率で対応するとは限りません。

法人税、住民税及び事業税
　　¥1,941,500－¥75,000（法人税等調整額）
　　　＝¥1,866,500
当期純利益：¥6,661,800－¥1,866,500
　　　　　　＝**¥4,795,300**
繰越利益剰余金：¥5,192,000＋¥4,795,300
　　　　　　　　＝**¥9,987,300**

## ７．繰延税金資産と繰延税金負債の相殺

繰延税金資産：¥75,000
繰延税金負債：¥200,000

繰延税金資産＜繰延税金負債なので、差額を繰延税金負債として貸借対照表に表示します。

（**繰延税金負債**）：¥200,000－¥75,000
　　　　　　　　　＝**¥125,000**（固定負債）

## 損 益 計 算 書
### 自×6年4月1日　至×7年3月31日

（単位：円）

| | | |
|---|---|---|
| Ⅰ 売　上　高 | | （ 16,982,450 ） |
| Ⅱ 売　上　原　価 | | |
| 1 期首商品棚卸高 | （ 3,316,600 ） | |
| 2 当期商品仕入高 | （ 11,640,000 ） | |
| 合　計 | （ 14,956,600 ） | |
| 3 期末商品棚卸高 | （ 3,197,000 ） | |
| 差　引 | 11,759,600 | |
| 4 棚卸減耗損 | （ 10,000 ） | （ 11,769,600 ） |
| 売上総利益 | | （ 5,212,850 ） |
| Ⅲ 販売費及び一般管理費 | | |
| 1 給　料 | （ 3,520,000 ） | |
| 2 旅費交通費 | 368,400 | |
| 3 水道光熱費 | 320,000 | |
| 4 通信費 | 260,000 | |
| 5 保険料 | 120,000 | |
| 6 減価償却費 | （ 90,000 ） | |
| 7 （のれん償却） | （ 2,000 ） | |
| 8 貸倒引当金繰入 | （ 24,050 ） | |
| 9 貸倒損失 | （ 8,000 ） | （ 4,712,450 ） |
| 営業利益 | | （ 500,400 ） |
| Ⅳ 営業外収益 | | |
| 1 受取利息 | 19,900 | |
| 2 有価証券売却益 | 1,500 | 21,400 |
| Ⅴ 営業外費用 | | |
| 1 支払利息 | | 42,800 |
| 経常利益 | | （ 479,000 ） |
| Ⅵ 特別利益 | | |
| 1 固定資産売却益 | | 25,000 |
| Ⅶ 特別損失 | | |
| 1 （固定資産除却損） | | （ 4,000 ） |
| 税引前当期純利益 | | （ 500,000 ） |
| 法人税、住民税及び事業税 | | （ 150,000 ） |
| 当期純利益 | | （ 350,000 ） |

予想配点　▨1つにつき2点。合計20点。

113

## 1．未処理事項の処理

### (1) 手形の銀行未落（不渡り）

受取手形について、満期日において預金口座に入金される処理を行っていましたが、銀行未落（不渡り）となっていたため、入金処理を取り消す仕訳を行います。

（受 取 手 形）8,000 （現 金 預 金）8,000

そして、当該受取手形を「不渡手形」に振り替えます。

（不 渡 手 形）8,000 （受 取 手 形）8,000

### (2) 売上返品

（売 　　 上）15,000 （売 掛 金）15,000

## 2．決算整理事項

### (1) 不渡手形の貸倒処理

問題文の指示にしたがい、上記1.(1)の「不渡手形」について、全額「貸倒損失」に計上します。

（貸 倒 損 失）8,000 （不 渡 手 形）8,000

### (2) 貸倒引当金の設定

受取手形および売掛金の残高の1％が貸倒引当金の残高になるように設定します。なお、［資料Ⅱ］の1．および2．を考慮することに注意が必要です。

（188,000円＋8,000円−8,000円＋2,472,000円
−15,000円）× 1 ％＝26,450円

26,450円−2,400円＝24,050円

（貸倒引当金繰入）24,050 （貸倒引当金）24,050

こに注意

・受取手形・売掛金の変動分を考慮してから設定する

### (3) 経過勘定に関する処理

期首において再振替仕訳を行っていないため、当期末において再振替仕訳を行い、さらに給料の未払計上をします。

（未 払 費 用）355,000 （給 　　 料）355,000
（給 　　 料）375,000 （未 払 費 用）375,000

こに注意

・月次決算を行っている場合、費用の未払に関する処理は年度末のみに行うことがある

### (4) 売上原価の計算および商品の評価

P／L上の期末商品棚卸高には、期末帳簿棚卸高の金額を計上し、「差引」の金額に棚卸減耗損および商品評価損の金額を加算します。

なお、本問においては［資料Ⅱ］2．の返品分が実地棚卸高にのみ含まれており、期末帳簿棚卸高には含まれていないことからまず正しい期末帳簿棚卸高を求めます。

3,185,000円＋12,000円＝3,197,000円

棚卸減耗損は期末帳簿棚卸高から実地棚卸高を差し引いて計算します。

3,197,000円−3,187,000円＝10,000円

（仕 　　 入）3,316,600 （繰 越 商 品）3,316,600
（繰 越 商 品）3,197,000 （仕 　　 入）3,197,000
（棚 卸 減 耗 損）10,000 （繰 越 商 品）10,000
（仕 　　 入）10,000 （棚 卸 減 耗 損）10,000

こに注意

・売上原価の期末商品棚卸高には期末帳簿棚卸高が入る

### (5) 減価償却

期首に所有している固定資産の減価償却費は4月〜2月分まで毎月見積り計上しています。よって3月分については追加で計上します。また、実際と見積りで差額が生じる場合は追加で減価償却費を計上する必要があります。ただし、本問では差額は生じていません。

建物：

    1,440,000円÷30年＝48,000円

            （当期に計上する減価償却費）

    48,000円÷12カ月＝4,000円/月 ◀

    見積 4,000円/月 ◀ ┃差額なし

備品：

    備品の減価償却方法が定率法であるため、まず期首における帳簿価額を算定するために、期首の備品減価償却累計額を計算する必要があります。

    3,500円×11カ月＝38,500円

            （当期に見積り計上した金額）

    128,500円－38,500円＝90,000円

        （期首における備品減価償却累計額）

    （300,000円－90,000円）×20％＝42,000円

            （当期に計上する減価償却費）

    42,000円÷12カ月＝3,500円/月 ◀

    見積3,500円/月 ◀ ┃差額なし

| （減価償却費） | 7,500 | （建物減価償却累計額） | 4,000 |
|---|---|---|---|
| | | （備品減価償却累計額） | 3,500 |

**！ここに注意**

・期中において見積もり計上しているため実際発生額を計算する
  備品：定率法なので、まずは期首における帳簿価額を算定する

## (6) 建設仮勘定に含まれる中古建物の除却

「建設仮勘定」を減らし、「固定資産除却損」を計上します。

| （固定資産除却損） | 4,000 | （建設仮勘定） | 4,000 |
|---|---|---|---|

## (7) のれんの償却

のれんは当期首より3年前の×3年4月1日に生じたものであるので、すでに3年分償却が済んでいることに注意して下さい。

| （のれん償却） | 2,000 | （の れ ん） | 2,000 |
|---|---|---|---|

14,000円÷7年＝2,000円

## (8) 法人税、住民税及び事業税

損益計算書の税引前当期純利益の30％が法人税、住民税及び事業税の金額になるように計上します。

500,000円×30％＝150,000円

| （法人税, 住民税及び事業税） | 150,000 | （未払法人税等） | 150,000 |
|---|---|---|---|

**ヨコ解き**
**解　答**

**第1問**

**第2問**

**第3問**

**第4問**
**(1)**

**第4問**
**(2)**

**第5問**

損　　　益

| 日 | 付 | 摘　要 | 金　額 | 日 | 付 | 摘　要 | 金　額 |
|---|---|---|---|---|---|---|---|
| 3 | 31 | 仕　　入 | 3,687,000 | 3 | 31 | 売　　上 | 7,700,000 |
| 3 | 31 | 棚 卸 減 耗 損 | 23,100 | 3 | 31 | 受 取 手 数 料 | 91,700 |
| 3 | 31 | 商 品 評 価 損 | 19,400 | 3 | 31 | 支　　店 | 247,900 |
| 3 | 31 | 支 払 家 賃 | 720,000 | | | | |
| 3 | 31 | 給　　料 | 900,000 | | | | |
| 3 | 31 | 広 告 宣 伝 費 | 778,000 | | | | |
| 3 | 31 | 減 価 償 却 費 | 160,000 | | | | |
| 3 | 31 | 貸 倒 引 当 金 繰 入 | 80 | | | | |
| 3 | 31 | 支 払 利 息 | 56,000 | | | | |
| 3 | 31 | (繰越利益剰余金) | 1,696,020 | | | | |
| | | | 8,039,600 | | | | 8,039,600 |

予想配点　□ 1つにつき2点。
合計 20 点。

解 説 ▶

　**本店の損益勘定への記入**が問われています。本店の損益項目のみ記入することになるので注意しましょう。本店の損益勘定への記入にあたり、**支店の損益を算定する必要**があります。

## 未処理事項等の処理
### (1) 売掛金の回収
**本店の仕訳**

（現 金 預 金）60,000 （売 掛 金）60,000

本店
　売掛金：¥1,098,000 − ¥60,000 = ¥1,038,000

### (2) 商品の移送（本店 → 支店）
**本店の仕訳**

（支　　　店）110,000 （仕　　　入）110,000

**支店の仕訳**

（仕　　　入）110,000 （本　　　店）110,000

## 決算整理事項等の処理
### (1) 売上原価の算定（仕入勘定で計算）
　支店の商品は、「原価＜正味売却価額」となるので、商品評価損は計上しません。

帳簿棚卸高
　本店：@¥770×1,000個 = ¥770,000
　支店：@¥550×800個 = ¥440,000
棚卸減耗損
　本店：@¥770×（1,000個 − 970個）
　　　= ¥23,100
　支店：@¥550×（800個 − 785個）= ¥8,250
商品評価損
　本店：（@¥770 − @¥750）×970個
　　　= ¥19,400

**本店の仕訳**

| （仕　　　入）717,000 | （繰 越 商 品）717,000 |
|---|---|
| （繰 越 商 品）770,000 | （仕　　　入）770,000 |
| （棚 卸 減 耗 損）23,100 | （繰 越 商 品）23,100 |
| （商 品 評 価 損）19,400 | （繰 越 商 品）19,400 |

**支店の仕訳**

| （仕　　　入）483,000 | （繰 越 商 品）483,000 |
|---|---|
| （繰 越 商 品）440,000 | （仕　　　入）440,000 |
| （棚 卸 減 耗 損）8,250 | （繰 越 商 品）8,250 |

ヨコ解き
解　答

第1問

第2問

第3問

第4問
(1)

第4問
(2)

第5問

<u>本店</u>

仕入：¥3,850,000 − ¥110,000 + ¥717,000
　　　　− ¥770,000 = ¥3,687,000

棚卸減耗損：¥23,100

商品評価損：¥19,400

<u>支店</u>

仕入：¥1,441,000 + ¥110,000 + ¥483,000
　　　　− ¥440,000 = ¥1,594,000

棚卸減耗損：¥8,250

## (2) 貸倒引当金の設定

**本店の仕訳**

¥1,038,000 × 1 ％ = ¥10,380（設定額）

¥10,380 − ¥10,300 = ¥80（繰入額）

（貸倒引当金繰入）　　80　（貸倒引当金）　　80

**支店の仕訳**

¥865,000 × 1 ％ = ¥8,650（設定額）

¥8,650 − ¥6,200 = ¥2,450（繰入額）

（貸倒引当金繰入）　2,450　（貸倒引当金）　2,450

<u>本店</u>

貸倒引当金繰入：¥80

<u>支店</u>

貸倒引当金繰入：¥2,450

## (3) 減価償却費の計上

備品

**本店の仕訳**

¥600,000 ÷ 5 年 = ¥120,000

（減価償却費）120,000　（備品減価償却累計額）120,000

**支店の仕訳**

¥350,000 ÷ 5 年 = ¥70,000

（減価償却費）　70,000　（備品減価償却累計額）　70,000

車両

**本店の仕訳**

$¥2,000,000 × \dfrac{3,000km}{150,000km} = ¥40,000$

（減価償却費）　40,000　（車両減価償却累計額）　40,000

<u>本店</u>

減価償却費：¥120,000 + ¥40,000 = ¥160,000

<u>支店</u>

減価償却費：¥70,000

## (4) 経過勘定項目

**本店の仕訳**

| （給　　　料）70,000 | （未払給料）70,000 |
|---|---|
| （前払家賃）60,000 | （支払家賃）60,000 |

**支店の仕訳**

| （給　　　料）50,000 | （未払給料）50,000 |
|---|---|
| （支払家賃）50,000 | （未払家賃）50,000 |

<u>本店</u>

給料：¥830,000 + ¥70,000 = ¥900,000

支払家賃：¥780,000 − ¥60,000 = ¥720,000

<u>支店</u>

給料：¥610,000 + ¥50,000 = ¥660,000

支払家賃：¥550,000 + ¥50,000 = ¥600,000

## (5) 広告宣伝費の振替え（本店 → 支店）

**本店の仕訳**

（支　　　店）60,000　（広告宣伝費）60,000

**支店の仕訳**

（広告宣伝費）60,000　（本　　　店）60,000

<u>本店</u>

広告宣伝費：¥838,000 − ¥60,000 = ¥778,000

<u>支店</u>

広告宣伝費：¥59,200 + ¥60,000 = ¥119,200

## (6) 支店損益の算定

答案用紙の本店の損益勘定を参考にして、支店の金額を集計し、貸借差額で純利益を計算します。

| （支店） | 損 | | 益 |
|---|---|---|---|
| 仕　　　入 | ¥ 1,594,000 | 売　　　上 | ¥ 3,300,000 |
| 棚卸減耗損 | ¥ 8,250 | 受取手数料 | ¥ 1,800 |
| 支払家賃 | ¥ 600,000 | | |
| 給　　　料 | ¥ 660,000 | | |
| 広告宣伝費 | ¥ 119,200 | | |
| 減価償却費 | ¥ 70,000 | | |
| 貸倒引当金繰入 | ¥ 2,450 | | |
| **支店の純利益** | **¥ 247,900** | | |

**本店の仕訳**

（支　　　店）247,900　（損　　　益）247,900
　　　　　　　　　　　　　　本店の損益勘定

**支店の仕訳**

| （損　　　　益）247,900 | （本　　　　店）247,900 |
|---|---|

<u>支店の損益勘定</u>

**本店**

　支店：¥1,736,000 + ¥110,000 + ¥60,000
　　　　+ ¥247,900 = ¥2,153,900

**支店**

　本店：¥1,736,000 + ¥110,000 + ¥60,000
　　　　+ ¥247,900 = ¥2,153,900

**本店損益の算定**

　答案用紙の本店の損益勘定で当期純利益以外の金額を記入し、貸借差額で当期純利益を計算します。

**本店の仕訳**

| （損　　　　益）1,696,020 | （繰越利益剰余金）1,696,020 |
|---|---|

---

**解答** ▶ **第8回　本支店会計2** ➡ 問題32ページ

損　益　計　算　書
×6年4月1日～×7年3月31日　　　　（単位：円）

| 費　　用 | 金　　額 | 収　　益 | 金　　額 |
|---|---|---|---|
| 期 首 商 品 棚 卸 高 | 281,600 | 売　　上　　高 | （ 2,196,000 ） |
| 当 期 商 品 仕 入 高 | （ 1,522,400 ） | 期 末 商 品 棚 卸 高 | （ 234,400 ） |
| 営　　業　　費 | （ 400,000 ） | | |
| 貸 倒 引 当 金 繰 入 | （ 5,760 ） | | |
| 減 価 償 却 費 | （ 81,200 ） | | |
| 法人税、住民税及び事業税 | （ 50,000 ） | | |
| 当 期 純 利 益 | （ 89,440 ） | | |
| | （ 2,430,400 ） | | （ 2,430,400 ） |

貸　借　対　照　表
×7年3月31日　　　　（単位：円）

| 資　　産 | 金　　額 | | 負債・純資産 | 金　　額 |
|---|---|---|---|---|
| 現 金 預 金 | | 536,720 | 買　掛　金 | 316,800 |
| 売　掛　金 | （ 616,000 ） | | 未払法人税等 | （ 50,000 ） |
| 貸倒引当金 | （ 12,320 ） | （ 603,680 ） | 未 払 費 用 | （ 11,200 ） |
| 商　　品 | | （ 234,400 ） | 資　本　金 | 1,187,840 |
| 建　　物 | 640,000 | | 資 本 準 備 金 | 288,000 |
| 減価償却累計額 | （ 112,000 ） | （ 528,000 ） | 繰越利益剰余金 | （ 273,760 ） |
| 備　　品 | 521,600 | | | |
| 減価償却累計額 | （ 296,800 ） | （ 224,800 ） | | |
| | | （ 2,127,600 ） | | （ 2,127,600 ） |

長崎支店における税引前の利益　＝　| 48,080 | 円

予想配点　□1つにつき2点。合計20点。

---

**解説**

　長崎支店における税引前の利益の額を求める必要があるため、本店、支店に分けて計算するとスムーズにいきます。

## 未処理事項の整理

未処理事項の整理をするさい、本店、支店のどれが未処理であるのかに注意しましょう。

### 1．商品発送未処理
本店

| （支 店） | 16,000 | （仕 入） | 16,000 |
|---|---|---|---|

支店

| （仕 入） | 16,000 | （本 店） | 16,000 |
|---|---|---|---|

### 2．営業費付け替え未処理
本店

| （支 店） | 36,000 | （営 業 費） | 36,000 |
|---|---|---|---|

支店

| （営 業 費） | 36,000 | （本 店） | 36,000 |
|---|---|---|---|

## 決算整理事項の処理

決算整理仕訳を行い、本支店合併損益計算書および本支店合併貸借対照表に記入する金額を計算します。本店および支店の期末棚卸高は未処理事項考慮前の金額であることに注意しましょう。

### 1．売上原価および商品の金額の算定
損益計算書項目

| | 本　店 | 支　店 | |
|---|---|---|---|
| 期首商品棚卸高：¥ | 281,600 | － | ＝¥ 281,600 |
| 当期商品仕入高：¥ | 817,600*1 | ¥704,800*3 | ＝¥1,522,400 |
| 期末商品棚卸高：¥ | 124,000*2 | ¥110,400*4 | ＝¥ 234,400 |

＊1　¥833,600－¥16,000（未処理事項1.）＝¥817,600
＊2　¥140,000－¥16,000（未処理事項1.）＝¥124,000
＊3　¥688,800＋¥16,000（未処理事項1.）＝¥704,800
＊4　¥94,400＋¥16,000（未処理事項1.）＝¥110,400

貸借対照表項目
商品：¥234,400

### 2．貸倒引当金の設定（差額補充法）
(1) 本店
設定額：¥360,000×2％＝¥7,200
繰入額：¥7,200－¥5,760＝¥1,440
(2) 支店
設定額：¥256,000×2％＝¥5,120
繰入額：¥5,120－¥800＝¥4,320

損益計算書項目
貸倒引当金繰入：¥1,440＋¥4,320＝¥5,760
貸借対照表項目
売掛金：¥360,000＋¥256,000＝¥616,000
貸倒引当金：¥7,200＋¥5,120＝¥12,320

### 3．減価償却費の計算
本店の建物減価償却費のうち、20％を支店が負担することに注意しましょう。
(1) 本店
建物：¥640,000÷40年＝¥16,000
　　　うち、本店負担額：¥16,000×80％＝¥12,800
備品：¥288,000÷8年＝¥36,000
合計：¥12,800＋¥36,000＝¥48,800
(2) 支店
建物減価償却費負担額：¥16,000×20％＝¥3,200
備品：　¥233,600÷8年＝¥29,200
合計：　¥3,200＋¥29,200＝¥32,400

損益計算書項目
減価償却費：¥48,800＋¥32,400＝¥81,200
貸借対照表項目
建物：¥640,000
建物減価償却累計額：
　¥96,000＋¥16,000＝¥112,000
備品：¥288,000＋¥233,600＝¥521,600
備品減価償却累計額：
　¥144,000＋¥87,600＋¥36,000＋¥29,200
　＝¥296,800

### 4．営業費
本店の営業費を未払計上します。また、未処理事項2.の営業費の付け替えの金額を忘れないように注意しましょう。
(1) 本店
営業費：¥276,000－¥36,000＋¥11,200＝¥251,200
(2) 支店
営業費：¥112,800＋¥36,000＝¥148,800
損益計算書項目
営業費：¥251,200＋¥148,800＝¥400,000
貸借対照表項目
未払費用：¥11,200

## 5. 法人税、住民税及び事業税

**損益計算書項目**

法人税、住民税及び事業税：¥50,000

**貸借対照表項目**

未払法人税等：¥50,000

## 当期純利益の算定

**損益計算書項目**

当期純利益：¥89,440（貸借差額）

**貸借対照表項目**

繰越利益剰余金：

¥184,320 + ¥89,440 = ¥273,760

## 長崎支店における税引前の利益の計算

長崎支店における損益計算に関わる金額を集計し、税引前の利益を計算します。

| 損 | | 益 | |
|---|---|---|---|
| 期首商品棚卸高 | − | 売　上 | ¥828,000 |
| 当期商品仕入高 | ¥704,800 | 期末商品棚卸高 | ¥110,400 |
| 営　業　費 | ¥148,800 | | |
| 貸倒引当金繰入 | ¥4,320 | | |
| 減価償却費 | ¥32,400 | | |
| 税引前利益 | ¥48,080 | | |
| | ¥938,400 | | ¥938,400 |

長崎支店における税引前の利益の額：¥48,080

---

> **コラム** 商業簿記の出題の全体像
>
> 商業簿記の全体像をあらためてイメージしておきましょう。
>
>
>
> **第1問　仕訳問題**
>
> 主に、期中取引の一時点の仕訳が出題されます。
>
> **第2問　個別論点**
>
> 主に、商品売買や固定資産などの個別論点の期中取引の一連の仕訳と、勘定記入が出題されます。
>
> **第3問　財務諸表**
>
> 決算整理仕訳を行い、（個別）財務諸表（本支店会計を含む）を作成する問題が出題されます。
>
> **第2問　連結会計**
>
> 個別財務諸表をもとに連結修正仕訳を行い、連結財務諸表を作成する問題が出題されます。

# 第4問-(1) 工業簿記の仕訳問題

| | | 仕 訳 | | | |
|---|---|---|---|---|---|
| | | 借 方 科 目 | 金 額 | 貸 方 科 目 | 金 額 |
| (1) | ① | 材 料 | 2,200,000 | 買 掛 金 | 2,000,000 |
| | | | | 材 料 副 費 | 200,000 |
| | ② | 仕 掛 品 | 1,620,000 | 材 料 | 1,700,000 |
| | | 製 造 間 接 費 | 80,000 | | |
| (2) | | 仕 掛 品 | 1,036,000 | 賃 金・給 料 | 1,422,000 |
| | | 製 造 間 接 費 | 386,000 | | |
| (3) | | 仕 掛 品 | 1,110,000 | 製 造 間 接 費 | 1,110,000 |

**ここに注意**

(1) 購入原価＝購入代価＋材料副費
(2) 直接工の直接作業時間に対する
　賃金消費高→直接労務費
　直接工の間接作業時間に対する
　賃金消費高→間接労務費

**予想配点** 仕訳1組につき3点。合計12点。

右側ナビ：ヨコ解き解答／第1問／第2問／第3問／第4問(1)／第4問(2)／第5問

## 解説

### (1)① 材料（素材・買入部品費・工場消耗品）の掛け購入

購入原価は、購入代価に材料副費（付随費用）を加えた金額となります。

（材　　料）2,200,000 （買 掛 金）2,000,000 *1
　　　　　　　　　　　　（材 料 副 費）200,000 *2

*1　@2,000円×800kg＋@100円×3,000個＋100,000円＝2,000,000円（購入代価）
　　　素材　　　　　　買入部品　　　工場消耗品
*2　2,000,000円×10％＝200,000円（材料副費）

### ② 材料（素材・買入部品費・工場消耗品）の消費

「素材・買入部品の消費高」は直接材料費、「工場消耗品の消費高」は間接材料費となります。

（仕 掛 品）1,620,000 * （材　　料）1,700,000
（製 造 間 接 費）80,000

*　1,500,000円＋120,000円＝1,620,000円
　　素材　　　買入部品

### (2) 賃金の消費

「直接工の直接作業時間に対する賃金消費高」は直接労務費、「直接工の間接作業時間と手待時間に対する賃金消費高」と「間接工の賃金消費高」は間接労務費となります。

（仕 掛 品）1,036,000 *1 （賃 金・給 料）1,422,000
（製 造 間 接 費）386,000 *2

*1　@1,400円×740時間＝1,036,000円（直接工の直接作業時間に対する賃金消費高）
*2　@1,400円×（30時間＋10時間）＝56,000円（直接工の間接作業時間と手待時間に対する賃金消費高）
　　350,000円＋80,000円－100,000円＝330,000円（間接工の賃金消費高）

賃金・給料（間接工）

| 当月支払高　350,000円 | 前月未払高　100,000円 |
|---|---|
| | 消 費 高　330,000円 |
| 当月未払高　80,000円 | |

**(3) 製造間接費の配賦**

製造間接費予算＝固定製造間接費予算＋変動製造間接費予算

＝8,100,000円＋5,400,000円＝13,500,000円

予定配賦率＝製造間接費予算÷予定総直接作業時間

＝13,500,000円÷9,000時間＝@1,500円

予定配賦額＝予定配賦率×直接工の直接作業時間

＝@1,500円×740時間＝1,110,000円

| （仕 掛 品） | 1,110,000 | （製造間接費） | 1,110,000 |
|---|---|---|---|

---

**解答** ▶ **第2回 費目別計算2** → 問題35ページ

| | | 仕 訳 | | | |
|---|---|---|---|---|---|
| | | 借 方 科 目 | 金 額 | 貸 方 科 目 | 金 額 |
| (1) | ① | 材 料 | 50,000 | 材 料 価 格 差 異 | 50,000 |
| | ② | 材 料 副 費 差 異 | 16,800 | 材 料 副 費 | 16,800 |
| (2) | | 賃 率 差 異 | 92,000 | 賃 金・給 料 | 92,000 |
| (3) | | 製造間接費配賦差異 | 66,400 | 製 造 間 接 費 | 66,400 |

予想配点 仕訳1組につき3点。合計12点。

**解説**

本問は、原価の差異の仕訳が問われています。

**1．材料価格差異勘定への振替え**

材料の消費額について予定価格を用いている場合、予定消費額と実際消費額との差額を材料価格差異として計上します。

（仕 掛 品）800,000 （材 料）800,000

本問では材料価格について有利差異が発生しているため、材料価格差異勘定の貸方に記入します。

（材 料）50,000 （材料価格差異）50,000

予定消費額：@1,600円/kg×500kg＝800,000円

実際消費額：@1,500円/kg×500kg＝750,000円

材料価格差異：800,000円−750,000円＝50,000円（貸方差異）

**2．材料副費差異勘定への振替え**

材料副費の実際発生額は、材料副費勘定の借方に記入します。

（材 料 副 費）80,000 （現 金 な ど）80,000

本問では材料副費について不利差異が発生しているため、材料副費差異勘定の借方に記入します。

（材料副費差異）16,800 （材 料 副 費）16,800

材料副費差異：63,200円（予定配賦額）−80,000円（実際発生額）

＝△16,800円（借方差異）

**ここに注意**

・予定配賦額 ＜ 実際発生額
→借方差異（不利差異）となる

## 3. 賃率差異勘定への振替え

賃金の消費額について予定賃率を用いている場合、予定消費額と実際消費額との差額を賃率差異として計上します。

（仕　掛　品）906,000　（賃金・給料）920,000
（製造間接費）　14,000

本問では賃率差異について不利差異が発生しているため、賃率差異勘定の借方に記入します。

（賃 率 差 異）92,000　（賃金・給料）92,000

🖩 予定消費額：@1,000円/時間×（906時間＋14時間）＝920,000円

実際消費額：@1,100円/時間×（906時間＋14時間）＝1,012,000円

賃 率 差 異：920,000円－1,012,000円＝△92,000円（借方差異）

## 4. 製造間接費の予定配賦

🖩 予定配賦率：40,608,000円÷11,280時間＝@3,600円

予定配賦額：@3,600円×906時間＝3,261,600円

（仕　掛　品）3,261,600　（製造間接費）3,261,600

**❗ここに注意**

・予定配賦率を計算し、実際直接作業時間を基準に配賦する

## 5. 製造間接費配賦差異勘定への振替え

製造間接費について予定配賦を行っている場合、予定配賦額と実際発生額との差額を製造間接費配賦差異として計上します。

（製造間接費配賦差異）66,400　（製造間接費）66,400

本問では製造間接費について不利差異が発生しているため、製造間接費配賦差異勘定の借方に記入します。

🖩 製造間接費配賦差異：3,261,600円－3,328,000円＝△66,400円（借方差異）

ヨコ解き
解　答

第1問

第2問

第3問

第4問
(1)

第4問
(2)

第5問

**問1**

| | 仕　　　　訳 | | | |
|---|---|---|---|---|
| | 借方科目 | 金　額 | 貸方科目 | 金　額 |
| (1) | 仕　掛　品 | 9,000 | 製造間接費 | 9,000 |
| (2) | 製造間接費 | 9,800 | 材　　　料 | 2,000 |
| | | | 賃金・給料 | 5,000 |
| | | | 水道光熱費 | 2,800 |
| (3) | 予算差異 | 500 | 製造間接費 | 800 |
| | 操業度差異 | 300 | | |

**！ここに注意**

・公式法変動予算では予算許容額が変動し、固定予算では一定（固定）となる。そのため、予算差異、操業度差異が異なるが、予定配賦率や予定配賦額は同じとなる。

**問2**

製 造 間 接 費

| 実際発生額 | 9,800 | 予定配賦額 | ( 9,000 ) |
|---|---|---|---|
| 予算差異 | ( 200 ) | 操業度差異 | ( 1,000 ) |
| | ( 10,000 ) | | ( 10,000 ) |

予 算 差 異

| | | 製造間接費 | ( 200 ) |
|---|---|---|---|

操 業 度 差 異

| 製造間接費 | ( 1,000 ) | | |
|---|---|---|---|

予想配点　問1　各2点。
問2　　　1つにつき2点。
合計12点。

**解説**

**問1　公式法変動予算**

**1．製造間接費予定配賦額**

予定配賦率：$\dfrac{120,000\,円}{1,200\,時間} = @100円$

予定配賦額：@100円 × 90時間 ＝ 9,000円

製造間接費の予定配賦

| （仕　掛　品） | 9,000 | （製造間接費） | 9,000 |
|---|---|---|---|

**2．製造間接費の実際発生額の計上**

当月に実際に発生した費用を製造間接費勘定に振り替えます。

| （製造間接費） | 9,800 | （材　　　料） | 2,000 |
|---|---|---|---|
| | | （賃金・給料） | 5,000 |
| | | （水道光熱費） | 2,800 |

## 3．製造間接費配賦差異

> 製造間接費配賦差異＝予定配賦額－実際発生額
>
>   ＋の場合　貸方差異（有利差異）：実際原価の方が少なくてすんだ
>   －の場合　借方差異（不利差異）：実際原価の方が多くかかった

製造間接費配賦差異：9,000円－9,800円＝△800円（借方差異）

予算差異：予算許容額*より費用が多くかかった（少なくて済んだ）ことによる製造間接費の
　　　　　超過額（節約額）です。補助材料・消耗品や電力の浪費などにより生じます。

* 予算許容額とは、当月に工場が実際に操業した時間（実際操業度）における製造間接費予算額を
意味します。

> 予算許容額＝変動費率×実際操業度＋固定費予算

> 予算差異＝予算許容額－実際発生額

変動費率：$\dfrac{84,000円（変動費予算）}{1,200時間（基準操業度）}$＝@70円

月間固定費予算：36,000円÷12カ月＝3,000円

予算差異：@70円×90時間＋3,000円－9,800円＝△500円（借方差異）
　　　　　　　　　　予算許容額

操業度差異：当初予定しただけの操業を行わなかった（それ以上の操業を行った）ことによ
　　　　　　る製造間接費の配賦不足額（超過額）です。需要の増減や機械の故障による生
　　　　　　産停止などが原因で生じます。

> 操業度差異＝固定費率×（実際操業度－基準操業度）

固定費率：$\dfrac{36,000円（固定費予算）}{1,200時間（基準操業度）}$＝@30円

月間基準操業度：1,200時間÷12カ月＝100時間

操業度差異：@30円×（90時間－100時間）＝△300円（借方差異）

| （予算差異） | 500 | （製造間接費） | 800 * |
|---|---|---|---|
| （操業度差異） | 300 | | |

* 配賦差異の総額

---

**コラム　固定予算と公式法変動予算**

　実際操業度にかかわらず予算許容額（ここまでにおさえるべき金額）が固定（一定）され
ているものを固定予算といいます。

　一方、実際操業度に応じて予算許容額が変動するものを公式法変動予算といいます。

　そして予算許容額は「変動費率×実際操業度＋固定費予算」という公式で表されるため、
「公式法」といいます。

ヨコ解き
解　答

第1問

第2問

第3問

第4問
(1)

第4問
(2)

第5問

## シュラッター図の書き方（公式法変動予算）

製造間接費の予算を公式法変動予算によって設定している場合、以下のシュラッター図を書いて差異分析を行うと公式を覚えなくても計算できます。

**(1) シュラッター図を用意する**

**(2) データを転記する**

与えられている予算データが年間か月間かを確認しましょう。

**(3) 差異分析を行う**

## (1) 予算差異

固定費予算に変動費率×実際操業度を足したⒶの部分が予算許容額となります。

予算許容額：@70円×90時間＋3,000円＝9,300円

予算差異：9,300円－9,800円＝△500円（借方差異）

## (2) 操業度差異

図形の錯角により、固定費率Ⓑの角度と、Ⓒの角度は等しくなります。そのため、実際操業度と基準操業度の差に固定費率を掛けて、操業度差異を計算できます。

操業度差異：@30円×（90時間－100時間）

＝△300円（借方差異）

## 問2　固定予算

製造間接費配賦差異の分析

固定予算を設定している場合、差異は次の算式により計算します。

**予算差異＝予算許容額（予算額）＊－実際発生額**

＊　固定予算では操業度にかかわらず、最初に設定した予算を予算許容額としています。

月間予算：120,000円÷12カ月＝10,000円

予算差異：10,000円－9,800円＝＋200円（貸方差異）

**操業度差異＝予定配賦率＊×（実際操業度－基準操業度）**

＊　固定予算では、変動費率と固定費率を分けずに簡便的に予定配賦率を用いて操業度差異を計算します。

月間基準操業度：1,200時間÷12カ月＝100時間

操業度差異：@100円×（90時間－100時間）＝△1,000円（借方差異）

| （操業度差異） | 1,000 | （予算差異） | 200 |
|---|---|---|---|
| | | （製造間接費） | 800＊ |

＊　配賦差異の総額

ヨコ解き
解答

第1問

第2問

第3問

第4問
(1)

第4問
(2)

第5問

## シュラッター図の書き方（固定予算）

　製造間接費の予算を固定予算によって設定している場合、以下のシュラッター図を書いて差異分析を行うと公式を覚えなくても計算できます。

### (1)　シュラッター図を用意する

### (2)　データを転記する

### (3)　差異分析を行う

### (1)　予算差異

　固定予算では、予算許容額は操業度にかかわらず一定となります。

　予算許容額：10,000円

　予算差異：10,000円 − 9,800円 = 200円（貸方差異）

### (2)　操業度差異

　予定配賦率Ⓑの角度と、Ⓒの角度は等しくなります。そのため、実際操業度と基準操業度の差に予定配賦率を掛けて、操業度差異を計算できます。

　操業度差異：@100円 ×（90時間 − 100時間）

　　　　　　　= △1,000円（借方差異）

> **！ここに注意**
>
> ・実際操業度＞基準操業度であっても、シュラッター図における「実際」、「基準」の位置関係は変わりません。

128

| | | 仕　　　　　訳 | | | |
|---|---|---|---|---|---|
| | | 借　方　科　目 | 金　　額 | 貸　方　科　目 | 金　　額 |
| (1) | ① | 材　　　　　料 | 1,615,000 | 本　　　　　社 | 1,615,000 |
| | ② | 仕　掛　品 | 1,188,000 | 材　　　　　料 | 1,188,000 |
| (2) | | 仕　掛　品 | 2,240,000 | 賃　　　　　金 | 2,980,000 |
| | | 製　造　間　接　費 | 740,000 | | |
| (3) | | 製　造　間　接　費 | 250,000 | 本　　　　　社 | 250,000 |

**ここに注意**

・工場での仕訳が問われている。
・工場元帳に設定されている勘定の増減に注意する。

予想配点　仕訳1組につき3点。合計12点。

ヨコ解き解答

第1問

第2問

第3問

第4問(1)

第4問(2)

第5問

**解 説**

　工場で行われる仕訳が問われています。本社において行われる仕訳を考える必要はありません。

　工場元帳に設定されている勘定の増減があれば、その勘定科目と金額を記入します。そのさい、相手勘定科目が工場元帳になければ、本社元帳に設定されている勘定になるので本社勘定を用います。

**(1)　材料（素材・消耗器具）の購入**

　　材料の倉庫は工場に置いてあり、支払い関係はすべて本社で行っています。

　**工場の仕訳**

　　（材　　　料）　1,615,000 *　　（本　　　社）　1,615,000

　　　*　@200円×8,000kg＝　1,600,000円（素　　材）
　　　　　　　　　　　　　　　　　　15,000円（消耗器具）
　　　　　　　　　合　計　1,615,000円

　**本社の仕訳**

　　（工　　　場）　1,615,000　　（買　掛　金）　1,615,000

**(2)　材料（素材）の消費**

　　材料費は月次総平均法で計算することになるため、「月初有高」と「当月購入高」の合計金額を総数量で割ることにより、平均単価を求めます。

　**工場の仕訳**

　　（仕　掛　品）　1,188,000 *　　（材　　　料）　1,188,000

　　　*　@190円×　2,000kg＝　　380,000円（月初有高）
　　　　　@200円×　8,000kg＝　1,600,000円（当月購入高）
　　　　　　　　　　10,000kg　　1,980,000円 →1,980,000円÷10,000kg＝@198円（平均単価）

　　　　　@198円×　6,000kg＝　1,188,000円

　**本社の仕訳**

　　仕　訳　な　し

(3) **賃金の消費**

直接工は直接作業のみ行っているので、直接工賃金の消費額はすべて「仕掛品」に振り替えます。間接工賃金の消費額は「製造間接費」に振り替えます。

**工場の仕訳**

| （仕 掛 品） | 2,240,000 *1 | （賃 金） | 2,980,000 |
| （製造間接費） | 740,000 *2 | | |

*1 @1,400円×1,600時間＝2,240,000円
*2 750,000円＋50,000円－60,000円＝740,000円

間接工賃金

| 当月賃金支払高 | 前月賃金未払高 |
|---|---|
| 750,000円 | 60,000円 |
| 当月賃金未払高 | 要支払額 |
| 50,000円 | 740,000円 |

**本社の仕訳**

| 仕 訳 な し |
|---|

(4) **間接経費（光熱費）の計上**

支払い関係はすべて本社で行っています。間接経費なので、「製造間接費」で処理します。

**工場の仕訳**

| （製造間接費） | 250,000 | （本 社） | 250,000 |

**本社の仕訳**

| （工 場） | 250,000 | （当座預金） | 250,000 |

**解答** ▶ **第5回 本社工場会計2** ➡ 問題38ページ

| 工 場 の 仕 訳 | | | |
|---|---|---|---|
| 借 方 科 目 | 金 額 | 貸 方 科 目 | 金 額 |
| (1) 材 料 | 900,000 | 本 社 | 900,000 |
| (2) 賃 金・給 料 | 2,000,000 | 本 社 | 2,000,000 |
| (3) 製 造 間 接 費 | 300,000 | 本 社 | 300,000 |
| (4) 本 社 | 2,000,000 | 製 品 | 2,000,000 |

**こに注意**

・工場元帳で使用する勘定科目は、何かを考える。

| 本 社 の 仕 訳 | | | |
|---|---|---|---|
| 借 方 科 目 | 金 額 | 貸 方 科 目 | 金 額 |
| (1) 工 場 | 900,000 | 買 掛 金 | 900,000 |
| (2) 工 場 | 2,000,000 | 現 金 | 2,000,000 |
| (3) 工 場 | 300,000 | 機械減価償却累計額 | 300,000 |
| (4) 売 上 原 価 | 2,000,000 | 工 場 | 2,000,000 |

予想配点 | 工場の仕訳各2点。本社の仕訳各1点。合計12点。

解説

　工場の仕訳のさい、相手勘定科目が支払いに係るものであれば、本社元帳に設定されている勘定になるので**本社勘定**を用います。

**(1)　材料の掛仕入**

　材料の倉庫は工場に置いてあり、支払い関係は本社で行っています。

工場の仕訳

| （材　　　料） | 900,000 | （本　　　社） | 900,000 |
|---|---|---|---|

本社の仕訳

| （工　　　場） | 900,000 | （買　掛　金） | 900,000 |
|---|---|---|---|

**(2)　賃金の支払い**

　賃金の支払いであり、賃金の消費ではありません。また、支払い関係は本社が行っています。

工場の仕訳

| （賃金・給料） | 2,000,000 * | （本　　　社） | 2,000,000 |
|---|---|---|---|

本社の仕訳

| （工　　　場） | 2,000,000 | （現　　　金） | 2,000,000 * |
|---|---|---|---|

　＊　1,400,000円＋600,000円＝2,000,000円

**(3)　減価償却の計上**

　減価償却費は間接経費となるので、製造間接費で処理します。

工場の仕訳

| （製 造 間 接 費） | 300,000 | （本　　　社） | 300,000 |
|---|---|---|---|

本社の仕訳

| （工　　　場） | 300,000 | （機械減価償却累計額） | 300,000 |
|---|---|---|---|

**(4)　売上原価の計上**

　製品勘定は工場元帳にあり、売上原価勘定は本社元帳にあります。

工場の仕訳

| （本　　　社） | 2,000,000 | （製　　　品） | 2,000,000 |
|---|---|---|---|

本社の仕訳

| （売 上 原 価） | 2,000,000 | （工　　　場） | 2,000,000 |
|---|---|---|---|

ヨコ解き
解　答

第1問

第2問

第3問

第4問
(1)

第4問
(2)

第5問

|  | 仕 | 訳 |  |
|---|---|---|---|
| | 借 方 科 目 | 金 額 | 貸 方 科 目 | 金 額 |
| (1) | 仕 掛 品 | 153,600 | 材 料 | 153,600 |
| (2) | 仕 掛 品 | 40,500 | 製 造 間 接 費 | 40,500 |
| (3) | 仕 掛 品 | 18,600 | 現 金 | 18,600 |
| (4) | 製 品 | 126,200 | 仕 掛 品 | 126,200 |

**ここに注意**

(3)B社の作業に対する加工賃は、外注加工賃（直接経費）に該当する。

(4)製造指図書#101の製造原価のみ集計する。

予想配点 仕訳1組につき3点。合計12点。

**解 説**

**(1) 当月分の直接材料費の計上**

直接材料費は予定消費単価を使用して計算しています。

（仕 掛 品）　153,600 *1　（材 料）　153,600

＊1　20kg＋26kg＋18kg＝64kg（直接材料消費量の合計）
　　　@2,400円×64kg＝153,600円

**(2) 当月分の製造間接費の予定配賦**

製造間接費の配賦基準は直接作業時間です。予定配賦率は、［資料］2．と3．のデータを使用して算定します。

（仕 掛 品）　40,500 *2　（製 造 間 接 費）　40,500

＊2　504,000円　÷　1,680時間　＝@300円（予定配賦率）
　　　年間製造間接費予算額　年間予定直接作業時間
　　　46時間＋61時間＋28時間＝135時間（直接作業時間の合計）
　　　@300円×135時間＝40,500円（予定配賦額）

**(3) 外注加工賃**

B社の作業に対する加工賃は、外注加工賃（直接経費）に該当するため、支払額を仕掛品に計上します。

（仕 掛 品）　18,600　（現 金）　18,600

**(4) 完成品原価の計上**

プロジェクト#101の製造原価を集計し、「仕掛品」から「製品」に振り替えます。

（製 品）　126,200 *3　（仕 掛 品）　126,200

＊3　直接材料費：@2,400円×20kg　＝　48,000円
　　　直接労務費：@1,400円×46時間＝　64,400円
　　　製造間接費：@　300円×46時間＝　13,800円
　　　　　　　　　　合　計　126,200円

解 答 ▶ 第7回 個別原価計算2 ➡ 問題40ページ

**問1**

| | 仕 | 訳 | | |
|---|---|---|---|---|
| | 借 方 科 目 | 金 額 | 貸 方 科 目 | 金 額 |
| (1) | 材 料 | 806,000 | 買 掛 金 | 806,000 |
| (2) | 仕 掛 品 | 810,000 | 材 料 | 810,000 |
| (3) | 消 費 価 格 差 異 | 37,500 | 材 料 | 37,500 |

**問2**

完 成 品 原 価 = ｜ 936,000 ｜ 円

> ここに注意
>
> ・先入先出法によるため、直接材料の月末在庫の単価は、当月購入した分の単価となる。

予想配点　問1　仕訳1組につき3点。
問2　3点。
合計12点。

 解 説 ▶

**問1**

**(1) 当月分の直接材料実際購入高の計上**

［資料］1．の当月購入量を用いて計算します。

（ 材 料 ） 806,000 [*1] （ 買 掛 金 ） 806,000

＊1　@620円×1,300kg＝806,000円
　　　実際購入単価　当月購入量

**(2) 当月分の直接材料費の計上**

［資料］4．より、すべて当月製造に着手しているため、［資料］2．の直接材料費の合計額810,000円が当月分の直接材料費となります。
　　　　　　　　　　　　予定消費高

（ 仕 掛 品 ） 810,000 （ 材 料 ） 810,000

**(3) 直接材料の消費価格差異の計上**

先入先出法によるため、直接材料の月末在庫の単価は、当月購入した分の単価（@620円）となります。そこで、ボックス図を用いて、貸借差額により実際消費高を求めます。

（消費価格差異） 37,500 [*2] （ 材 料 ） 37,500

＊2　810,000円 － 847,500円 ＝ △37,500円（不利差異）
　　　予定消費高　　実際消費高

## 直 接 材 料

| | 月初有高 | 実際消費高 |
|---|---|---|
| @650円× 350kg＝ | 227,500円 | 847,500円 |
| | 当月購入高 | →**貸借差額** |
| @620円×1,300kg＝ | 806,000円 | 月末有高 |
| | | 186,000円 ＝@620円×300kg |

## 問2

　当月末までに完成した＃301の原価を集計します。そのさい、＃301を合格品とするために掛かった＃301-1の原価（仕損費）も含めることに注意しましょう。

330,000円＋170,000円＋272,000円＝　772,000円（＃301）
　60,000円＋　40,000円＋　64,000円＝　164,000円（＃301-1）
　　　　　　　　　　　　　　　　　　936,000円

**解 答** ▶ **第8回　個別原価計算3** ➡ 問題41ページ

### 仕 掛 品　（単位：円）

| | | | |
|---|---|---|---|
| 6/1 月初有高 （ 144,000 *¹⁾ | 6/30 製　　品 （ 4,488,000 *⁵⁾ |
| 30 直接材料費 （ 2,110,000 *²⁾ | 〃 月末有高 （ 144,500 *⁶⁾ |
| 〃 直接労務費 （ 1,397,500 *³⁾ | |
| 〃 製造間接費 （ 981,000 *⁴⁾ | |
| （ 4,632,500 ） | （ 4,632,500 ） |

### 月次損益計算書　（単位：円）

| | | |
|---|---|---|
| 売 上 高 | | 5,000,000 |
| 売 上 原 価 | | |
| 　月 初 製 品 有 高 | 0 | |
| 　当 月 製 品 製 造 原 価 | （ 4,488,000 *⁵⁾ | |
| 　合　　計 | （ 4,488,000 ） | |
| 　月 末 製 品 有 高 | （ 2,130,000 *⁷⁾ | |
| 　差　　引 | （ 2,358,000 ） | |
| 　原 価 差 異 | （ 10,000 *⁸⁾ | （ 2,368,000 ） |
| 　売上総利益 | | （ 2,632,000 ） |
| 販売費及び一般管理費 | | 1,870,000 |
| 　営 業 利 益 | | （ 762,000 ） |

予想配点　1つにつき2点。合計12点。

### ！ここに注意

＊1　＃12の月初仕掛品原価
＊2　原価計算表（6月）の直接材料費合計
＊3　原価計算表（6月）の直接労務費合計
＊4　原価計算表（6月）の製造間接費合計
＊5　製造指図書＃12・＃13・＃14の製造原価合計
＊6　製造指図書＃15の6月末時点での製造原価
＊7　製造指図書＃14の製造原価
＊8　製造間接費予定配賦額 981,000円
　　－製造間接費実際発生額 991,000円
　　＝△10,000円（借方差異）

## 解説

### 1. 原価計算表の作成

原 価 計 算 表
（5月）

|  | ＃12 |
|---|---|
| 月初仕掛品 | － |
| 当月製造 |  |
| 直接材料費 | 50,000 |
| 直接労務費 | 40,000 |
| 製造間接費 | 54,000 |
| 合　計 | 144,000 |

未完成

（6月）

|  | ＃12 | ＃13 | ＃14 | ＃15 | 合　計 |
|---|---|---|---|---|---|
| 月初仕掛品 | 144,000 | － | － | － | 144,000 |
| 当月製造 |  |  |  |  |  |
| 直接材料費 | 300,000 | 890,000 | 840,000 | 80,000 | 2,110,000 |
| 直接労務費 | 160,000 | 450,000 | 750,000 | 37,500 | 1,397,500 |
| 製造間接費 | 90,000 | 324,000 | 540,000 | 27,000 | 981,000 |
| 合　計 | 694,000 | 1,664,000 | 2,130,000 | 144,500 | 4,632,500 |

完成・販売　完成・販売　完成・未販売　未完成

第1問

第2問

第3問

第4問 (1)

第4問 (2)

第5問

・製造間接費の予定配賦率の算定

　　予定配賦率：12,960,000円÷14,400時間＝@900円

　　＃14：@900円×600時間＝540,000円

・製造間接費配賦差異（原価差異）

　　＃12の前月発生分54,000円は当月の予定配賦額に含めないように注意します。

　　製造間接費予定配賦額：90,000円＋324,000円＋540,000円＋27,000円＝981,000円

　　製造間接費配賦差異：981,000円－991,000円＝△10,000円
　　　　　　　　　　　　　予定配賦額　　実際発生額

### 2. 仕掛品勘定・損益計算書の作成

　1.で作成した原価計算表にもとづき、仕掛品勘定および損益計算書を作成します。各月の月末にどのような状態であったのかで、仕掛品勘定または損益計算書のどこに記載されるのかを判断します。または以下のボックス図に、問題の備考欄から状況を記入し判断します。

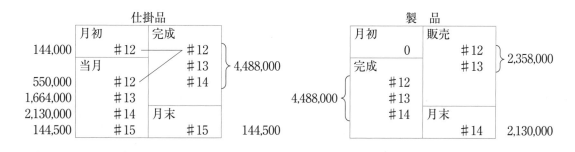

# 第4問−(2) 総合原価計算，部門別計算

解答 ▶ 第1回 単純総合原価計算1 ➡ 問題42ページ

## 問1

総合原価計算表 （単位：円）

|  | 直 接 材 料 費 | 加 工 費 | 合 計 |
|---|---|---|---|
| 月初仕掛品原価 | 203,800 | 170,000 | 373,800 |
| 当月製造費用 | 1,248,000 | 1,950,000 | 3,198,000 |
| 合 計 | 1,451,800 | 2,120,000 | 3,571,800 |
| 差引：月末仕掛品原価 | ( 288,000 ) | ( 234,000 ) | ( 522,000 ) |
| 完成品総合原価 | ( 1,163,800 ) | ( 1,886,000 ) | ( 3,049,800 ) |

## 問2

完 成 品 単 位 原 価 ＝ 　　1,326 円/個

当 月 の 売 上 原 価 ＝ 　3,609,600 円

こに注意

・原価投入額の配分方法は先入先出法を用いる。
・正常仕損費は完成品に負担させる。
・仕損品の処分価額はない。
・製品の倉出単価の計算は先入先出法を用いる。

予想配点 ▨1つにつき2点。
合計16点。

### 解説

　本問は，「原価計算表の作成」と「完成品単位原価と当月の売上原価」が問われています。問題を解くさいに，次の点に注意しましょう。

① 原価投入額を完成品総合原価と月末仕掛品原価に配分する方法 →「**先入先出法**」

② 正常仕損費の負担関係 →「**完成品のみ負担**」

③ 仕損品の処分価額 →「**なし**」

④ 製品の倉出単価の計算 →「**先入先出法**」

## 原価計算表の作成（問１）、完成品単位原価の計算（問２）

当月の生産データおよび原価データを用いて、原価計算表の作成に必要な金額を計算します。また、完成品総合原価を用いて、完成品単位原価を計算します。

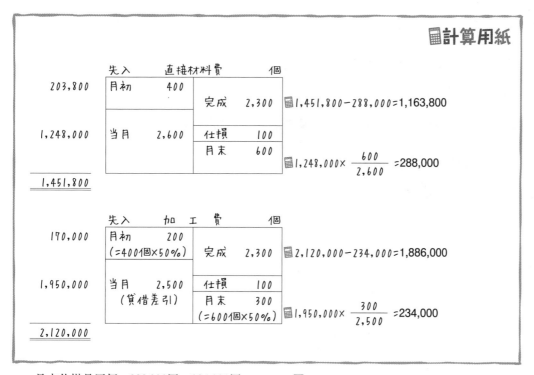

ヨコ解き
解　答

第１問

第２問

第３問

第４問
（1）

第４問
（2）

第５問

月末仕掛品原価：288,000円＋234,000円＝**522,000円**

完成品総合原価：1,163,800円＋1,886,000円＝**3,049,800円**

完成品単位原価：3,049,800円÷2,300個＝**1,326円/個**
　　　　　　　　　　　　　　当月完成品

## 当月の売上原価（問２）

当月の販売実績データ、原価データおよび**問１**の金額を用いて、当月の売上原価を計算します。

当月の売上原価：**3,609,600円**

月末仕掛品のA原料費 ＝ 　56,000　 円

月末仕掛品のB原料費 ＝ 　14,000　 円

月末仕掛品の加工費 ＝ 　42,000　 円

完 成 品 総 合 原 価 ＝ 　881,000　 円

**！ここに注意**

- B原料は工程を通じて平均的に投入しているので、加工費と同様に計算する
- 処分価額は完成品に集計した原価から差し引く

予想配点　　　1つにつき4点。
合計16点。

**解説** ▶

　本問は、月末仕掛品の原料費（A原料費・B原料費）と加工費、完成品総合原価が問われています。製品原価の計算は単純総合原価計算により行っています。

　A原料とB原料の投入方法が異なり、仕損品に処分価額があるので注意しましょう。正常仕損費はすべて完成品に負担させるため、いったん完成品の原価を集計した後に処分価額を差し引いて、完成品総合原価を求めます。処分価額を差し引くことにより、その分だけ製品原価が少なくなります。

**製品原価の計算**

ヨコ解き
解　答

第1問

第2問

第3問

第4問
(1)

第4問
(2)

第5問

A原料費（平均）

| 平均 | | A原料費 | | kg |
|---|---|---|---|---|
| 28,000 | 月初 | 400 | 完成 | 4,000 |
| 322,000 | 当月 | 4,600 | 仕損 | 200 |
| | | | 月末 | 800 |
| 350,000 | | | | |

$350,000 - 56,000 = 294,000$

$350,000 \times \dfrac{800}{4,000 + 200 + 800} = 56,000$

B原料費（平均）

| 平均 | | B原料費 | | kg |
|---|---|---|---|---|
| 6,500 | 月初 | 200（=400個×50%） | 完成 | 4,000 |
| 154,500 | 当月 | 4,400（貸借差引） | 仕損 | 200 |
| | | | 月末 | 400（=800個×50%） |
| 161,000 | | | | |

$161,000 - 14,000 = 147,000$

$161,000 \times \dfrac{400}{4,000 + 200 + 400} = 14,000$

加工費（平均）

| 平均 | | 加工費 | | kg |
|---|---|---|---|---|
| 20,000 | 月初 | 200（=400個×50%） | 完成 | 4,000 |
| 463,000 | 当月 | 4,400（貸借差引） | 仕損 | 200 |
| | | | 月末 | 400（=800個×50%） |
| 483,000 | | | | |

$483,000 - 42,000 = 441,000$

$483,000 \times \dfrac{400}{4,000 + 200 + 400} = 42,000$

| 月末仕掛品 | | 完成品 | |
|---|---|---|---|
| A原料費； | 56,000円 | A原料費； | 294,000円 |
| B原料費； | 14,000円 | B原料費； | 147,000円 |
| 加工費； | 42,000円 | 加工費； | 441,000円 |
| 合計； | 112,000円 | 合計； | 882,000円 |

上記の合計額より、処分価額を差し引いたものが完成品総合原価となります。

完成品総合原価：882,000円 − 1,000円 = **881,000円**

月 末 仕 掛 品 原 価 ＝ | 14,000 | 円

等級製品Aの完成品総合原価 ＝ | 300,000 | 円

等級製品Bの完成品総合原価 ＝ | 225,000 | 円

等級製品Cの完成品総合原価 ＝ | 150,000 | 円

予想配点　　1つにつき4点。合計16点。

**解 説**

　本問は、等級別総合原価計算における月末仕掛品原価および各等級製品の完成品総合原価を計算する問題です。資料の生産データおよび原価データの整理をしっかりと行いましょう。

### 1．月末仕掛品原価および完成品総合原価の計算

　・原価の配分方法 → 先入先出法
　・正 常 仕 損 費 → すべて完成品に負担させる（終点発生、処分価額ゼロ）

　月末仕掛品原価：8,000円＋6,000円＝14,000円
　完成品総合原価：276,000円＋399,000円＝675,000円

## ２．各等級製品の完成品総合原価の計算

完成品総合原価 675,000円を、「等価係数×完成量」の積数の比で各等級製品に按分します。

### （等価係数の算定）

各製品の重量の比率にもとづいて等価係数を算定します。重量が最も小さい製品の等価係数を「１」とすると計算しやすいです。

等級製品Ａ：1

等級製品Ｂ：$\dfrac{600\ \text{g}}{300\ \text{g}} = 2$

等級製品Ｃ：$\dfrac{1{,}200\ \text{g}}{300\ \text{g}} = 4$

### （積数の算定）

| | | |
|---|---|---|
| 等級製品Ａ：1 ×4,000個 ＝ | 4,000 | |
| 等級製品Ｂ：2 ×1,500個 ＝ | 3,000 | |
| 等級製品Ｃ：4 × 500個 ＝ | 2,000 | |
| 計 | 9,000 | |

### （積数を基準とした完成品総合原価の按分）

等級製品Ａの完成品総合原価：$\dfrac{675{,}000円}{9{,}000} \times 4{,}000 = 300{,}000円$

等級製品Ｂの完成品総合原価：$\dfrac{675{,}000円}{9{,}000} \times 3{,}000 = 225{,}000円$

等級製品Ｃの完成品総合原価：$\dfrac{675{,}000円}{9{,}000} \times 2{,}000 = 150{,}000円$

問1

| 1,820 | 円／時間 |
| --- | --- |

問2

組別総合原価計算表 （単位：円）

| | A 製 品 | | B 製 品 | |
| --- | --- | --- | --- | --- |
| | 原 料 費 | 加 工 費 | 原 料 費 | 加 工 費 |
| 月初仕掛品原価 | 74,800 | 25,400 | 199,000 | 87,000 |
| 当月製造費用 | 1,280,000 | （ 819,000 ） | 2,478,000 | （ 1,456,000 ） |
| 合　　計 | （ 1,354,800 ） | （ 844,400 ） | （ 2,677,000 ） | （ 1,543,000 ） |
| 月末仕掛品原価 | （ 128,000 ） | （ 42,000 ） | （ 420,000 ） | （ 104,000 ） |
| 完成品総合原価 | （ 1,226,800 ） | （ 802,400 ） | （ 2,257,000 ） | （ 1,439,000 ） |

こに注意

・先入先出法を用いている
・減損が工程の途中で発生した場合、両者負担となる

予想配点 ▨1つにつき2点。
合計16点。

解説

問1

加工費の予定配賦率：$\underset{\text{加工費予算額}}{32,760,000円} \div \underset{\text{予定直接作業時間}}{18,000時間} = \textbf{1,820円/時間}$

問2

組別総合原価計算表の作成

🖩**計算用紙**

⑴加工費の予定配賦

🖩 A製品への配賦額：@1,820円×450時間=819,000円

🖩 B製品への配賦額：@1,820円×800時間=1,456,000円

## (2)A製品の計算

🖩 1,354,800－128,000＝1,226,800

🖩 $\dfrac{1,280,000}{2,000}×200＝128,000$

🖩 844,400－42,000＝802,400

🖩 $\dfrac{819,000}{1,950}×100＝42,000$

## (3)B製品の計算

　減損は工程の途中で発生したので、両者負担となります。そのため、減損の数量を除いたボックス図を作成します。

🖩 2,677,000－420,000＝2,257,000

🖩 $\dfrac{2,478,000}{2,950}×500＝420,000$

🖩 1,543,000－104,000＝1,439,000

🖩 $\dfrac{1,456,000}{2,800}×200＝104,000$

ヨコ解き
解　答

第1問

第2問

第3問

第4問
(1)

第4問
(2)

第5問

| 第１工程完成品総合原価 ＝ | 2,584,000 | 円 |
| 第２工程月末仕掛品の前工程費 ＝ | 340,000 | 円 |
| 第２工程月末仕掛品の加工費 ＝ | 128,000 | 円 |
| 第２工程完成品総合原価 ＝ | 4,644,000 | 円 |

ここに注意

- 第1工程は平均法、第2工程は先入先出法を用いる。
- 仕損が工程の途中で発生した場合、完成品と月末仕掛品の両者に負担させる。
- 度外視法は、仕損品の原価を計算しないで、良品（完成品および月末仕掛品）に仕損費を負担させる。

予想配点　□ 1つにつき4点。合計16点。

解説

　工程別総合原価計算の問題です。正常仕損の発生点によって、正常仕損費の負担関係が異なるので、注意しましょう。仕損品に処分価額がある場合、原価から処分価額を控除します。

📱計算用紙

第1工程の計算

| 平均 | 原料費 | 個 |

| 43,000 | 月初　400 | 完成　7,600 |
| 900,000 | 当月　7,800（貸借差引） | 仕損　200 |
| | | 月末　600 |
| 943,000 | | |

📱 943,000－69,000＝874,000

📱 $943,000 \times \dfrac{600}{7,600+600} = 69,000$

| 平均 | 加工費 | 個 |

| 87,500 | 月初　200（＝400個×50％） | 完成　7,600 |
| 1,690,000 | 当月　7,700（貸借差引） | 仕損　？ |
| | | 月末　300（＝600個×50％） |
| 1,777,500 | | |

📱 1,777,500－67,500＝1,710,000

📱 $1,777,500 \times \dfrac{300}{7,600+300} = 67,500$

📱　第１工程完成品原価：874,000円＋1,710,000円＝2,584,000円

第2工程の計算

■ 第2工程月末仕掛品の前工程費：340,000円

第2工程月末仕掛品の加工費：128,000円

第2工程完成品総合原価：2,452,200円＋2,296,800円－105,000円＊＝4,644,000円

＊ 仕損品の処分価額は原価から控除します。

ヨコ解き
解　答

第1問

第2問

第3問

第4問
(1)

第4問
(2)

第5問

**問1**

補 助 部 門 費 配 賦 表

（単位：円）

| 費　　目 | 合　　計 | 製　造　部　門 | | 補　　助　　部　　門 | | |
| --- | --- | --- | --- | --- | --- | --- |
| | | 切削部 | 組立部 | 修繕部 | 動力部 | 工場事務部 |
| 部　門　費 | 2,200,000 | 300,000 | 120,000 | 350,000 | 630,000 | 800,000 |
| 工場事務部費 | 800,000 | 200,000 | 600,000 | | | |
| 動　力　部　費 | 630,000 | 420,000 | 210,000 | | | |
| 修　繕　部　費 | 350,000 | 200,000 | 150,000 | | | |
| 製　造　部　門　費 | 2,200,000 | 1,120,000 | 1,080,000 | | | |

**問2**

製造指図書♯101への配賦額 　1,416,000　円

製造指図書♯102への配賦額 　784,000　円

ここに注意

・直接配賦法による場合、補助部門費は製造部門にのみ配賦する
・実際配賦を行っているので、配賦差異は生じない

予想配点 □1つにつき4点。
合計16点。

---

**解説**

本問は、直接配賦法による補助部門費配賦表を完成し、各製品への配賦額を計算する問題です。

**問1**

直接配賦法によるため、補助部門費は製造部門（切削部・組立部）にのみ配賦します。配賦基準の選択を間違えないように注意しましょう。

配賦基準

工場事務部：従業員数　　　動力部：動力消費量　　　修繕部：修繕回数

**問2**

補助部門費配賦表で集計した切削部および組立部の製造部門費を、各作業時間を配賦基準として、実際配賦することになります。なお、製造間接費の製品別配賦は実際配賦を行うので、配賦差異は生じません。

## 計算用紙

補助部門費の配賦計算

工場事務部

切削部；$800,000$円$\times \dfrac{10人}{10人+30人} \fallingdotseq 200,000$円

組立部；$800,000$円$\times \dfrac{30人}{10人+30人} \fallingdotseq 600,000$円

動力部

切削部；$630,000$円$\times \dfrac{600kwh}{600kwh+300kwh} \fallingdotseq 420,000$円

組立部；$630,000$円$\times \dfrac{300kwh}{600kwh+300kwh} \fallingdotseq 210,000$円

修繕部

切削部；$350,000$円$\times \dfrac{20回}{20回+15回} \fallingdotseq 200,000$円

組立部；$350,000$円$\times \dfrac{15回}{20回+15回} \fallingdotseq 150,000$円

製造部門費の集計

切削部

最終計；$300,000$円$+200,000$円$+420,000$円$+200,000$円$=1,120,000$円

実際配賦率；$1,120,000$円$\div 2,000$時間$=@560$円

組立部

最終計；$120,000$円$+600,000$円$+210,000$円$+150,000$円$=1,080,000$円

実際配賦率；$1,080,000$円$\div 7,500$時間$=@144$円

製造間接費の各製品への配賦額

#101；$@560$円$\times 1,500$時間$+@144$円$\times 4,000$時間$=1,416,000$円

#102；$@560$円$\times 500$時間$+@144$円$\times 3,500$時間$=784,000$円

ヨコ解き
解　答

第1問

第2問

第3問

第4問
(1)

第4問
(2)

第5問

問1

月次予算部門別配賦表

（単位：円）

| 費　目 | 合　計 | 製　造　部　門 | | 補　助　部　門 | | |
| --- | --- | --- | --- | --- | --- | --- |
| | | 組立部門 | 切削部門 | 修繕部門 | 工場事務部門 | 材料倉庫部門 |
| 部　門　費 | 2,160,000 | 655,000 | 610,000 | 225,000 | 220,000 | 450,000 |
| 修繕部門費 | 225,000 | 135,000 | 90,000 | | | |
| 工場事務部門費 | 220,000 | 110,000 | 110,000 | | | |
| 材料倉庫部門費 | 450,000 | 300,000 | 150,000 | | | |
| 製造部門費 | 2,160,000 | 1,200,000 | 960,000 | | | |

問2

| 借　方　科　目 | 金　　額 | 貸　方　科　目 | 金　　額 |
| --- | --- | --- | --- |
| 製造間接費配賦差異 | 53,750 | 組　立　部　門　費 | 39,000 |
| | | 切　削　部　門　費 | 14,750 |

**！ここに注意**

・「予定配賦額－実際配賦額」が
　プ ラ スのときは有利差異
　マイナスのときは不利差異

**予想配点**
問1　▢　1つにつき2点。
問2　仕訳1組につき4点。
合計 16点。

**解説**

　月次予算部門別配賦表は、製造部門の予定配賦率を計算するために必要なものです。また、予定配賦額と実際配賦額を計算するさい、間違った数値を使用しないように注意しましょう。

**▣計算用紙**

補助部門費の配賦計算

**修繕部門費**

組立部門：$225,000円 \times \dfrac{75時間}{75時間 + 50時間} = 135,000円$

切削部門：$225,000円 \times \dfrac{50時間}{75時間 + 50時間} = 90,000円$

**工場事務部門費**

組立部門：$220,000円 \times \dfrac{50人}{50人 + 50人} = 110,000円$

切削部門：$220,000円 \times \dfrac{50人}{50人 + 50人} = 110,000円$

材料倉庫部門費

組立部門：$450,000円 \times \dfrac{120回}{120回 + 60回} = 300,000円$

切削部門：$450,000円 \times \dfrac{60回}{120回 + 60回} = 150,000円$

ヨコ解き
解　答

第1問

第2問

第3問

第4問
(1)

第4問
(2)

第5問

### ▦計算用紙

製造部門費の集計および配賦差異の計算

**組立部門**

最　終　計：$655,000円 + 135,000円 + 110,000円 + 300,000円 = 1,200,000円$

予定配賦率：$1,200,000円 \div 8,000時間 = @150円$

予定配賦額：$@150円 \times 7,800時間 = 1,170,000円$

配　賦　差　異：$1,170,000円 - 1,209,000円 = \triangle 39,000円$ （不利差異）

**切削部門**

最　終　計：$610,000円 + 90,000円 + 110,000円 + 150,000円 = 960,000円$

予定配賦率：$960,000円 \div 6,000時間 = @160円$

予定配賦額：$@160円 \times 5,900時間 = 944,000円$

配　賦　差　異：$944,000円 - 958,750円 = \triangle 14,750円$ （不利差異）

**組立部門費勘定から製造間接費配賦差異勘定への振替え**

| （製造間接費配賦差異） | 39,000 | （組立部門費） | 39,000 |
|---|---|---|---|

**切削部門費勘定から製造間接費配賦差異勘定への振替え**

| （製造間接費配賦差異） | 14,750 | （切削部門費） | 14,750 |
|---|---|---|---|

問1

(単位：円)

| 借 方 科 目 | 金 額 | 貸 方 科 目 | 金 額 |
|---|---|---|---|
| 仕 掛 品 | 1,241,000 | 甲 製 造 部 門 費 | 731,000 |
| | | 乙 製 造 部 門 費 | 510,000 |

問2

甲製造部門費 　729,000　 円

乙製造部門費 　521,000　 円

問3

製造部門費配賦差異

| （乙製造部門費）（ 11,000 ） | （甲製造部門費）（ 2,000 ） |
|---|---|

予想配点
問1　4点。
問2　両方正解で4点。
問3　■■■　1つにつき4点。
合計16点。

解説

　本問は、製造間接費の予定配賦を行っている場合の部門別計算の仕訳と勘定記入を問う問題です。

**1．勘定連絡**（①〜④の番号は解答の仕訳の番号に対応しています）

## 2. 仕 訳

### ①製造部門費の予定配賦

甲製造部　@170円×4,300時間＝731,000円

乙製造部　@150円×3,400時間＝510,000円

予定配賦額を仕掛品勘定に振り替えます。

| （仕　掛　品） | 1,241,000 | （甲 製 造 部 門 費） | 731,000 |
|---|---|---|---|
| | | （乙 製 造 部 門 費） | 510,000 |

### ②部門費の集計

実際発生額を各部門へ配賦します。

| （甲 製 造 部 門 費） | 600,000 | （材　　　料） | 500,000 |
|---|---|---|---|
| （乙 製 造 部 門 費） | 440,000 | （賃　　　金） | 310,000 |
| （動 力 部 門 費） | 120,000 | （経　　　費） | 440,000 |
| （修 繕 部 門 費） | 90,000 | | |

### ③補助部門費の各製造部門への配賦

動力部門費　120,000円×55％＝66,000円（甲製造部）

　　　　　　120,000円×45％＝54,000円（乙製造部）

修繕部門費　90,000円×70％＝63,000円（甲製造部）

　　　　　　90,000円×30％＝27,000円（乙製造部）

| （甲 製 造 部 門 費） | 129,000 | （動 力 部 門 費） | 120,000 |
|---|---|---|---|
| （乙 製 造 部 門 費） | 81,000 | （修 繕 部 門 費） | 90,000 |

甲製造部門費：600,000円＋66,000円＋63,000円＝729,000円

乙製造部門費：440,000円＋54,000円＋27,000円＝521,000円

### ④製造部門費配賦差異

甲製造部門費　731,000円－（600,000円＋129,000円）＝＋2,000円（有利差異）
　　　　　　　予定配賦額　　　　　実際発生額

乙製造部門費　510,000円－（440,000円＋81,000円）＝△11,000円（不利差異）

| （甲 製 造 部 門 費） | 2,000 | （製造部門費配賦差異） | 2,000 |
|---|---|---|---|
| （製造部門費配賦差異） | 11,000 | （乙 製 造 部 門 費） | 11,000 |

ヨコ解き
解 答

第1問

第2問

第3問

第4問
(1)

第4問
(2)

第5問

# 第5問 標準原価計算、CVP分析等

➡ 問題50ページ

解答 ▶ 第1回 標準原価計算1

### 仕 掛 品

| | | | |
|---|---|---|---|
| 月 初 有 高 （ 270,000 ） | 完 成 高 （ 1,200,000 ） |
| 直 接 材 料 費 （ 908,500 ） | 月 末 有 高 （ 245,000 ） |
| 加 工 費 （ 297,000 ） | 標 準 原 価 差 異 （ 30,500 ） |
| （ 1,475,500 ） | （ 1,475,500 ） |

### 月 次 損 益 計 算 書（一部） （単位：円）

| | | |
|---|---|---|
| Ⅰ 売 上 高 | | （ 3,720,000 ） |
| Ⅱ 売 上 原 価 | | |
| 　月 初 製 品 棚 卸 高 | （ 120,000 ） | |
| 　当 月 製 品 製 造 原 価 | （ 1,200,000 ） | |
| 　　合 計 | （ 1,320,000 ） | |
| 　月 末 製 品 棚 卸 高 | （ 80,000 ） | |
| 　　差 引 | （ 1,240,000 ） | |
| 　標 準 原 価 差 異 | （ 30,500 ） | （ 1,270,500 ） |
| 　　売 上 総 利 益 | | （ 2,449,500 ） |
| Ⅲ 販売費および一般管理費 | | 1,879,500 |
| 　　営 業 利 益 | | （ 570,000 ） |

予想配点 □ 1つにつき2点。
合計12点。

### ！ ここに注意

- パーシャル・プランを採用しているので、仕掛品勘定で原価差異を把握する。
- 不利差異（借方差異）の場合、月次損益計算書において、売上原価に加算する。

### 解説

「仕掛品勘定への記入」および「月次損益計算書の作成」が問われています。パーシャル・プランの標準原価計算を採用しているので、仕掛品勘定の「直接材料費」および「加工費」の金額は実際原価を記入することになるので注意しましょう。

なお、パーシャル・プランなので、仕掛品勘定で標準原価差異を把握することになり、貸借差額で求めることができます。

### 仕 掛 品

| | |
|---|---|
| 月初有高<br>　　標準原価 | 完成高<br>　　標準原価 |
| 直接材料費<br>　　実際原価 | 月末有高<br>　　標準原価 |
| 加工費<br>　　実際原価 | 標準原価差異<br>　　貸借差額 |

ヨコ解き
解 答

第1問

第2問

第3問

第4問
(1)

第4問
(2)

第5問

## 仕掛品勘定

月 初 有 高：225,000円 + 45,000円 = **270,000円**
直 接 材 料 費：**908,500円**
加 工 費：**297,000円**
完 成 高：900,000円 + 300,000円 = **1,200,000円**
月 末 有 高：210,000円 + 35,000円 = **245,000円**
標準原価差異：23,500円 + 7,000円 = **30,500円**

## 月次損益計算書

売上高：@1,200円 × 3,100個 = **3,720,000円**
売上原価
　月初製品棚卸高：**120,000円**
　当月製品製造原価：**1,200,000円**
　月末製品棚卸高：**80,000円**
　標準原価差異：**30,500円**

| 材 | 料 | | |
|---|---|---|---|
| 買　掛　金（　210,000） | 仕　掛　品（　175,000） | | |
| | 価　格　差　異（　13,000） | | |
| | 数　量　差　異（　7,000） | | |
| | 月　末　有　高（　15,000） | | |
| （　210,000） | （　210,000） | | |

| 仕 | 掛 | 品 | |
|---|---|---|---|
| 月 初 有 高　40,000 | 製　　品（　312,000） | | |
| 材　　料（　175,000） | 月 末 有 高（　47,000） | | |
| 加　工　費（　144,000） | | | |
| （　359,000） | （　359,000） | | |

| 買 | 掛 | 金 |
|---|---|---|
| | 材　　料（　210,000） | |

| 価 | 格 | 差 | 異 |
|---|---|---|---|
| 材　　料（　13,000） | | | |

| 数 | 量 | 差 | 異 |
|---|---|---|---|
| 材　　料（　7,000） | | | |

**！ここに注意**

・勘定記入の方法はシングル・プランによる。
・加工費の計算には、完成品換算量を用いる。
・原価差異は、材料勘定で把握する。

**解説**

　本問は、「勘定記入」が問われています。標準原価計算制度を採用し、勘定記入の方法はシングル・プランによるため、仕掛品勘定への記入は**すべて標準原価**となる点に注意しましょう。原価差異は、材料勘定で把握することになります。

### 仕掛品勘定への記入（シングル・プラン）

　標準原価カードおよび生産実績より、仕掛品勘定に記入する金額（原料費＋加工費）を求めます。

■計算用紙

仕掛品（原料費）　　　個
@140円× 200個= 28,000円　月初　200
　　　　　　　　　　　　　　　　　　完成　1,200　@140円×1,200個=168,000円
@140円×1,250個=175,000円　当月　1,250　月末　250　@140円× 250個= 35,000円

仕掛品（加工費）　　　個
@120円× 100個= 12,000円　月初　100
　　　　　　　　　　　　　　（=200個×50%）完成　1,200　@120円×1,200個=144,000円
@120円×1,200個=144,000円　当月　1,200　月末　100　@120円× 100個= 12,000円
　　　　　　　　　　　　　　（貸借差引）　（=250個×40%）

## 材料勘定への記入および差異分析

　月初在庫はないので、[資料](1)の購入単価が実際の消費単価(@75円)となります。なお、2,800 g購入し、実際消費量は2,600 g、月末在庫は200 gなので、棚卸減耗はありません。

　仕掛品勘定への振替額は、標準消費額(標準原価)となります。なお、月末有高の計算には、実際の購入単価を用いることに注意しましょう。

実際消費額：@75円×2,600 g＝195,000円

標準消費額：@70円×2,500 g＝175,000円

価格差異：(@70円−@75円)×2,600 g＝△13,000円(借方差異)←価格差異勘定にも記入

数量差異：@70円×(2,500 g−2,600 g)＝△7,000円(借方差異)←数量差異勘定にも記入

月末有高：@75円×200 g＝15,000円

ヨコ解き
解　答

第1問

第2問

第3問

第4問
(1)

第4問
(2)

第5問

問1　　　　　2,146,000　円

問2　　　　　99,600　円（ 借方差異 ・ 貸方差異 ）
　　　　いずれかを○で囲むこと

問3　　　　　11,000　円（ 借方差異 ・ 貸方差異 ）
　　　　いずれかを○で囲むこと

問4　　　　　4,000　円（ 借方差異 ・ 貸方差異 ）
　　　　いずれかを○で囲むこと

こに注意

・月間と年間の資料が混在しているので注意する
・不利差異の場合は「借方差異」、有利差異の場合は「貸方差異」
　となる

予想配点　■ 1つにつき3点。
合計12点。

## 解説

　本問は、直接労務費、製造間接費ごとの差異分析が問われています。なお、パーシャル・プランでは、仕掛品勘定において差異が生じます。また、月初および月末に仕掛品は存在しなかったとあるので、当月生産の370個がすべて完成しています。

## 1．完成品標準原価および原価差異の総額の計算

計算用紙

仕掛品
| 当月 2,245,600 （実際原価） | 完成 2,146,000 *1 （標準原価） |

製品
| 完成 2,146,000 （標準原価） |

実際製造費用
直材　1,230,000
直労　425,600
製間　590,000
　　　2,245,600

原価差異 99,600 *2

原価差異
仕掛品 99,600

　*1　@5,800円×370個＝2,146,000円
　*2　2,146,000円－2,245,600円＝△99,600円（借方差異）

問1　当月の完成品標準原価：2,146,000円
問2　当月の原価差異の総額：△99,600円（借方差異）

## ２．直接労務費の差異分析

計算用紙に下記のような図を描いて資料を整理すると計算しやすくなります。

* 1　標準作業時間：370個×0.5時間/個＝185時間
* 2　実際賃率：425,600円÷190時間＝@2,240円

**問3**　作業時間差異：@2,200円×（185時間－190時間）＝△11,000円（借方差異）

## ３．製造間接費の差異分析

　計算用紙に下記のような図を描いて資料を整理すると計算しやすくなります。なお、製造間接費は直接作業時間を配賦基準としています。

* 1　変動製造間接費予算（月間）：3,360,000円÷12カ月＝280,000円
* 2　固定製造間接費予算（月間）：3,840,000円÷12カ月＝320,000円
* 3　基準操業度（月間）：2,400時間÷12カ月＝200時間
* 4　変動費率：280,000円÷200時間＝@1,400円
* 5　固定費率：320,000円÷200時間＝@1,600円
* 6　標準直接作業時間：370個×0.5時間＝185時間

**問4**　製造間接費予算差異：（@1,400円×190時間＋320,000円）－590,000円
　　　　　　＝△4,000円（借方差異）

ヨコ解き
解 答

第1問

第2問

第3問

第4問
(1)

第4問
(2)

第5問

(1)　価 格 差 異　[ 86,000 ]　円（ (有利) ・　不利　）

　　　　　　　　　　　※（　）内の「有利」または「不利」を○で囲むこと。以下同じ。

　　　数 量 差 異　[ 52,000 ]　円（　有利　・ (不利) ）

(2)　予 算 差 異　[ 800 ]　円（　有利　・ (不利) ）

　　　能 率 差 異　[ 30,000 ]　円（　有利　・ (不利) ）

　　　操 業 度 差 異　[ 8,800 ]　円（ (有利) ・　不利　）

(3)　予 算 差 異　[ 800 ]　円（　有利　・ (不利) ）

　　　能 率 差 異　[ 8,000 ]　円（　有利　・ (不利) ）

　　　操 業 度 差 異　[ 13,200 ]　円（　有利　・ (不利) ）

**ここに注意**

・(2)の能率差異は、変動費能率差異と固定費能率差異の合計となる。
・(3)の能率差異は、変動費能率差異のみとなり、固定費能率差異は操業度差異に含める。

予想配点　1つにつき2点。合計12点。

**解 説**

📱**計算用紙**

| 仕掛品（原料費） | | | 個 |
|---|---|---|---|
| 月初 | 300 | 完成 | 1,490 |
| 当月 | 1,390 | 月末 | 200 |

| 仕掛品（加工費） | | | 個 |
|---|---|---|---|
| 月初 150<br>(=300個×50%) | | 完成 | 1,490 |
| 当月 1,500<br>（貸借差引） | | 月末 160<br>(=200個×80%) | |

原料費差異の分析

実際原価：1,634,000円

実際@7.6円 *2

標準@8円

| | 価格差異<br>86,000円 | |
|---|---|---|
| 標準原価<br>1,668,000円 | 数量差異<br>△52,000円 | |

標準　　　　　実際
208,500g *1　　215,000g

＊1 標準消費量：
　150g／個×1,390個＝208,500g
＊2 実際単価：
　1,634,000円÷215,000g＝@7.6円

価格差異：（@8円 − @7.6円）×215,000 g ＝ **86,000円（有利差異）**

数量差異：@8円×（208,500 g − 215,000 g）＝ **△52,000円（不利差異）**

### 加工費差異の分析

＊1　固定費率：@1,500円 − @400円 ＝ @1,100円

＊2　標準直接作業時間：0.6時間／個×1,500個＝900時間

予 算 差 異：@400円×920時間 ＋ 1,003,200円 − 1,372,000円 ＝ **△800円（不利差異）**

能 率 差 異：△8,000円 ＋ △22,000円 ＝ **△30,000円（不利差異）**

　変動費能率差異：@　400円×（900時間 − 920時間）＝△ 8,000円（不利差異）

　固定費能率差異：@1,100円×（900時間 − 920時間）＝△22,000円（不利差異）

操業度差異：@1,100円×（920時間 − 912時間）＝ **8,800円（有利差異）**

### 能率差異を変動費のみから計算する場合

　固定費は能率の良否に関係なく発生し、能率の向上により削減できるのは変動費であることから、能率差異を変動費のみから計算することがあります。その場合、固定費能率差異に相当する部分は操業度差異に含めて計算します。

予 算 差 異：@400円×920時間 ＋ 1,003,200円 − 1,372,000円 ＝ **△800円（不利差異）**

能 率 差 異：@400円×（900時間 − 920時間）＝ **△8,000円（不利差異）**

操業度差異：@1,100円×（900時間 − 912時間）＝ **△13,200円（不利差異）**

ヨコ解き 解 答

第1問

第2問

第3問

第4問 (1)

第4問 (2)

第5問

| 問1 | 37 | % |
|---|---|---|
| 問2 | 6,000,000 | 円 |
| 問3 | 8,000,000 | 円 |
| 問4　貢献利益 | 4,725,000 | 円 |

問4　貢献利益　4,725,000 円　　　営業利益　945,000 円

| 問5 | 3 | % |
|---|---|---|

予想配点　░░░ 1つにつき2点。合計12点。

## 解説

### 1．変動費率の計算

変動費：食材費＋アルバイト給料＋その他
　　　＝1,610,000円＋840,000円＋140,000円＝2,590,000円

売上高：7,000,000円

変動費率：$\dfrac{変動費}{売上高}=\dfrac{2,590,000円}{7,000,000円}=0.37$（37%）

損益計算書

| 売上高 | 7,000,000 |
|---|---|
| 変動費 | 2,590,000 |
| 貢献利益 | 4,410,000 |
| 固定費 | 3,780,000 |
| 営業利益 | 630,000 |

### 2．損益分岐点売上高

損益分岐点の売上高をSとおいて、次のように計算します。なお、この場合は、「貢献利益−固定費＝0」という関係が成り立ちます。

損益計算書

| 売上高 | S |
|---|---|
| 変動費 | 0.37S |
| 貢献利益 | 0.63S |
| 固定費 | 3,780,000 |
| 営業利益 | 0 |

$0.63S-3,780,000=0$
$0.63S=3,780,000$
$S=3,780,000\div0.63$
$S=6,000,000$

## 3．目標営業利益1,260,000円を達成するために必要な売上高

目標営業利益1,260,000円を達成するために必要な売上高をＳとおいて、次のように計算します。

なお、この場合は、「貢献利益－固定費＝1,260,000円」という関係が成り立ちます。

ヨコ解き
解 答

第1問

第2問

第3問

第4問
(1)

第4問
(2)

第5問

**計算用紙**

損益計算書

| | |
|---|---|
| 売 上 高 | S |
| 変 動 費 | 0.37S |
| 貢献利益 | 0.63S |
| 固 定 費 | 3,780,000 |
| 営業利益 | 1,260,000 |

$0.63S - 3,780,000 = 1,260,000$

$0.63S = 5,040,000$

$S = 5,040,000 \div 0.63$

$S = 8,000,000$

## 4．11月の利益計画における貢献利益と営業利益

売上高の63％が貢献利益となります。

貢献利益：7,500,000円×0.63＝**4,725,000円**

貢献利益から固定費を差し引いた金額が、営業利益となります。

営業利益：4,725,000円－3,780,000円＝**945,000円**

損益計算書

| | |
|---|---|
| 売 上 高 | 7,500,000 |
| 変 動 費 | 2,775,000 |
| 貢 献 利 益 | 4,725,000 |
| 固 定 費 | 3,780,000 |
| 営 業 利 益 | 945,000 |

## 5．売上高に対する水道光熱費の変動費率

最高点（８月）と最低点（６月）のデータを用いて、変動費率を計算します。

$$売上高に対する水道光熱費の変動費率 = \frac{最高点の水道光熱費 - 最低点の水道光熱費}{最高点の売上高 - 最低点の売上高}$$

$$= \frac{1,054,000円 - 1,018,000円}{7,800,000円 - 6,600,000円}$$

$$= 0.03（3\%）$$

| | 最低点 | 最高点 |
|---|---|---|
| | 6 月 | 8 月 |
| 売 上 高 | 6,600,000 円 | 7,800,000 円 |
| 水 道 光 熱 費 | 1,018,000 円 | 1,054,000 円 |

売上高１円の増加に対して、変動費は0.03円増加していることになります。

## 参考　固定費

６月を例にとると、変動費と固定費は次のようになります。

変動費：6,600,000円×0.03＝198,000円

固定費：1,018,000円－198,000円＝820,000円

| 問1 | 9,000 | 万円 |
|---|---|---|
| 問2 | 11,000 | 万円 |
| 問3 | 10 | % |
| 問4 | 400 | 万円 |

予想配点　各3点。
合計12点。

解説 ▶

## 1．損益分岐点の売上高

　直接原価計算方式の損益計算書から平均変動費率を計算し、損益分岐点の売上高をS（Salesの略）とおいて、次のように計算します。なお、損益分岐点においては、「貢献利益－固定費＝0」という関係が成り立ちます。

📱**計算用紙**

$$平均変動費率：\frac{変動売上原価＋変動販売費}{売上高}＝\frac{5,600＋400}{10,000}＝0.6$$

年間固定費：製造固定費＋固定販売費および一般管理費＝2,000＋1,600＝3,600

| 損益計算書 | |
|---|---|
| 売上高 | S |
| 変動費 | 0.6S |
| 貢献利益 | 0.4S |
| 固定費 | 3,600 |
| 営業利益 | 0 |

$0.4S－3,600＝0$

$0.4S＝3,600$

$S＝3,600÷0.4$

$S＝9,000$

## 2．800万円の営業利益を達成する売上高

　800万円の営業利益を達成する売上高をSとおいて、次のように計算します。なお、この場合は、「貢献利益－固定費＝営業利益」という関係が成り立ちます。

📱**計算用紙**

| 損益計算書 | |
|---|---|
| 売上高 | S |
| 変動費 | 0.6S |
| 貢献利益 | 0.4S |
| 固定費 | 3,600 |
| 営業利益 | 800 |

$0.4S－3,600＝800$

$0.4S＝800＋3,600$

$0.4S＝4,400$

$S＝4,400÷0.4$

$S＝11,000$

### 3．安全余裕率

　安全余裕率とは、現在の売上高が損益分岐点売上高をどれくらい上回っているかを表す比率であり、高いほど安全ということができます。裏返すと現在の売上高から安全余裕率を超えて下回ると赤字になります。

$$安全余裕率：\frac{現在の売上高－損益分岐点売上高}{現在の売上高}\times100$$

$$=\frac{10,000万円－9,000万円}{10,000万円}\times100=10（\%）$$

　以下の図を書くと、安全余裕率と損益分岐点比率がイメージできます。

**安全余裕率**

**損益分岐点比率**

ヨコ解き
解　答

第1問

第2問

第3問

第4問
(1)

第4問
(2)

第5問

### 4．売上高が1,000万円増加するときの営業利益の増加額

　売上高を11,000万円（＝10,000万円＋1,000万円）としたときの営業利益を求め、現在の営業利益と比較し、増加額を計算します。

　固定費は売上高の増減に係わらず一定となるので、貢献利益の増加分だけ営業利益も増加すると考えることもできます。

　1,000万円（売上の増加額）×0.4（貢献利益率）＝400万円（営業利益の増加額）

| ア | 売上総 | ・ | 貢献 | ・ | 経常 |
|---|---|---|---|---|---|
| ① | 760,000 | | | | |
| ② | 950,000 | | | | |
| イ | 比例して | ・ | 反比例して | ・ | 関係なく |
| ③ | 114,000 | | | | |
| ④ | 1,700,000 | | | | |
| ⑤ | 114,000 | | | | |
| ⑥ | 198,000 | | | | |

予想配点　░░ 1つにつき1点。　□ 1つにつき3点。　合計12点。

解説 ▶

　直接原価計算を前提に、営業利益の計算や損益分岐点分析、全部原価計算との比較に関する問題です。直接原価計算の損益計算書を計算用紙に書いて解くようにしましょう。

## 1．直接原価計算の損益計算書

　全部原価計算では、変動費と固定費を合わせて売上原価を計算するのに対し、直接原価計算では、変動費のみで売上原価を計算し、固定費は全額その期間の費用として処理します。

　そして、直接原価計算では、売上高から変動売上原価と変動販売費を引いて、**貢献利益**を計算し、さらに固定費を引いて営業利益を計算します。

```
        損益計算書
売 上 高        ×××
変 動 費        ×××
貢 献 利 益      ×××
固 定 費        ×××
営 業 利 益      ×××
```

※　本問では、貢献利益と営業利益を中心に問われているため、売上高から変動売上原価を引いて計算される変動製造マージンの説明は割愛しています。

## 2．貢献利益、営業利益の計算
### (1)　生産・販売量4,000kgの場合

売　上　高：500円/kg×4,000kg＝2,000,000円

変　動　費：(200円/kg＋70円/kg＋40円/kg)×4,000kg＝1,240,000円
　　　　　　　直接材料費　変動加工費　変動販売費

貢　献　利　益：2,000,000円－1,240,000円＝760,000円

固　定　費：420,000円＋226,000円＝646,000円
　　　　　　固定加工費　固定販売費及び一般管理費

営　業　利　益：760,000円－646,000円＝114,000円

(2) 生産・販売量5,000kgの場合

売　上　高：500円/kg×5,000kg＝2,500,000円

変　動　費：（200円/kg＋70円/kg＋40円/kg）×5,000kg＝1,550,000円
　　　　　　　直接材料費　　変動加工費　　変動販売費

貢　献　利　益：2,500,000円－1,550,000円＝950,000円

固　定　費：646,000円

営　業　利　益：950,000円－646,000円＝304,000円

ヨコ解き
解　答

第1問

第2問

第3問

第4問
（1）

第4問
（2）

第5問

**■計算用紙**

生産・販売量4,000kgの場合

| 損益計算書 | |
| --- | --- |
| 売　上　高 | 2,000,000 |
| 変　動　費 | 1,240,000 |
| 貢　献　利　益 | 760,000 |
| 固　定　費 | 646,000 |
| 営　業　利　益 | 114,000 |

生産・販売量5,000kgの場合

| 損益計算書 | |
| --- | --- |
| 売　上　高 | 2,500,000 |
| 変　動　費 | 1,550,000 |
| 貢　献　利　益 | 950,000 |
| 固　定　費 | 646,000 |
| 営　業　利　益 | 304,000 |

　貢献利益は、売上高から単位当たりの変動費に販売量を掛けた金額を引いて計算します。そのため、貢献利益は売上高に**比例**して変化します。

## 3．損益分岐点売上高

　損益分岐点の売上高をＳとおいて、次のように計算します。なお、この場合は、「貢献利益－固定費＝0」という関係が成り立ちます。

$$変動費率：\frac{変動費}{売上高} = \frac{1,240,000万円}{2,000,000万円} = 0.62（62\%）$$

$$または \quad \frac{@200円 + @70円 + @40円}{@500円} = 0.62（62\%）$$

**■計算用紙**

| 損益計算書 | |
| --- | --- |
| 売　上　高 | S |
| 変　動　費 | 0.62S |
| 貢　献　利　益 | 0.38S |
| 固　定　費 | 646,000 |
| 営　業　利　益 | 0 |

0.38S－646,000 ＝ 0
0.38S ＝ 646,000
S ＝ 646,000÷0.38
**S ＝ 1,700,000**

## 4．全部原価計算と直接原価計算による営業利益 （月末・月初の仕掛品はなしと仮定）

### ⑴　生産量と販売量が一致する場合 （生産量・販売量：4,000kg）

#### ①直接原価計算

売　上　高：2,000,000円

変　動　費：$(200円/kg ＋ 70円/kg ＋ 40円/kg) × 4,000kg ＝ 1,240,000円$
　　　　　　　　直接材料費　　変動加工費　変動販売費

貢　献　利　益：2,000,000円 － 1,240,000円 ＝ 760,000円

固　　定　　費：420,000円 ＋ 226,000円 ＝ 646,000円
　　　　　　　　固定加工費　固定販売費及び一般管理費

営　業　利　益：114,000円

#### ②全部原価計算

売　上　原　価：$(200円/kg ＋ 70円/kg) × 4,000kg ＋ 420,000円 × \dfrac{4,000kg}{4,000kg} ＝ 1,500,000円$
　　　　　　　　　直接材料費　　変動加工費　　　　固定加工費

販売費及び一般管理費：$40円/kg × 4,000kg ＋ 226,000円 ＝ 386,000円$
　　　　　　　　　　　　変動販売費　　　固定販売費

営　業　利　益：2,000,000円 － 1,500,000円 － 386,000円 ＝ 114,000円

計算用紙

| 直接原価計算 | 全部原価計算 |
|---|---|
| 損益計算書 | 損益計算書 |

| | | | | |
|---|---|---|---|---|
| 売　上　高 | 2,000,000 | 売　上　高 | 2,000,000 |
| 変　動　費 | 1,240,000 | 売　上　原　価 | 1,500,000 |
| 貢献利益 | 760,000 | 売上総利益 | 500,000 |
| 固　定　費 | 646,000 | 販　管　費 | 386,000 |
| 営　業　利　益 | 114,000 | 営　業　利　益 | 114,000 |

　生産量と販売量が一致する場合、固定製造原価の発生額420,000円が全額売上原価となるため、営業利益は一致します。

### ⑵　生産量と販売量が一致しない場合 （生産量5,000kg・販売量：4,000kg）

#### ①直接原価計算

売　上　高：2,000,000円

変　動　費：$(200円/kg ＋ 70円/kg ＋ 40円/kg) × 4,000kg ＝ 1,240,000円$
　　　　　　　　直接材料費　　変動加工費　変動販売費

貢　献　利　益：760,000円

固　　定　　費：420,000円 ＋ 226,000円 ＝ 646,000円
　　　　　　　　固定加工費　固定販売費及び一般管理費

営　業　利　益：114,000円

#### ②全部原価計算

売　上　原　価：$(200円/kg ＋ 70円/kg) × 4,000kg ＋ 420,000円 × \dfrac{4,000kg}{5,000kg} ＝ 1,416,000円$
　　　　　　　　　直接材料費　　変動加工費　　　　固定加工費

販売費及び一般管理費：$40円/kg × 4,000kg ＋ 226,000円 ＝ 386,000円$
　　　　　　　　　　　　変動販売費　　　固定販売費

営　業　利　益：2,000,000円 － 1,416,000円 － 386,000円 ＝ 198,000円

**計算用紙**

直接原価計算

**損益計算書**

| | |
|---|---|
| 売 上 高 | 2,000,000 |
| 変 動 費 | 1,240,000 |
| 貢献利益 | 760,000 |
| 固 定 費 | 646,000 |
| 営業利益 | 114,000 |

全部原価計算

**損益計算書**

| | |
|---|---|
| 売 上 高 | 2,000,000 |
| 売 上 原 価 | 1,416,000 |
| 売上総利益 | 584,000 |
| 販 管 費 | 386,000 |
| 営業利益 | 198,000 |

生産量と販売量が一致しない場合、固定製造原価の発生額420,000円のうち336,000円だけが売上原価となり、残りの84,000円が期末製品に含まれるため、営業利益は一致しません。

**解 答** ▶ **第8回 直接原価計算2** ➡ 問題58ページ

ヨコ解き 解 答

第1問

第2問

第3問

第4問 (1)

第4問 (2)

第5問

全部原価計算による損益計算書 （単位：円）

| | | |
|---|---|---|
| 売　　上　　高 | （ | 3,571,200 ） |
| 売　上　原　価 | （ | 2,511,000 ） |
| 配　賦　差　異 | （ | 84,000 ） |
| 売　上　総　利　益 | （ | 976,200 ） |
| 販　　売　　費 | （ | 419,000 ） |
| 一　般　管　理　費 | （ | 360,000 ） |
| 営　業　利　益 | | 197,200 |

直接原価計算による損益計算書 （単位：円）

| | | |
|---|---|---|
| 売　　上　　高 | （ | 3,571,200 ） |
| 変　動　売　上　原　価 | （ | 1,395,000 ） |
| 変　動　製　造　マ　ー　ジ　ン | （ | 2,176,200 ） |
| 変　動　販　売　費 | （ | 279,000 ） |
| 貢　　献　　利　　益 | （ | 1,897,200 ） |
| 固　　定　　費 | （ | 1,700,000 ） |
| 営　業　利　益 | （ | 197,200 ） |

**！こ**こに注意

・問題文の指示によりすべての配賦差異を当期の売上原価に賦課している

予想配点 ▨ 1つにつき2点。合計12点。

**解 説**

　本問は「全部原価計算による損益計算書」と「直接原価計算による損益計算書」の作成問題です。加工費を生産量にもとづいて予定配賦する点に注意しましょう。

## １．加工費の予定配賦率の算定
　(1) 変動加工費の予定配賦率：@750円
　(2) 固定加工費の予定配賦率：1,200,000円÷1,200個＝@1,000円

## ２．全部原価計算による損益計算書の作成 🖩

(1) 売　上　高：@3,200円×1,116個＝3,571,200円

(2) 売上原価：(@500円 ＋ 　@750円 ＋ @1,000円)×1,116個＝2,511,000円
　　　　　　　原料費(変動費)　変動加工費　固定加工費

(3) 配　賦　差　異：

　　予　算　差　異：@750円×1,116個 － @750円×1,116個 ＝ 0 (差異なし)
　　　　　　　　　予定配賦額　　　　実際変動加工費

　　操業度差異：@1,000円×(1,116個 － 1,200個)＝△84,000円 (借方差異)[1]

* 1　配賦差異は借方差異
　　なので、売上原価に
　　加算します。

(4) 販　売　費：@250円×1,116個 ＋ 140,000円＝419,000円

(5) 一般管理費(固定費)：360,000円


## ３．直接原価計算による損益計算書の作成 🖩

(1) 売　上　高：@3,200円×1,116個＝3,571,200円

(2) 変動売上原価：(@500円 ＋ 　@750円 　)×1,116個＝1,395,000円
　　　　　　　　　原料費(変動費)　変動加工費

(3) 変動販売費：@250円×1,116個＝279,000円

(4) 固　定　費：1,200,000円[2] ＋ 140,000円 ＋ 　360,000円　 ＝1,700,000円
　　　　　　　　実際固定加工費　　固定販売費　一般管理費(固定費)

* 2　直接原価計算では実
　　際発生額を計上する
　　ため、操業度差異は
　　計上されません。

168

# 第2部　タテ解き！編

問　題

| 第1問 | 仕　訳 | C | 10分 | ➡ 解答192ページ |

下記の取引の仕訳を示しなさい。ただし、勘定科目は、各取引の右の勘定科目から最も適当と思われるものを選び、記号で解答すること。

1．満期まで保有する目的でA社が発行する社債（額面総額￥3,000,000）を×8年9月8日に額面￥100につき￥99.50にて購入し、前回の利払日の翌日から売買日までの端数利息（1年を365日とする日割計算で算出し、収益の勘定を用いて処理すること）とともに当社の当座預金口座から指定された銀行の普通預金口座へ振り込んだ。この社債は×7年7月1日に発行された普通社債であり、満期までの期間は10年、利払日は毎年6月と12月の末日、利率は年0.365％であった。　　　　　　(第145回改)

- ア．普　通　預　金
- イ．当　座　預　金
- ウ．売買目的有価証券
- エ．満期保有目的債券
- オ．受　取　利　息
- カ．有価証券利息
- キ．支　払　利　息

2．かねて得意先から売掛金の決済のために受け取り、取引銀行で割り引いていた額面￥800,000の約束手形が満期日に支払拒絶され、取引銀行から償還請求を受けたので、手形の額面金額に満期日以後の延滞利息￥1,200および償還請求に伴うその他の費用￥800を含めて小切手を振り出して支払うとともに、手形の振出人である得意先に対して、小切手で支払った延滞利息およびその他の費用を含む金額で手形の償還請求を行った。　　　　　　(第156回改)

- ア．当　座　預　金
- イ．売　掛　金
- ウ．受　取　手　形
- エ．不　渡　手　形
- オ．支　払　手　形
- カ．支　払　利　息
- キ．支　払　手　数　料

3．従業員の退職時に支払われる退職一時金の給付は内部積立方式により行ってきたが、従業員3名が退職したため退職一時金総額￥18,000,000を支払うこととなり、源泉所得税分￥4,000,000を控除した残額を当座預金から支払った。　　　　　　(第154回改)

- ア．当　座　預　金
- イ．普　通　預　金
- ウ．退職給付引当金
- エ．預　り　金
- オ．退職給付費用
- カ．法定福利費
- キ．福利厚生費

4．過年度に納付した法人税に関して、税務当局から追徴の指摘を受け、追加で￥760,000を支払うようにとの通知が届いたため、負債の計上を行った。　　　　　　(第151回改)

- ア．当　座　預　金
- イ．追徴法人税等
- ウ．未払法人税等
- エ．還付法人税等
- オ．未収還付法人税等
- カ．租　税　公　課
- キ．未　払　金

5．決算にあたり、本店は支店より「当期純利益￥136,000を計上した」との連絡を受けた。なお、当社は支店独立会計制度を導入しているが、支店側の仕訳は答えなくてよい。　　　　　　(第145回改)

- ア．本　　店
- イ．支　　店
- ウ．損　　益
- エ．諸　収　益
- オ．諸　費　用
- カ．繰越利益剰余金
- キ．子会社株式

## 第2問　銀行勘定調整表　　　　A｜15分　➡ 解答194ページ

当社の×7年3月31日の決算（1年決算）にかかわる次の［資料］にもとづいて、下記の［設問］に答えなさい。

（第146回改）

Rule
銀行勘定調整表はとにかく両者区分調整法で作ってみる

［資料］

1. 決算にあたり、現金の実際有高を調べたところ、通貨（紙幣および硬貨）¥123,000のほかに、手許に次のものがあることが判明した。

| 他人振出しの小切手 | ¥10,000 | 収入印紙 | ¥ 8,000 | 配当金領収証 | ¥ 7,000 |
| 郵便切手 | ¥ 6,000 | 送金小切手 | ¥ 9,000 | | |

2. 決算にあたり、取引銀行から当座預金の残高証明書を取り寄せたところ、その残高は¥320,000であり、当社の当座預金勘定の残高とは一致していなかった。そこで、不一致の原因を調査した結果、次の事実が明らかとなった。

① 仕入先に対して買掛金の支払いとして小切手¥30,000を振り出して渡したが、決算日現在、仕入先は小切手を銀行にまだ呈示していなかった。

② 売掛金の回収として得意先振出しの小切手¥10,000を受け取り、その時点で当座預金の増加として処理していたが、決算日現在、金庫に入れたままで、銀行への預入れを行っていなかった。

③ 電子債権記録機関より発生記録の通知を受けていた電子記録債権の支払期日が到来し、当座預金の口座に¥40,000が振り込まれていたが、決算日現在、この取引の記帳はまだ行っていなかった。

④ 決算日に売上代金¥50,000を銀行の夜間金庫（当座預金）に預け入れたが、銀行では営業時間を過ぎていたため、当日の入金としては処理していなかった。

Hint
過去に行った仕訳
（当座預金）10,000
　　（売掛金）10,000

［設問］

**問1** 答案用紙の銀行残高基準法による銀行勘定調整表を完成しなさい。なお、［　］には上記の［資料］2．における番号①～④を記入し、（　）には金額を記入すること。

**問2** 貸借対照表に計上される現金および当座預金の金額をそれぞれ求めなさい。

タテ解き
問　題

第1回

第2回

第3回

次に示した博多商事株式会社の［資料］にもとづいて、答案用紙の精算表を完成しなさい。
なお、会計期間は×7年4月1日から×8年3月31日までの1年間である。

［資料］　決算整理事項その他

1．決算にあたって調査したところ、次の事実が判明した。

① 現金の実際有高は¥65,400であった。帳簿残高との不一致の原因は不明であるので、適切に処理する。

Hint
帳簿残高＜実際有高

② 売掛金のうち¥23,000は得意先が倒産したため回収不能であった。この売掛金は前期の売上取引から生じたものであり、貸倒れとして処理する。

2．受取手形と売掛金の期末残高に対して2％の貸倒れを見積もる。貸倒引当金は差額補充法により設定する。なお、売掛金には米ドル建てのものが¥25,500（1ドル＝¥102）あり、決算日のレート（1ドル＝¥110）に換算する。

3．売買目的有価証券の内訳は次のとおりである。

| | 帳簿価額 | 時　価 |
|---|---|---|
| A社株式 | ¥37,800 | ¥41,500 |
| B社株式 | ¥81,900 | ¥72,200 |
| C社社債 | ¥27,850 | ¥29,800 |

4．商品の期末棚卸高は次のとおりである。売上原価の計算は仕入勘定で行うが、棚卸減耗損および商品評価損は独立の科目として処理する。

帳簿棚卸高　数量　410個　原　　　価　＠¥215
実地棚卸高　数量　403個　正味売却価額　＠¥221

Hint
原価＜正味売却価額
の場合はどうする？

5．有形固定資産の減価償却は次の要領で行う。

建物：耐用年数は30年、残存価額は取得原価の10％として、定額法により計算する。

備品：償却率は年20％として、定率法により計算する。

なお、建物のうち¥1,350,000は×8年2月1日に取得し、×8年3月1日より使用を開始したものであり、この建物については、耐用年数は30年、残存価額はゼロとして、定額法により月割で減価償却を行う。

6．商標権は×4年4月1日に取得したものであり、10年間にわたって毎期均等額を償却することとしており、今期も同様に償却する。

7．満期保有目的債券（額面金額：¥500,000、利率：年1.5％、償還日：×11年3月31日）は、×6年4月1日に取得したもので、償却原価法（定額法）により評価しており、今期も同様の処理を行う。

Hint
期首（再振替処理）
　保険料××
　　前払保険料××
8月1日（支払時）
　保険料××
　　現金など××

8．保険料は毎年同額を8月1日に向こう1年分（12か月分）として支払っているものであり、前払分の再振替処理は期首に行っている。保険期間の未経過分について必要な処理を行う。

## 第4問　(1) 個別原価計算　　B　10分　→ 解答199ページ

　当社は、個別原価計算を採用している。次の一連の取引について仕訳しなさい。ただし、勘定科目は、各取引の右の勘定科目から最も適当と思われるものを選び、記号で解答すること。仕訳の金額はすべて円単位とする。

1(1) 当月、素材800,000円（購入代価@200円、4,000個）および補修用材料50,000円（購入代価@100円、500個）を掛けで購入した。なお、購入に際しては、購入代価の10％を材料副費として予定配賦している。

(2) 当月の材料費の消費高を計上する。当月に消費した素材は3,500個であり、うち製造指図書＃1向けの消費は2,000個（＃2より先に消費）であり、製造指図書＃2向けの消費は1,500個である。

　なお、月初の素材有高は198,000円（購入原価@198円、1,000個）であり、材料費は先入先出法で計算している。

ア．材　　　　料
イ．当　座　預　金
ウ．買　　掛　　金
エ．仕　　掛　　品
オ．製　造　間　接　費
カ．材　料　副　費
キ．材　料　副　費　差　異

2(1) 当月の直接工による労務費の消費高を計上する。直接工について、作業時間票によれば、当月の実際直接作業時間は800時間、実際間接作業時間は15時間、手待時間は5時間であった。

　実際直接作業時間のうち、製造指図書＃1向けの消費は500時間、製造指図書＃2向けの消費は300時間である。当工場において適用する予定賃率は700円である。

(2) 当月の間接工による労務費の消費高を計上する。間接工について、前月末賃金未払高20,000円、当月賃金支払高200,000円、当月末賃金末払高30,000円であった。

ア．賃　金　・　給　料
イ．当　座　預　金
ウ．買　　掛　　金
エ．仕　　掛　　品
オ．製　造　間　接　費
カ．賃　率　差　異
キ．作　業　時　間　差　異

3(1) 直接作業時間を配賦基準として、予定配賦率により製造間接費を各製造指図書に配賦する。なお、年間の製造間接費予算は9,000,000円、年間の予定総直接作業時間は9,000時間である。

(2) 製造指図書＃1が完成し、完成品原価1,268,000円を振り替えた。なお、製造指図書＃1および製造指図書＃2はいずれも当月から製造を開始したため、月初仕掛品はない。

ア．仕　　掛　　品
イ．製　造　間　接　費
ウ．製　　　　　品
エ．買　　掛　　金
オ．材　　　　料
カ．賃　金　・　給　料
キ．製造間接費配賦差異

タテ解き
問　題

第1回

第2回

第3回

**問1** 当社は製品Zを生産・販売し、実際総合原価計算を採用している。次の［資料］にもとづいて、答案用紙の総合原価計算表の（　　）内に適切な金額を記入しなさい。なお、原価投入額合計を完成品総合原価と月末仕掛品原価に配分する方法として先入先出法を用いること。

（第154回改）

［資料］

［生産データ］

| 月初仕掛品量 | 4,000 kg（50%） |
|---|---|
| 当月投入量 | 59,000 |
| 合　　計 | 63,000 kg |
| 差引：正常仕損量 | 1,000 |
| 月末仕掛品量 | 2,000　（50%） |
| 完　成　品　量 | 60,000 kg |

［原価データ］

| 月初仕掛品原価 | |
|---|---|
| A 原 料 費 | 24,000 円 |
| 加　工　費 | 11,000 |
| 小　　計 | 35,000 円 |
| 当月製造費用 | |
| A 原 料 費 | 354,000 円 |
| B 原 料 費 | 33,000 |
| 加　工　費 | 480,000 |
| 小　　計 | 867,000 円 |
| 合　　計 | 902,000 円 |

（注）（　　）内は加工費の進捗度である。A原料は工程の始点で投入している。B原料は工程の60%の点で投入しており、B原料費はすべて完成品に負担させる。正常仕損は工程の終点で発生し、それらはすべて当月作業分から生じた。正常仕損費はすべて完成品に負担させ、仕損品に処分価額はない。

**問2** 上記［資料］について、同じデータで仕損品の売却による処分価額を 1 kg当たり 6 円としたときの完成品総合原価を計算しなさい。

**Hint**
問題文の指示により、B原料費はそのまま完成品原価とすればよい。

**Hint**
終点発生の仕損品は、100%の加工を受けている。

**Hint**
終点で発生した仕損品の処分価額は、完成品総合原価のマイナスとなる。

## 第5問　標準原価計算　　C　10分　→解答203ページ

当工場では、製品X、製品Y、製品Zの3種類の製品を製造しており、パーシャルプランの標準原価計算を採用している。以下の［資料］にもとづいて、下記の問いに答えなさい。

［資料］

1．製品1個当たりの直接材料の標準消費量と標準単価

|  | 製品X | 製品Y | 製品Z |
|---|---|---|---|
| 材料の種類 | 材料A | 材料B | 材料A |
| 材料の標準単価 | @500円/kg | @600円/kg | @500円/kg |
| 材料の標準消費量 | 10kg | 8kg | 7kg |

Hint
計算用紙で製品ごとに原価標準を整理する

2．製品1個当たりの標準直接作業時間および標準消費賃率

|  | 製品X | 製品Y | 製品Z |
|---|---|---|---|
| 標準直接作業時間 | 1時間 | 1.5時間 | 1時間 |

標準消費賃率は、2,000円/時間である。

3．製造間接費

製造間接費は、直接作業時間を配賦基準として標準配賦される。なお、製造間接費には公式法変動予算を設定しており、変動費率は、2,000円／時、月間固定費予算額は、6,800,000円である。

月間正常直接作業時間は、3,400時間である。

4．当月の予算生産・販売量と実際生産・販売量

|  | 製品X | 製品Y | 製品Z |
|---|---|---|---|
| 予算生産・販売量 | 1,000個 | 900個 | 1,050個 |
| 実際生産・販売量 | 1,000個 | 800個 | 1,200個 |

期首仕掛品と期末仕掛品はない。

5．当月の材料実際消費量と実際単価

|  | 材料A | 材料B |
|---|---|---|
| 実際単価 | @490円/kg | @610円/kg |
| 実際消費量 | 18,500kg | 6,600kg |

Hint
材料Aに係る差異は、製品XとZの消費量の合計にもとづいて計算する

6．当月の実際作業時間と製造間接費実際発生額

実際作業時間は、3,500時間であり、製造間接費実際発生額は、15,400,000円である。

7．予算販売単価と実際販売単価

|  | 製品X | 製品Y | 製品Z |
|---|---|---|---|
| 予算販売単価 | @13,750円 | @17,250円 | @11,875円 |
| 実際販売単価 | @13,800円 | @17,500円 | @11,000円 |

Hint
売上高差異は収益の差異のため、予算より実際が上回っていた場合、有利差異となる

問1　製品X、製品Y、製品Zの原価標準をそれぞれ計算しなさい。

問2　材料Aの材料費差異を計算し、それを材料価格差異と材料消費量差異に分解しなさい。

問3　製品Yの売上高差異を計算し、それを販売価格差異と、販売数量差異に分解しなさい。

| 第1問 | 仕　訳 | C 10分 | → 解答206ページ |

　下記の取引の仕訳を示しなさい。ただし、勘定科目は、各取引の右の勘定科目から最も適当と思われるものを選び、記号で解答すること。

1．×年12月1日、売買目的で保有している額面総額￥1,200,000の社債（利率年0.365％、利払日は3月末と9月末の年2回）を額面￥100につき￥98.90の価額（裸相場）で売却し、売却代金は売買日までの端数利息とともに現金で受け取った。なお、この社債は×年9月1日に額面￥100につき￥98.80の価額（裸相場）で買い入れたものであり、端数利息は1年を365日として日割で計算する。

（第152回改）

　　ア．現　　　　金
　　イ．当 座 預 金
　　ウ．売買目的有価証券
　　エ．受 取 利 息
　　オ．有価証券利息
　　カ．有価証券売却益
　　キ．有価証券売却損

2．×年3月31日、決算にあたり、前年度に販売した商品に付した品質保証期限が経過したため、この保証のために設定した引当金の残高￥28,000を取り崩すとともに、当期に品質保証付きで販売した商品の保証費用を当期の売上高￥9,250,000の2％と見積もり、洗替法により引当金を設定する。

（第152回改）

　　ア．当 座 預 金
　　イ．商品保証費
　　ウ．商品保証引当金
　　エ．商品保証引当金繰入
　　オ．商品保証引当金戻入
　　カ．未 払 金
　　キ．未 払 費 用

3．×年3月31日、決算にあたり、売上債権の期末残高￥500,000について2％の貸倒れを見積もり、貸倒引当金を設定したが、その全額について税法上の損金算入が認められなかったので、貸倒引当金にかかわる税効果会計の仕訳を行う。貸倒引当金に期首残高はなく、また法人税等の法定実効税率は30％である。なお、貸倒引当金を設定するための決算整理仕訳はすでに行っているものとし、税効果会計の適用にかかわる仕訳のみを解答すること。

（第156回改）

　　ア．繰延税金資産
　　イ．繰延税金負債
　　ウ．法人税,住民税及び事業税
　　エ．法人税等調整額
　　オ．未 払 法 人 税 等
　　カ．前 払 費 用
　　キ．前 払 金

4．(1)　建築物の設計・監理を請け負っている株式会社熊本設計事務所は、給料￥250,000、消耗品費￥50,000（費用として記帳済み）が請け負っていたA社の案件のために費やされたものであることが明らかになったので、これらを仕掛品勘定に振り替えた。
　(2)　後日、建築物が設計通りに建設業者からA社に引き渡されたため、当社はA社に対する設計・監理料として￥500,000を収益計上するとともに、それに伴う原価を計上した。なお、代金は翌月末に入金される条件である。

（第150回改）

　　ア．売 掛 金
　　イ．未 収 入 金
　　ウ．仕 掛 品
　　エ．役 務 収 益
　　オ．役 務 原 価
　　カ．給 料
　　キ．消 耗 品 費

5．決算にあたり、本店より「本店が支払った広告宣伝費￥400,000につき、その4分の1を栃木支店が負担するように」との指示があったので、栃木支店は広告宣伝費を計上した。なお、当社は支店独立会計制度を導入しているが、本店側の仕訳は答えなくてよい。

（第142回改）

　　ア．本　　　　店
　　イ．支　　　　店
　　ウ．未 収 入 金
　　エ．立 替 金
　　オ．未 払 金
　　カ．預 り 金
　　キ．広 告 宣 伝 費

## 第2問　連結精算表　　　　　　　　　　　　　　　　C　20分　➡ 解答208ページ

　次に示した［資料］にもとづいて、答案用紙の連結精算表を作成しなさい。なお、当期は×6年4月1日から×7年3月31日までの1年間である。連結財務諸表上、減少となる項目については金額の前に「△」を付けること。なお、連結精算表の修正・消去欄は採点の対象としない。

（第148回改）

［資料］

1．P社は×5年3月31日に、S社の発行済株式数の80％を200,000千円で取得し、支配を獲得した。×5年3月31日のS社の貸借対照表上、資本金100,000千円、資本剰余金20,000千円、利益剰余金30,000千円が計上されていた。

Hint
子会社の前期の当期純利益は、前期末（当期首）の利益剰余金と前々期末の利益剰余金との差額で計算

2．のれんは発生年度の翌年から最長年数にわたり定額法により償却する。

3．S社は、当期に繰越利益剰余金を財源に10,000千円の配当を行っており、P社はそのうち8,000千円を受け取っている。なお、前期は配当を行っていない。

4．前期よりP社はS社に商品を掛けで販売している。P社のS社への売上高は860,000千円であり、P社はS社に商品を販売するにあたり仕入原価に10％の利益を付加している。

5．S社はP社から仕入れた商品のうち、110,000千円が期末商品棚卸高に含まれている。また、S社の期首商品棚卸高に99,000千円のP社から仕入れた商品が含まれている。

6．P社の売掛金のうち180,000千円はS社に対するものである。P社はS社に対する売掛金について1％の貸倒引当金を設定している。

7．P社の貸付金のうち70,000千円はS社に対して期間2年、利率年1％、利払日3月末日の条件で貸し付けたものである。

タテ解き
問 題

第1回

第2回

第3回

次に示した熊本商事株式会社の［資料Ⅰ］、［資料Ⅱ］、［資料Ⅲ］にもとづいて、答案用紙の貸借対照表を作成しなさい。なお、会計期間は×7年4月1日から×8年3月31日までの1年間である。

（第145回改）

［資料Ⅰ］

決算整理前残高試算表
×8年3月31日 （単位：円）

| 借　　方 | 勘 定 科 目 | 貸　　方 |
|---:|:---|---:|
| 705,700 | 現　金　預　金 | |
| 140,000 | 受　取　手　形 | |
| 2,078,000 | 売　　掛　　金 | |
| 1,601,000 | 繰　越　商　品 | |
| 6,600 | 前　払　費　用 | |
| 99,600 | 未　収　入　金 | |
| 3,000 | 仮 払 法 人 税 等 | |
| | 貸 倒 引 当 金 | 5,000 |
| 810,000 | 建　　　　　物 | |
| | 建物減価償却累計額 | 429,200 |
| 160,000 | 備　　　　　品 | |
| | 備品減価償却累計額 | 41,500 |
| 1,642,000 | 土　　　　　地 | |
| 18,000 | 長 期 前 払 費 用 | |
| | 支　払　手　形 | 156,000 |
| | 電 子 記 録 債 務 | 1,352,000 |
| | 買　　掛　　金 | 401,600 |
| | 短 期 借 入 金 | 800,000 |
| | 未　払　費　用 | 113,000 |
| | 資　　本　　金 | 1,485,000 |
| | 資 本 準 備 金 | 836,000 |
| | 利 益 準 備 金 | 123,200 |
| | 繰 越 利 益 剰 余 金 | 886,470 |
| | 売　　　　　上 | 12,214,130 |
| 6,549,800 | 仕　　　　　入 | |
| 3,810,000 | 給　料　手　当 | |
| 945,000 | 賃　　借　　料 | |
| 15,000 | 保　　険　　料 | |
| 199,700 | 水 道 光 熱 費 | |
| 40,700 | 減 価 償 却 費 | |
| 40,000 | 支　払　利　息 | |
| | 受　取　利　息 | 21,000 |
| 18,864,100 | | 18,864,100 |

Hint
決算整理前残高試算表に以下のように線を引いて5要素に分け、勘定科目を探しやすくしておくとよい

資　　産
負　　債
純 資 産
収　　益
費　　用

[資料Ⅱ]　決算にあたっての修正事項

　月次決算段階での会計処理の誤りが判明し、これを修正する。

1．売上高の計上基準は得意先の検収基準であるが、3月の掛け売上計上分のうち¥600,000（原価¥400,000）が得意先で未検収のままであることが判明した。

**Hint**
検収基準では、売上を計上するのは相手先が検収したとき

2．普通預金口座に入金され、受取利息に計上した金額のうち¥16,000が、源泉税（20％）を控除した純額であったことが判明した。

[資料Ⅲ]　決算整理事項

1．商品の期末帳簿棚卸高（出荷基準にもとづき算定）は¥1,750,000、実地棚卸高は¥1,710,000であった。上記［資料Ⅱ］1．の未検収分については帳簿棚卸高および実地棚卸高に含まれていない。

**Hint**
未検収のものは当社の商品としてカウントする

2．未払費用の残高は前期末の決算整理により計上されたものであり、期首の再振替仕訳は行われていない。期首の未払費用の内訳は給料¥23,000および水道光熱費¥90,000であり、当期末の未払額は給料¥35,000および水道光熱費¥105,000であった。

3．長期前払費用の残高は、3月1日に3年分の火災保険料を支払ったものである。当期分を費用に計上するとともに、1年以内に費用化される部分の金額を前払費用に振り替えることにした。

**Rule**
1年を超えるものは長期前払費用（固定資産）

4．有形固定資産の減価償却を次のとおり行う。

　　　建物　　　定額法　　　　　耐用年数30年　　残存価額ゼロ
　　　備品　　　200％定率法　　　耐用年数8年　（期中の購入分は除く）

　減価償却費は、概算額で建物は¥2,200、備品¥1,500を4月から2月までの月次決算で各月に計上してきているが、減価償却費の年間確定額との差額を決算月で計上する。

　備品のうち¥60,000は×8年3月1日に取得し使用開始したものであり、200％定率法により耐用年数5年で減価償却を行う。この備品については月次決算で減価償却費を計上していない。

**Hint**
備品減価償却累計額には当期中の月次決算で計上した¥1,500×11か月分が含まれている

5．借入金は、×8年2月1日に借り入れたものであり、その内訳は次のとおりである。

　　　残高　¥200,000　　返済期日　×9年1月31日　　利率年1.2％
　　　残高　¥600,000　　返済期日　×11年1月31日　　利率年1.8％

　利息は2月1日に6か月分を前払（月割計算）し、支払時にその全額を前払費用に計上しているが、期末に前払利息分を月割で計算して計上する。

**Rule**
1年を超えるものは長期借入金（固定負債）

6．受取手形および売掛金の残高について、1％の貸倒引当金を差額補充法により設定する。

7．法人税、住民税及び事業税として¥150,000を計上する。なお、決算整理後の当期純利益は¥350,000である。

タテ解き
問題

第1回

第2回

第3回

越後製作所は長岡市に工場をもっており、本社と工場はそれぞれ独立した会計をとっている。10月1日における長岡工場の元帳諸勘定残高は次のとおりである。長岡工場で使用する勘定科目は残高試算表に示されているものに限るものとする。

<table>
<tr><td colspan="4" align="center">残 高 試 算 表</td><td align="right">（単位：円）</td></tr>
<tr><td>材　　　　　料</td><td align="right">500,000</td><td>本　　　　社</td><td></td><td align="right">600,000</td></tr>
<tr><td>仕　掛　品</td><td align="right">100,000</td><td></td><td></td><td></td></tr>
<tr><td>製　　　品</td><td align="right">0</td><td></td><td></td><td></td></tr>
<tr><td>賃 金 ・ 給 料</td><td align="right">0</td><td></td><td></td><td></td></tr>
<tr><td>製 造 間 接 費</td><td align="right">0</td><td></td><td></td><td></td></tr>
<tr><td></td><td align="right">600,000</td><td></td><td></td><td align="right">600,000</td></tr>
</table>

以下の1〜3は、本製作所の10月における取引の一部である。長岡工場において行われる仕訳を示しなさい。ただし、勘定科目は、各取引の右の勘定科目から最も適当と思われるものを選び、記号で解答すること。なお、材料の購入など支払い関係はすべて本社が行っている。

1(1) 長岡工場は、素材300,000円をメッキ加工のため、無償で協力会社の金沢工業に引き渡した。このとき、この素材を通常の出庫票で出庫した。

(2) 協力会社に外注してあった(1)の素材がメッキ加工ののち納品されたので、長岡工場は、これを検査後ただちに製造現場に引き渡した。当月分の請求書金額は90,000円であり、11月末に支払う予定である。

ア．材　　　　料
イ．仕　掛　品
ウ．製　　　品
エ．買　掛　金
オ．製 造 間 接 費
カ．本　　　社
キ．工　　　場

2(1) 当月の直接工の賃金消費額（すべて直接作業時間にかかるもの）は500,000円、間接工の賃金消費額は160,000円であった。

(2) 長岡工場は、当月の機械の減価償却費を計上した。本社からの通知によれば、減価償却費の年間見積額は2,400,000円である。

ア．賃 金 ・ 給 料
イ．仕　掛　品
ウ．製　　　品
エ．機械減価償却累計額
オ．製 造 間 接 費
カ．本　　　社
キ．工　　　場

3(1) 製品1,000,000円が完成した。

(2) 長岡工場は完成した製品のうち800,000円を得意先の京都商事へ発送し、その旨を本社に連絡した。

ア．売 上 原 価
イ．売　上　高
ウ．製　　　品
エ．仕　掛　品
オ．製 造 間 接 費
カ．本　　　社
キ．工　　　場

## 第4問　(2) 等級別総合原価計算　　　B　15　➡解答216ページ

　当社は、同一工程で等級製品A、Bを連続生産している。製品原価の計算方法は、1か月の完成品総合原価を製品1枚当たりの重量によって定められた等価係数に完成品量を乗じた積数の比で各等級製品に按分する方法を採用している。

　次の［資料］にもとづいて、下記の問に答えなさい。なお、原価投入額合計を完成品総合原価と月末仕掛品原価に配分する方法には先入先出法を用い、正常仕損は工程の途中で発生したので、度外視法によること。この仕損品の処分価額はゼロである。　　　　　　（第151回改）

［資料］

1．生産データ

| 月初仕掛品 | 1,000 | 枚 | （50%） |
|---|---|---|---|
| 当月投入 | 10,000 | | |
| 合　計 | 11,000 | 枚 | |
| 正常仕損品 | 1,000 | | |
| 月末仕掛品 | 2,000 | | （50%） |
| 完成品 | 8,000 | 枚 | |

（注）　完成品は、Aが6,000枚、Bが2,000枚である。また、材料は工程の始点で投入し、（　）内は加工費の進捗度である。

2．原価データ

| 月初仕掛品原価 | | |
|---|---|---|
| 直接材料費 | 35,000 | 円 |
| 加工費 | 45,000 | |
| 小計 | 80,000 | 円 |
| 当月製造費用 | | |
| 直接材料費 | 360,000 | 円 |
| 加工費 | 680,000 | |
| 小計 | 1,040,000 | 円 |
| | 1,120,000 | 円 |

3．製品1枚当たりの重量（単位：g）

| A | 300 |
|---|---|
| B | 100 |

タテ解き
問　題

第1回

第2回

第3回

**問1**　積数の比である等価比率の計算表を完成しなさい。

**問2**　当月の月末仕掛品原価を計算しなさい。

**問3**　当月の完成品総合原価を計算しなさい。

**問4**　等級製品Aの完成品単位原価を計算しなさい。

**問5**　等級製品Bの完成品単位原価を計算しなさい。

Rule
等級製品の単価の割合は必ず等価係数の割合になる
（本問ではX：Y＝3：1）

181

N社は製品Xを製造・販売している。現在、次期の利益計画を作成している。次の［資料］にもとづいて、下記の**問**に答えなさい。なお、期首と期末に仕掛品及び製品の在庫は存在しないものとする。

Hint
直接原価計算のP／Lを書いて、変動費率や貢献利益率を計算する
単位あたりの販売価格と変動費からも変動費率を計算できる

［資料］

1. 製品Xに関する当期のデータ

| 販 売 量 | 販売価格 | 変動製造原価 | 変動販売費 | 固定加工費 | 固定販売費及び一般管理費 |
|---|---|---|---|---|---|
| 4,200個 | @3,600円 | @1,920円 | @240円 | 2,592,000円 | 1,641,600円 |

　(注) 変動製造原価の内訳は、原料費が@1,000円、変動加工費が@920円である。

2. 当期のデータにもとづいて、下記の3つの次期の利益計画を用意している。なお、他の条件は当期のデータと同様とする。

　　次期の利益計画A：製品Xの販売価格を10％引き上げる。販売価格の引き上げにより、販売量が20％減少することが見込まれる。

　　次期の利益計画B：固定加工費を1,008,000円増額することにより、原料費20％と変動加工費10％を削減する。

　　次期の利益計画C：製品Xの販売価格を5％引き下げ、さらに固定販売費を158,400円増額することにより、販売量が15％増加することが見込まれる。

Hint
損益分岐点売上高÷販売価格でも損益分岐点販数量を計算できる

**問1**　当期のデータにもとづいて、損益分岐点における販売数量を計算しなさい。

**問2**　当期のデータにもとづいて、売上高が何％落ち込むと損益分岐点の売上高に達するか計算しなさい。

Hint
問2は安全余裕率をきいている
損益分岐点比率
＋安全余裕率＝100％

**問3**　次期の利益計画A～Cにもとづいて、それぞれの営業利益を計算しなさい。

Hint
○％増加
　変更後
　□×（1＋○％）
○％減少
　変更後
　□×（1－○％）

**桑原先生のコラム** 合格パニック

　今でこそ『講師』などとして教壇に立ったり、本を書いたりしているが、実は私が1級に受かったのは5回目の受験の時だった。実に4回も落ちているのである。特に印象に残っているのは2回目の受験の時。

　試験の前の9月20日（私の誕生日）に彼女に振られ、しかもその女性は1週間後には私の親友と付合い始める。その彼女の「桑原さんとの友人関係を壊したくない」という言葉を真に受け（今思えば新しい彼氏へのポーズに過ぎなかった）しばらくピエロをやるも、その元親友の『だからお前は振られるんや』の一言で呆然とし、ボロボロになった。

　大学のサークル（簿記はこのサークルで勉強していた）も無断で休み、北海道に流れ、オホーツク海の哀しい蒼を見ながら牛の乳絞りやらジャガイモ掘りをしていた。
　しばらくして戻った私は当然に"サークル追放"となるはずだったが、ある幹部の先輩が「彼がしばらく（サークルに）来ないことは俺は承知していた」と、言い張ってくれて、追放を免れたのである（あの時追放されていれば私は今ごろ何をしていただろうか）。

　その後の本試験。35分で原価計算を解き終えた、工業簿記のときのこと*。
　『商業簿記・会計学で35点は取れている。原価計算は難し目だったが、最後まで快調に解けて、25点だ。あと、この工業簿記。しかも、こ、これは本社工場の簡単な問題。こ、ここで10点取れれば、ここで10点取れれば…。あの先輩に恩返しができる。さあ、なんと言ってお礼を言おうか。』
　もう、嬉しくて嬉しくて、お礼の言葉など本試験中に考えだしてしまった。

　そしてふと気づくと、残り25分。エッ、そんなはずはない。でも時計は残り25分。見間違えではない。私の30分はどこへいってしまったのか。などと思ううちに残り20分。でも大丈夫だ、この問題は簡単だ。と自分に言い聞かせて解くのだが、もう頭はパニック。結局、みんなが満点をとっている工業簿記が6点で合計71点。見事な不合格。

教訓：試験中は喜ばない。
アドバイス：受験にはクールな頭と熱いハートの組み合わせがいいですよ。

* 1級の配点は商業簿記・会計学で50点（90分）、工業簿記・原価計算で50点（90分）であり、70点以上をとれば合格ですが、4科目のうち1科目でも10点未満があると70点以上でも不合格となります。

タテ解き
問　題

第1回

第2回

第3回

第1問 | 仕 訳 | C | 10分 | → 解答220ページ

下記の取引の仕訳を示しなさい。ただし、勘定科目は、各取引の右の勘定科目から最も適当と思われるものを選び、記号で解答すること。

1．期末に保有しているその他有価証券（A社株式）について、必要な仕訳を行う。当社はその他有価証券について、全部純資産直入法を採用し、税効果会計を適用する。法人税等の実効税率は30%とする。

　　A社株式は当期に1株当たり¥80で1,000株取得したものであり、取得にあたり証券会社に売買手数料¥2,000を当座預金口座より支払っている。

　　A社株式の当期末時価は1株当たり¥86であった。

ア．その他有価証券
イ．繰延税金資産
ウ．繰延税金負債
エ．その他有価証券評価差額金
オ．投資有価証券評価益
カ．法人税等調整額
キ．支払手数料

2．当社の当座預金勘定の残高と銀行からの残高証明書の残高の照合をしたところ、備品購入に伴い生じた代金の支払いのために振り出した小切手¥300,000が金庫に保管されており、未渡しの状況であることが判明した。銀行勘定調整表を作成するとともに、当社側の残高調整のための処理を行った。

ア．現　　　金
イ．当　座　預　金
ウ．普　通　預　金
エ．備　　　品
オ．買　掛　金
カ．未　払　金
キ．減　価　償　却　費

3．顧客に対するサービス提供のために、外注費¥300,000が発生し小切手を振り出して支払う（未記帳）とともに、ただちに顧客に対するサービス提供（契約金は¥400,000、受取りは翌月末）を行った。

　　サービス提供に係る契約金について収益計上するとともに、費用について、直接、原価に計上した。

ア．現　　　金
イ．当　座　預　金
ウ．売　掛　金
エ．未　払　金
オ．役　務　収　益
カ．受　取　手　数　料
キ．役　務　原　価

4．前期に保証書を付して販売した商品について、顧客より無料修理の申し出があったので、修理業者に修理を依頼し、代金¥90,000は現金で支払った。なお、前期の決算で計上した商品保証引当金の残高は¥80,000である。

ア．現　　　金
イ．買　掛　金
ウ．未　払　金
エ．商品保証引当金
オ．売　　　上
カ．仕　　　入
キ．商　品　保　証　費

5．満期の到来した約束手形¥500,000について、手形の更改（満期日を3か月延長）の申し出があり、新たな手形と、延長3か月分の利息¥15,000を現金で受け取った。

ア．現　　　金
イ．受　取　手　形
ウ．前　払　利　息
エ．不　渡　手　形
オ．支　払　手　形
カ．受　取　利　息
キ．支　払　利　息

# 第2問　商品売買　　　　　　　　　　　B　20分　➡ 解答222ページ

当社（会計期間は1年、決算日は3月31日）の2019年4月における商品売買および関連取引に関する次の［資料］にもとづいて、下記の［設問］に答えなさい。

なお、払出単価の計算には先入先出法を用い、商品売買取引の記帳には「販売のつど売上原価勘定に振り替える方法」を用いている。また、月次決算を行い、月末には英米式決算法によって総勘定元帳を締め切っている。

（第154回改）

Preparation（準備）

下書き用紙に大きな商品勘定（Tフォーム）を作り、そこに単価、数量、金額といった原価情報を記入し、その右側には売上高を記入するようにしましょう

［資料］2019年4月における商品売買および関連取引

4月1日　商品の期首棚卸高は、数量500個、原価@¥3,000、総額¥1,500,000である。

Rule

勘定記入の摘要欄は、簿記の試験では仕訳の相手科目を記入する

しかし、相手科目が複数ある場合には注意

　　　4日　商品200個を@¥3,100で仕入れ、代金のうち¥150,000は以前に支払っていた手付金を充当し、残額は掛けとした。

　　　5日　4日に仕入れた商品のうち50個を仕入先に返品し、掛代金の減額を受けた。

　　　8日　商品300個を@¥5,000で販売し、代金は掛けとした。

　　　12日　8日の掛けの代金が決済され、当座預金口座に振り込まれた。

　　　18日　商品280個を@¥5,000で販売し、代金は掛けとした。また、当社負担の発送運賃¥8,000は小切手を振り出して支払った。

　　　22日　売掛金¥1,300,000の決済として、電子債権記録機関から取引銀行を通じて債権の発生記録の通知を受けた。

　　　30日　月次決算の手続として商品の実地棚卸を行ったところ、実地棚卸数量は65個、正味売却価額は@¥4,700であった。

タテ解き
問　題

第1回

第2回

第3回

［設問］

問1　答案用紙の売掛金勘定および商品勘定への記入を完成しなさい。なお、摘要欄への記入も行うこと。

問2　4月の純売上高および4月の売上原価を答えなさい。

次の鹿児島商会株式会社の [資料Ⅰ]、[資料Ⅱ] および [資料Ⅲ] にもとづいて、以下の**問**に答えなさい。なお、会計期間は×18年4月1日から×19年3月31日までの1年間である。

(第154回改)

**問1** 当期の損益計算書を完成しなさい。

**問2** ×23年3月期の備品の減価償却費の金額を答えなさい。なお、×22年3月末の減価償却累計額は￥664,070である。計算上、円未満の端数が生じる場合には切り捨てること。

[資料Ⅰ] 決算整理前残高試算表

決算整理前残高試算表
×19年3月31日 （単位：円）

| 借　　方 | 勘 定 科 目 | 貸　　方 |
|---:|:---|---:|
| 137,300 | 現　　　　　金 | |
| 668,700 | 当 座 預 金 | |
| 360,000 | 受 取 手 形 | |
| 550,000 | 売 　掛　 金 | |
| | 貸 倒 引 当 金 | 6,000 |
| 220,000 | 繰 越 商 品 | |
| 18,000 | 仮 払 法 人 税 等 | |
| 3,000,000 | 建　　　　　物 | |
| 900,000 | 備　　　　　品 | |
| | 備品減価償却累計額 | 324,000 |
| 2,600,000 | 土　　　　　地 | |
| 693,700 | 満 期 保 有 目 的 債 券 | |
| | 支 払 手 形 | 297,200 |
| | 買 　掛　 金 | 480,000 |
| | 長 期 借 入 金 | 900,000 |
| | 退 職 給 付 引 当 金 | 237,000 |
| | 資 　本　 金 | 6,000,000 |
| | 利 益 準 備 金 | 175,820 |
| | 繰 越 利 益 剰 余 金 | 394,400 |
| | 売　　　　　上 | 7,253,180 |
| | 有 価 証 券 利 息 | 10,500 |
| | 保 険 差 益 | 50,000 |
| 5,880,000 | 仕　　　　　入 | |
| 693,000 | 給　　　　　料 | |
| 120,200 | 水 道 光 熱 費 | |
| 180,000 | 租 税 公 課 | |
| 7,200 | 支 払 利 息 | |
| 100,000 | 固 定 資 産 売 却 損 | |
| 16,128,100 | | 16,128,100 |

[資料Ⅱ]　未処理事項

1．売掛金¥10,000が回収不能であると判明したので、貸倒れとして処理する。なお、このうち¥4,000は前期の商品販売取引から生じたものであり、残りの¥6,000は当期の商品販売取引から生じたものである。

2．×18年4月1日にリース会社からコピー機をリースする契約を結び、リース取引を開始した。リース期間は5年、リース料は年間¥60,000（毎年3月末払い）、コピー機の見積現金購入価額は¥260,000であり、×19年3月末に1回目のリース料を当座預金口座から支払ったが一連の処理が未処理である。この取引はファイナンス・リース取引であり、利子抜き法で処理を行う。利息の配分は定額法による。

[資料Ⅲ]　決算整理事項

1．売上債権の期末残高に対して2％の貸倒れを見積もる。貸倒引当金は差額補充法によって設定する。

2．商品の期末棚卸高は次のとおりである。棚卸減耗損と商品評価損は売上原価の内訳科目として処理する。

　　　帳簿棚卸高：数量　850個　　　帳　簿　価　額　@¥400
　　　実地棚卸高：数量　840個　　　正味売却価額　@¥390
　　棚卸減耗損のうち40％分は原価性がないものとして営業外費用の区分に表示する。

3．有形固定資産の減価償却は次の要領で行う。
　　建物：建物は当期の8月1日に取得したものであり、耐用年数は40年、残存価額はゼロとして、定額法により月割で減価償却を行う。
　　備品：備品は×16年4月1日に取得したものであり、耐用年数10年、残存価額はゼロとして、200％定率法により減価償却を行っている。なお、保証率は0.06552、改定償却率は0.250である。
　　リース資産：定額法、残存価額ゼロ、5年で減価償却を行う。

Rule
①簿価×償却率
②原価×保証率
①＞②の場合
　①の償却費
①＜②の場合
　簿価×改定償却率

タテ解き
問　題
第1回
第2回
第3回

4．満期保有目的債券は、×17年10月1日にA社が発行した社債（額面総額¥700,000、利率年1.5％、償還日は×22年9月30日）を発行と同時に取得したものであり、償却原価法（定額法）で評価している。

5．退職給付引当金の当期繰入額は¥81,000である。

6．すでに費用処理した収入印紙の期末未使用高は¥25,000である。

7．(1)　当期の課税所得にもとづいて法人税、住民税及び事業税を計上する。なお、当期の税引前当期純利益は¥139,080であり、費用計上額のうち¥8,000は、損金算入が認められない。法人税等の法定実効税率は30％である。
　　(2)　上記の損金算入が認められない費用計上額¥8,000（将来減算一時差異）について、税効果会計を適用する。

Rule
税引前利益
　⊕加算
　⊖減算
課税所得
　⊗税率
法人税等

次の資料にもとづいて、Ｎ工業の１月の製造原価報告書および損益計算書を完成しなさい。

〔資料〕

1．棚卸資産有高　　　　　　　　　（単位：円）

|  | 月初有高 | 月末有高 |
|---|---|---|
| 素　　　材 | 142,000 | 146,000 |
| 部　　　品 | 96,000 | 89,000 |
| 補　修　材 | 15,900 | 16,950 |
| 仕　掛　品 | 214,300 | 220,600 |
| 製　　　品 | 120,800 | 126,200 |

Rule
部品は直接材料の1つ

2．直接工の作業時間および賃率

　直接工の総就業時間の内訳は、直接作業時間189時間、間接作業時間15時間、手待時間5時間であった。なお、賃金計算では、平均賃率である１時間当たり1,200円を適用している。

Rule
手待時間は間接作業時間と同様に扱う

3．１月中の支払高等　　　　　　（単位：円）

| 素材仕入高 | 316,000 |
|---|---|
| 部品仕入高 | 119,000 |
| 補修材仕入高 | 22,600 |
| 間接工賃金当月支払高 | 35,040 |
| 間接工賃金前月未払高 | 8,000 |
| 間接工賃金当月未払高 | 7,000 |
| 電力料金（測定額） | 15,900 |
| 減価償却費（月割額） | 113,000 |

4．製造間接費は直接労務費の90％を予定配賦している。なお、配賦差異は売上原価に賦課する。

Rule
不利差異なら
C/R 上でマイナス
P/L 上でプラス

## 第4問　(2) 部門別計算　　　B　15　→解答230ページ

　当工場には、2つの製造部門（第一製造部と第二製造部）と1つの補助部門（修繕部）があり、製造間接費について部門別計算を行っている。補助部門費は製造部門に予定配賦し、製造部門費は製品に予定配賦している。修繕部費の配賦基準は修繕時間、第一製造部費と第二製造部費の配賦基準は機械稼働時間である。次の［資料］にもとづいて、下記の**問**に答えなさい。　　(第151回改)

[資料]

1．予算

(1) 年間予算部門別配賦表

（単位：円）

| 費　　　目 | 合　　　計 | 製　造　部　門 | | 補　助　部　門 |
|---|---|---|---|---|
| | | 第一製造部 | 第二製造部 | 修　繕　部 |
| 部　門　費 | 44,000,000 | 22,800,000 | 18,400,000 | 2,800,000 |
| 修　繕　部　費 | 2,800,000 | ? | ? | |
| 製　造　部　門　費 | 44,000,000 | ? | ? | |

（注）　?は各自計算すること。

**Rule**
製造部門の予定配賦率を計算するために、補助部門費配賦後の製造部門費予算額を計算する

(2) 年間予定修繕時間

第一製造部　　　600時間　　　　第二製造部　　　800時間

(3) 年間予定機械稼働時間

第一製造部　　　8,000時間　　　第二製造部　　　20,000時間

2．実績

(1) 当月の実際機械稼働時間

第一製造部　　　690時間　　　　第二製造部　　　1,720時間

**Rule**
製造部門費の予定配賦額
＝予定配賦率×実際操業度

(2) 当月の実際修繕時間

修繕部費は予定配賦率に実際修繕時間を乗じて、第一製造部と第二製造部に配賦する。

第一製造部　　　52時間　　　　　第二製造部　　　72時間

**Rule**
修繕部費の予定配賦額
＝予定配賦率×実際操業度

修繕部費の配賦差異
＝予定配賦額－実際発生額

(3) 当月の実際部門費（補助部門費配賦前）

第一製造部　　　1,978,500円　　　第二製造部　　　1,619,000円

修　繕　部　　　251,100円

**問1**　修繕部費の予定配賦率を計算しなさい。

**問2**　第一製造部費と第二製造部費の予定配賦率を計算しなさい。

**問3**　当月の第一製造部費と第二製造部費の予定配賦額を計算しなさい。

**問4**　当月の修繕部費の配賦差異を計算しなさい。借方差異か貸方差異かを明示すること。

**問5**　当月の第一製造部費の配賦差異を計算しなさい。借方差異か貸方差異かを明示すること。

**Hint**
修繕部の実際発生額251,100円を配賦すると、修繕部の無駄を製造部門が負担することになるため、修繕部の予定配賦率を使って製造部門の実際発生額に配賦する

タテ解き
問　題

第1回

第2回

第3回

　次の［資料］にもとづいて、答案用紙の仕掛品勘定と損益計算書を完成しなさい。なお、当社では、直接原価計算による損益計算書を作成している。

（第149回改）

[資料]

1．棚卸資産有高

| | 期 首 有 高 | 期 末 有 高 |
|---|---|---|
| 原　　　料 | 96,000円 | 83,000円 |
| 仕　掛　品（※） | 117,000円 | 128,000円 |
| 製　　　品（※） | 142,000円 | 125,000円 |

（※）　変動製造原価のみで計算されている。

2．賃金・給料

| | 期首未払高 | 当期支払高 | 期末未払高 |
|---|---|---|---|
| 直 接 工 賃 金（変動費） | 44,000円 | 328,000円 | 41,000円 |
| 工場従業員給料（固定費） | 17,000円 | 144,000円 | 16,000円 |

3．原料当期仕入高　　　　　776,000円

4．製造経費当期発生高
　　電　力　料　　　　138,000円　　（変動費）
　　減 価 償 却 費　　　131,800円　　（固定費）

5．販売費・一般管理費
　　変 動 販 売 費　　　131,000円
　　固定販売費・一般管理費　176,200円

6．その他
（1）　直接工は直接作業のみに従事している。
（2）　変動製造間接費は直接労務費の40％を予定配賦している。配賦差異は変動売上原価に賦課する。

**Hint**

下書用紙に次のように書いてから始めよう

原　料
| 96,000 | |
| | 83,000 |

仕掛品
| 117,000 | |
| | 128,000 |

製　品
| 142,000 | |
| | 125,000 |

直　工
| | 44,000 |
| 41,000 | |

従業員
| | 17,000 |
| 16,000 | |

**Rule**

製造固定費は実際発生額が記入される
原価差異は、変動製造間接費の予定配賦額と実際発生額の差額で計算する

# 第2部 タテ解き！編

## 解答・解説

# 第1回 本試験問題【解答・解説】

⮕ 問題170ページ

## 解答　第1問 仕訳

| | | 仕 | | | 訳 | |
|---|---|---|---|---|---|---|
| | 借 方 科 目 | | 金　額 | 貸 方 科 目 | | 金　額 |
| 1 | エ | 満期保有目的債券 | 2,985,000 | イ | 当 座 預 金 | 2,987,100 |
| | カ | 有価証券利息 | 2,100 | | | |
| 2 | エ | 不 渡 手 形 | 802,000 | ア | 当 座 預 金 | 802,000 |
| 3 | ウ | 退職給付引当金 | 18,000,000 | ア | 当 座 預 金 | 14,000,000 |
| | | | | エ | 預 り 金 | 4,000,000 |
| 4 | イ | 追徴法人税等 | 760,000 | ウ | 未払法人税等 | 760,000 |
| 5 | イ | 支 店 | 136,000 | ウ | 損 益 | 136,000 |

注) 上記解答の科目欄に仕訳をイメージできるように勘定科目を記載していますが、本試験では記号のみ記載し、勘定科目を記載する必要はありません。

### ここに注意

1 前回の利払日の翌日（7月1日）から購入日（9月8日）までは70日となる。
2 割り引いた手形の不渡りであるため、受取手形は出てこない。
3 内部積立方式のため、引当金を計上している。
4 法人税等の未払いとなるので、未払法人税等で処理する。
5 本店の仕訳のみ答える。

予想配点 仕訳1組につき4点。合計20点。

## 解説

仕訳問題を解くとき、「問題文のキーワードとなる語句に着目して、勘定科目に変換」するようにすると、仕訳を考えやすくなります。

### 1. 満期保有目的債券*

> 満期まで保有する目的❶でA社が発行する社債（額面総額¥30,000,000）を×8年9月8日に額面¥100につき¥99.50にて購入し❶❷、前回の利払日の翌日から売買日までの端数利息（1年を365日とする日割計算で算出し、収益の勘定を用いて処理すること）とともに当社の当座預金口座から指定された銀行の普通預金口座へ振り込んだ❷。この社債は×7年7月1日に発行された普通社債であり、満期までの期間は10年、利払日は毎年6月と12月の末日、利率は年0.365%❷であった。

\*補足
直前の利払日の翌日から購入日までの端数利息は、もともとの所有者が受け取るべき利息です。
そのため、購入時に端数利息を支払います。

有価証券利息

| 7/1〜9/8 支払い | 7/1〜12/末 受取り |
|---|---|
| 当社利息 9/9〜12/末 | |

❶
¥3,000,000 × $\frac{@¥99.50}{@¥100}$ = ¥2,985,000

❷ 前回の利払日の翌日（7月1日）から売買日（9月8日）までは70日となる

有価証券利息
¥3,000,000 × 0.365% × $\frac{70日}{365日}$
= ¥2,100

当座預金
¥2,985,000 + ¥2,100 = ¥2,987,100

（満期保有目的債券）❶ 2,985,000　（当 座 預 金）❷ 2,987,100
（有価証券利息）❷　　2,100

日数の計算：31日 + 31日 + 8日 = 70日
　　　　　　　7月　　8月　　9月

## 2. 不渡手形*

> かねて得意先から売掛金の決済のために受け取り、取引銀行で割り引いていた額面¥800,000の約束手形が満期日に支払拒絶され、取引銀行から償還請求を受けたので、手形の額面金額に満期日以後の延滞利息¥1,200および償還請求に伴うその他の費用¥800を含めて小切手を振り出して支払うとともに、手形の振出人である得意先に対して、小切手で支払った延滞利息およびその他の費用を含む金額で手形の償還請求を行った。

*補足
・当社保有の場合
→受取手形と諸費用を不渡手形に振り替えます。
・割引手形の場合
→手形を買い戻し、諸費用と合わせて不渡手形とします。

❶ ¥800,000＋¥1,200＋¥800
＝¥802,000

（不 渡 手 形）❶　802,000　（当 座 預 金）❷　802,000

## 3. 退職給付引当金*

> 従業員の退職時に支払われる退職一時金の給付は内部積立方式により行ってきたが、従業員3名が退職したため退職一時金総額¥18,000,000を支払うこととなり、源泉所得税分¥4,000,000を控除した残額を当座預金から支払った。

*補足
給料支払時に従業員の給料に係る所得税を会社が預かって代わりに納めますが、退職金も同じ手続きを行います。

❸ ¥18,000,000－¥4,000,000
＝¥14,000,000

（退職給付引当金）❶18,000,000　（当 座 預 金）❷14,000,000
（預 　 り 　 金）❷ 4,000,000

## 4. 追徴法人税等*

> 過年度に納付した法人税に関して、税務当局から追徴の指摘を受け、追加で¥760,000を支払うようにとの通知が届いたため、負債の計上を行った。

*補足
税務署の税務調査などで、過去の法人税等の計上不足が判明した場合、P/L上、法人税等の下に区別して表示します。

❶ 過年度に納付した法人税の追徴なので、追徴法人税等勘定で処理する。

（追徴法人税等）❶　760,000　（未払法人税等）❷　760,000

## 5. 本支店会計*

> 決算にあたり、本店は支店より「当期純利益¥136,000を計上した」との連絡を受けた。なお、当社は支店独立会計制度を導入しているが、支店側の仕訳は答えなくてよい。

*補足
会社全体の利益を計算するために支店の利益も損益勘定に振り替えます。
なお、支店の純利益は、本店では支店に対する投資の増加と考えます。

❶ 決算にあたり、本店の帳簿上で会社全体の利益を計算するため、支店の利益分を本店の帳簿に計上する。

支店の仕訳（損 益）　136,000　（本　　店）　136,000
本店の仕訳（支 店）❶　136,000　（損　　益）❶　136,000
本 問

タテ解き
解 答

第1回

第2回

第3回

193

問1

銀 行 勘 定 調 整 表
×7年3月31日 （単位：円）

| | | | | |
|---|---|---|---|---|
| 銀行の残高証明書の残高 | | | （ 320,000 ） | |
| 加算： | [ ④ ] | （ 50,000 ） | 〉順不同 | |
| | [ ② ] | （ 10,000 ） | | （ 60,000 ） |
| 減算： | [ ① ] | （ 30,000 ） | 〉順不同 | |
| | [ ③ ] | （ 40,000 ） | | （ 70,000 ） |
| 当社の当座預金勘定の残高 | | | （ 310,000 ） | |

問2

| | | |
|---|---|---|
| 貸借対照表に計上される現金の金額 | ¥ | 149,000 |
| 貸借対照表に計上される当座預金の金額 | ¥ | 340,000 |

**ここに注意**

- 銀行残高基準法による銀行勘定調整表の作成が問われている。
- 現金として取り扱うもの（通貨代用証券）
  ①他人振出しの小切手
  ②配当金領収証
  ③送金小切手

**予想配点** 問1 ▨▨ 1つにつき3点。
問2 ☐ 1つにつき4点。
合計20点。

**解 説**

　「銀行勘定調整表（銀行残高基準法）の作成」および「貸借対照表に計上される現金および当座預金の金額」が問われています。

## 1．決算における修正仕訳

①未取付小切手については、「仕訳なし」となります。

　　**仕 訳 な し**

②当座預金の増加としての処理を取り消すため、修正仕訳が必要です。

| （現　　　金） | 10,000 | （当 座 預 金） | 10,000 |
|---|---|---|---|

③未記帳なので、修正仕訳が必要です。

| （当 座 預 金） | 40,000 | （電子記録債権） | 40,000 |
|---|---|---|---|

④時間外預入れについては、「仕訳なし」となります。

　　**仕 訳 な し**

## ２．銀行勘定調整表の作成

答案用紙から、銀行残高基準法による銀行勘定調整表を作成することがわかります。銀行残高基準法とは、「残高証明書の残高」にもとづいて、不一致の原因を加減し、「当座預金勘定の残高」に合わせる方法です。

銀行残高基準法では、両者区分調整法における「残高証明書の残高」からスタートし、銀行側の調整後、企業側の加算と減算を逆にして調整します。なお、両者区分調整法では、両者の残高が一致し、貸借対照表に計上される当座預金の金額（¥340,000）となります。

銀行勘定調整表（両者区分調整法）　　　　　　　（単位：円）

| 当座預金勘定の残高 | | （ 310,000 ） | 残高証明書の残高 | | （ 320,000 ） |
|---|---|---|---|---|---|
| （加算）→減算に | ［ ③ ］ | （ 40,000 ） | （加算） ［ ④ ］ | | （ 50,000 ） |
| （減算）→加算に | ［ ② ］ | （ 10,000 ） | （減算） ［ ① ］ | | （ 30,000 ） |
| | | （ 340,000 ） | | | （ 340,000 ） |

## ３．貸借対照表に計上される現金の金額

[資料] 1. より、現金の実際有高を求めます。現金として取り扱うものは、次の４つとなります。

| 通貨（紙幣および硬貨） | ¥ | 123,000 |
|---|---|---|
| 他人振出しの小切手 | ¥ | 10,000 |
| 配当金領収証 | ¥ | 7,000 |
| 送金小切手 | ¥ | 9,000 |
| 合　計 | ¥ | 149,000 |

タテ解き
解　答

第１回

第２回

第３回

精　算　表

×8年3月31日 （単位：円）

| 勘定科目 | 残高試算表 借方 | 残高試算表 貸方 | 修正記入 借方 | 修正記入 貸方 | 損益計算書 借方 | 損益計算書 貸方 | 貸借対照表 借方 | 貸借対照表 貸方 |
|---|---|---|---|---|---|---|---|---|
| 現　　　金 | 65,350 | | 50 | | | | 65,400 | |
| 当 座 預 金 | 300,000 | | | | | | 300,000 | |
| 受 取 手 形 | 280,000 | | | | | | 280,000 | |
| 売 　掛　 金 | 388,000 | | 2,000 | 23,000 | | | 367,000 | |
| 売買目的有価証券 | 147,550 | | | 4,050 | | | 143,500 | |
| 繰 越 商 品 | 69,800 | | 88,150 | 69,800 | | | 86,645 | |
| | | | | 1,505 | | | | |
| 建　　　物 | 8,850,000 | | | | | | 8,850,000 | |
| 備　　　品 | 670,000 | | | | | | 670,000 | |
| 商 　標　 権 | 196,000 | | | 28,000 | | | 168,000 | |
| 満期保有目的債券 | 495,200 | | 1,200 | | | | 496,400 | |
| 支 払 手 形 | | 263,000 | | | | | | 263,000 |
| 買 　掛　 金 | | 320,000 | | | | | | 320,000 |
| 貸 倒 引 当 金 | | 28,000 | 23,000 | 7,940 | | | | 12,940 |
| 建物減価償却累計額 | | 1,575,000 | | 228,750 | | | | 1,803,750 |
| 備品減価償却累計額 | | 326,800 | | 68,640 | | | | 395,440 |
| 資 　本　 金 | | 7,000,000 | | | | | | 7,000,000 |
| 利 益 準 備 金 | | 720,000 | | | | | | 720,000 |
| 繰越利益剰余金 | | 558,600 | | | | | | 558,600 |
| 売　　　上 | | 6,768,000 | | | | 6,768,000 | | |
| 有価証券利息 | | 7,500 | | 1,200 | | 8,700 | | |
| 仕　　　入 | 5,450,000 | | 69,800 | 88,150 | 5,431,650 | | | |
| 給　　　料 | 535,000 | | | | 535,000 | | | |
| 保 　険　 料 | 120,000 | | | 30,000 | 90,000 | | | |
| | 17,566,900 | 17,566,900 | | | | | | |
| 雑 　　　益 | | | | 50 | | 50 | | |
| 為 替 差 損 益 | | | | 2,000 | | 2,000 | | |
| 貸倒引当金繰入 | | | 7,940 | | 7,940 | | | |
| 有価証券評価損 | | | 4,050 | | 4,050 | | | |
| 棚 卸 減 耗 損 | | | 1,505 | | 1,505 | | | |
| 減 価 償 却 費 | | | 297,390 | | 297,390 | | | |
| 商 標 権 償 却 | | | 28,000 | | 28,000 | | | |
| 前 払 保 険 料 | | | 30,000 | | | | 30,000 | |
| 当 期 純 利 益 | | | | | 383,215 | | | 383,215 |
| | | | 553,085 | 553,085 | 6,778,750 | 6,778,750 | 11,456,945 | 11,456,945 |

予想配点　■ 1つにつき2点。
合計20点。

**解 説**

精算表の作成が問われています。決算にさいし、残高試算表をもとに決算整理を行い、損益計算書および貸借対照表に記載する金額を確定させます。精算表は、この一連の流れを表にまとめたものです。

これ以上、金額の増減がないと判断できたら、残高試算表欄の金額に修正記入欄の金額を加減して、損益計算書欄または貸借対照表欄に金額を記入していきましょう。

### 決算整理事項その他の処理

#### 1．未処理事項等

**①現金過不足**

実際有高￥65,400＞帳簿残高￥65,350となるので、差額を雑益として処理します。

￥65,400－￥65,350＝￥50（益）

| （現 金） | 50 | （雑 益） | 50 |
|---|---|---|---|

**②貸倒れ**

前期の売上取引から生じたものであり、貸倒引当金を計上しているので取り崩します。

| （貸倒引当金） | 23,000 | （売 掛 金） | 23,000 |
|---|---|---|---|

#### 2．貸倒引当金の設定（差額補充法）

**⑴外貨建て売掛金の換算**

売掛金がある場合、為替レートが￥102から￥110になると、当社の回収額は増加するため、為替差益が生じていることが分かります。

外貨建取引額：￥25,500÷@￥102＝250ドル

為替差損益：(@￥110－@￥102)×250ドル＝￥2,000（益）

| （売 掛 金） | 2,000 | （為替差損益） | 2,000 |
|---|---|---|---|

売掛金：￥388,000－￥23,000＋￥2,000＝**￥367,000**
　　　　売掛金 前T/B　　1.②　　　2.⑴

**⑵貸倒引当金繰入額の計算**

設定額：(￥280,000＋￥367,000)×2％＝**￥12,940**
　　　　受取手形　　売掛金2.⑴

繰入額：￥12,940－(￥28,000－￥23,000)＝**￥7,940**
　　　　　　　　　　貸倒引当金の残高

| （貸倒引当金繰入） | 7,940 | （貸倒引当金） | 7,940 |
|---|---|---|---|

**ここに注意**

・売掛金および貸倒引当金の残高が変動していることに注意！

#### 3．売買目的有価証券の評価替え

有価証券評価損益

￥143,500－￥147,550＝△￥4,050（損）
時価合計　　帳簿価額合計

| （有価証券評価損） | 4,050 | （売買目的有価証券） | 4,050 |
|---|---|---|---|

#### 4．売上原価の計算および商品の評価

| （仕 入） | 69,800 | （繰 越 商 品） | 69,800 |
|---|---|---|---|
| （繰 越 商 品） | 88,150 | （仕 入） | 88,150 |
| （棚卸減耗損） | 1,505 | （繰 越 商 品） | 1,505 |

**ここに注意**

・原価@￥215＜正味売却価額@￥221となるので、商品評価損はありません。

#### 5．減価償却費の計上

建物（定額法）

(￥8,850,000－￥1,350,000)×0.9÷30年＝￥225,000

当期3月1日使用分

￥1,350,000÷30年×$\dfrac{1か月}{12か月}$＝￥3,750

合計：￥225,000＋￥3,750＝**￥228,750**

備品（定率法）

(￥670,000－￥326,800)×20％＝**￥68,640**

| （減価償却費） | 297,390 | （建物減価償却累計額） | 228,750 |
|---|---|---|---|
| | | （備品減価償却累計額） | 68,640 |

**タテ解き 解答**

**第1回**

**第2回**

**第3回**

## 6. 商標権の償却

商標権償却：￥196,000 ÷ 7 年 ＝ ￥28,000

（商標権償却） 28,000 （商　標　権） 28,000

> **ここに注意**
> ・前T/Bの￥196,000は、前期末までに3回償却された残りの金額です。ということは、後7回償却することになりますね。

## 7. 満期保有目的債券の評価替え（償却原価法）

償却額：（￥500,000 － ￥495,200）÷ 4 年 ＝ ￥1,200

（満期保有目的債券） 1,200 （有価証券利息） 1,200

> **ここに注意**
> ・タイムテーブルを描いて確実に計算しましょう。

## 8. 保険料の前払い

前払額：￥120,000 ×  ＝ ￥30,000

（前払保険料） 30,000 （保　険　料） 30,000

> **ここに注意**
> ・「毎年同額を」がキーワードです。タイムテーブルを描くとケアレスミスを防げます。

決算整理事項その他の処理において、金額の増減がなかった項目については、残高試算表欄の金額を損益計算書欄または貸借対照表欄にそのまま記載します。

### 当期純利益の算定

損益計算書欄の貸借差額から当期純利益を算定し、貸借対照表欄の貸借差額から算定した当期純利益と一致することを確認しましょう。

損益計算書欄

￥ 6,778,750 － ￥ 6,395,535 ＝ ￥383,215（利益）
　　収益合計　　　　　費用合計

一致

貸借対照表欄

￥11,456,945 － ￥11,073,730 ＝ ￥383,215（利益）
　　資産合計　　負債・純資産合計

## 解 答 ▶ 第4問 (1) 個別原価計算    ➡ 問題173ページ

| | | 仕 | | | 訳 | | |
|---|---|---|---|---|---|---|---|
| | | 借 方 科 目 | 金 額 | 貸 方 科 目 | | | 金 額 |
| 1 | (1) | ア 材 料 | 935,000 | ウ 買 掛 金 | | | 850,000 |
| | | | | カ 材 料 副 費 | | | 85,000 |
| | (2) | エ 仕 掛 品 | 748,000 | ア 材 料 | | | 748,000 |
| 2 | (1) | エ 仕 掛 品 | 560,000 | ア 賃金・給料 | | | 574,000 |
| | | オ 製 造 間 接 費 | 14,000 | | | | |
| | (2) | オ 製 造 間 接 費 | 210,000 | ア 賃金・給料 | | | 210,000 |
| 3 | (1) | ア 仕 掛 品 | 800,000 | イ 製 造 間 接 費 | | | 800,000 |
| | (2) | ウ 製 品 | 1,268,000 | ア 仕 掛 品 | | | 1,268,000 |

ここに注意

(1) 購入原価＝購入代価＋材料副費
(2) 直接工
　　直接作業時間分→直接労務費
　　間接作業時間、手待時間分
　　　　　　　　　→間接労務費

予想配点　仕訳1組につき2点。
合計12点。

注) 解答の科目欄に仕訳をイメージできるように勘定科目を記載していますが、
　　本試験では記号のみ記載し、勘定科目を記載する必要はありません。

## 解 説 ▶

### 1(1) 材料（素材・補修用材料）の掛け購入

購入原価は、購入代価に材料副費（付随費用）を加えた金額となります。

| （材 料） | 935,000 | （買 掛 金） | 850,000 *1 |
|---|---|---|---|
| | | （材 料 副 費） | 85,000 *2 |

＊1　800,000円＋50,000円＝850,000円（購入代価）
＊2　850,000円×10％＝85,000円（材料副費の予定配賦額）

### (2) 材料（素材）の消費

「素材の消費高」は直接材料費となります。材料の払出しについては先入先出法を採用しています。なお、当月購入分の払出し原価は材料副費を加算した金額となることに注意しましょう。

当月購入分の払出し原価：@200円×（1＋10％）＝@220円

素　材

| | 月初 | | |
|---|---|---|---|
| @198円 | 1,000個 | | 3,500個 |
| | 当月購入 | | |
| @220円 | 4,000個 | | 1,500個 |

♯1：@198円×1,000個＋@220円×1,000個
　　＝418,000円
♯2：@220円×1,500個＝330,000円
合計：748,000円

| （仕 掛 品） | 748,000 | （材 料） | 748,000 |
|---|---|---|---|

### 2(1) 賃金の消費（直接工）

「直接工の直接作業時間に対する賃金消費高」は直接労務費、「直接工の間接作業時間および手待時間に対する賃金消費高」は間接労務費となります。

| （仕 掛 品） | 560,000 *1 | （賃金・給料） | 574,000 |
|---|---|---|---|
| （製 造 間 接 費） | 14,000 *2 | | |

＊1　@700円×800時間＝560,000円
＊2　@700円×（15時間＋5時間）＝14,000円

製造指図書別消費高

 ♯１：@700円×500時間＝350,000円

 ♯２：@700円×300時間＝210,000円

## (2) 賃金の消費（間接工）

「間接工の賃金消費高」は間接労務費となります。

賃金・給料（間接工）

| 当月支払高<br>200,000 円 | 前月未払高<br>20,000 円 |
|---|---|
| | 消費高<br>210,000 円 |
| 当月未払高<br>30,000 円 | |

（ 製 造 間 接 費 ）  210,000   （ 賃 金 ・ 給 料 ）  210,000

＊　200,000円＋30,000円－20,000円＝210,000円

## 3(1) 製造間接費の配賦

予定配賦率＝製造間接費予算÷予定総直接作業時間

 ＝9,000,000円÷9,000時間＝@1,000円

予定配賦額＝予定配賦率×直接工の直接作業時間

 ＝@1,000円×800時間＝800,000円

（ 仕 掛 品 ）  800,000   （ 製 造 間 接 費 ）  800,000

製造指図書別消費高

 ♯１：@1,000円×500時間＝500,000円

 ♯２：@1,000円×300時間＝300,000円

## (2) 製品の完成

完成した製品の原価を仕掛品勘定から製品勘定に振り替えます。♯２は未完成のため計算する必要はありませんが、参考までに記載します。

| | ♯１ | ♯２ | 合　計 |
|---|---|---|---|
| 直接材料費 | 418,000 | 330,000 | 748,000 |
| 直接労務費 | 350,000 | 210,000 | 560,000 |
| 製造間接費 | 500,000 | 300,000 | 800,000 |
| 合　計 | 1,268,000 | 840,000 | 2,108,000 |

（ 製   品 ）  1,268,000   （ 仕   掛   品 ）  1,268,000

## 解答　第4問　(2)単純総合原価計算　→ 問題174ページ

**問1**

### 総合原価計算表 （単位：円）

| | A 原 料 費 | B 原 料 費 | 加 工 費 | 合　　計 |
|---|---|---|---|---|
| 月初仕掛品原価 | 240,000 | 0 | 11,000 | 35,000 |
| 当月製造費用 | 354,000 | 33,000 | 480,000 | 867,000 |
| 合　　計 | 378,000 | 33,000 | 491,000 | 902,000 |
| 差引：月末仕掛品原価 | ( 12,000 ) | ( 0 ) | ( 8,000 ) | ( 20,000 ) |
| 完成品総合原価 | ( 366,000 ) | ( 33,000 ) | ( 483,000 ) | ( 882,000 ) |

**問2**

完成品総合原価 ＝ ［ 876,000 ］ 円

**ここに注意**

・原価投入額の配分方法は先入先出法を用いる。
・B原料費はすべて完成品に負担させる。
・正常仕損は工程の終点で発生しているため、正常仕損費はすべて完成品に負担させる。
・問2の仕損品の処分価額は、完成品総合原価から控除する。

予想配点　■ 1つにつき2点。合計16点。

**解説**

　問題文の条件を丁寧に読み取り、**問1**の総合原価計算表を作成しましょう。

　**問2**では、仕損品に処分価額がある場合の完成品総合原価を計算する必要があります。正常仕損費はすべて完成品に負担させるため、**問1**で求めた完成品総合原価から仕損品の処分価額を差し引くことになります。

　問題を解くさいに、次の点に注意しましょう。

① 原価投入額を完成品総合原価と月末仕掛品原価に配分する方法 →「**先入先出法**」
② A原料 →「**工程の始点で投入**」
③ B原料 →「**工程の60％の点で投入、すべて完成品に負担**」
④ 正常仕損費の負担関係 →「**完成品のみ負担**」
⑤ 仕損品の処分価額 → 問1は「**なし**」、問2は「**あり**」

タテ解き解答

第1回

第2回

第3回

## 問1　総合原価計算表の作成

生産データおよび原価データを用いて、総合原価計算表の作成に必要な金額を計算します。

月末仕掛品原価：12,000円＋8,000円＝**20,000円**

完成品総合原価：366,000円＋33,000円＋483,000円＝**882,000円**

## 問2

問1で求めた完成品総合原価から、仕損品の売却による処分価額を差し引いた金額となります。

処分価額：@6円×1,000kg＝6,000円

完成品総合原価：882,000円－6,000円＝**876,000円**

## 参考　B原料費の負担について

B原料費の負担について、問題文に指示がなくても、月末仕掛品の進捗度（50％）がB原料費の投入点（60％）をまだ通過していないことから、完成品負担とすることがわかります。

## 解答 ▶ 第5問　標準原価計算　　　　　　　　　　→ 問題175ページ

**問1**　　　　　　　　　　　　　　　　　　　　　　　　　　（単位：円）

|  | 製品X | 製品Y | 製品Z |
|---|---|---|---|
| 原 価 標 準 | 11,000 | 13,800 | 9,500 |

**問2**　材料Aに係る差異　　　　　　　　　　　（単位：円）

| 材 料 費 差 異 | 135,000 | （ 不利差異、⊙有利差異 ） |
|---|---|---|
| 材 料 価 格 差 異 | 185,000 | （ 不利差異、⊙有利差異 ） |
| 材 料 消 費 量 差 異 | 50,000 | （⊙不利差異、 有利差異 ） |

※（　　）内の「不利差異」または「有利差異」を○で囲むこと。（以下、同じ）

**問3**　製品Yに係る差異　　　　　　　　　　　（単位：円）

| 売 上 高 差 異 | 1,525,000 | （⊙不利差異、 有利差異 ） |
|---|---|---|
| 販 売 価 格 差 異 | 200,000 | （ 不利差異、⊙有利差異 ） |
| 販 売 数 量 差 異 | 1,725,000 | （⊙不利差異、 有利差異 ） |

### ここに注意

- 材料Aは製品Xと製品Zで使用しているため、材料Aに係る差異は、標準と実際は、それぞれの製品の消費量を合計して計算する。
- 売上高差異は収益に係る差異のため、原価差異とは不利差異と有利差異が逆になることに注意。

**予想配点**
問1　すべて正解で3点。
問2　各2点。
問3　各1点。
合計 12 点。

タテ解き
解　答

第1回

第2回

第3回

### 解説

標準原価計算における原価標準の計算および材料費差異、売上高差異についての問題です。
差異分析についてはBOX図を使って解くとスムーズに解答できます。

### 問1　原価標準の計算

各費目の標準価格または標準配賦率に標準消費量を掛けて、原価標準を計算します。

　　製造間接費の固定費率：6,800,000円÷3,400時間＝2,000円/時間
　　　　　　　　　　　　　　固定費予算額　正常作業時間

　　製造間接費の標準配賦率：2,000円/時間＋2,000円/時間＝4,000円/時間
　　　　　　　　　　　　　　　変動費率　　　　固定費率

**⑴製品Xの原価標準**

　　直接材料費：　500円/kg　×10kg　＝　5,000円
　　直接労務費：2,000円/時間×1時間＝　2,000円
　　製造間接費：4,000円/時間×1時間＝　4,000円
　　　　　　　　　　　　　　　　　　　11,000円

(2)**製品Yの原価標準**

直接材料費：　600円/kg　×　8 kg＝　4,800円

直接労務費：2,000円/時間×1.5時間＝　3,000円

製造間接費：4,000円/時間×1.5時間＝　6,000円

　　　　　　　　　　　　　　　　13,800円

(3)**製品Zの原価標準**

直接材料費：　500円/kg　×7 kg　＝　3,500円

直接労務費：2,000円/時間×1 時間＝　2,000円

製造間接費：4,000円/時間×1 時間＝　4,000円

　　　　　　　　　　　　　　　　　9,500円

### 問2　材料費差異の分析

本問では，製品Xと製品Zは材料Aを使用しているので、材料の種類ごとに分析します。

材料Aの標準消費量：<u>10kg×1,000個</u>＋<u>7kg×1,200個</u>＝18,400kg
　　　　　　　　　　　製品X　　　　　製品Z

材料Aの差異　　　：@500円×18,400kg－@490円×18,500kg＝（＋）135,000円（有利差異）

材料価格差異　　　：（@500円－@490円）×18,500kg＝（＋）185,000円（有利差異）

材料消費量差異：@500円×（18,400kg－18,500kg）＝（△）50,000円（不利差異）

#### 問3　売上高差異の分析

　売上高差異は収益に係る差異であるため、原価差異とは不利と有利が逆になることに注意しましょう。具体的には、予算−実際がプラスの場合、予算よりも実際の収益の方が小さかったことになるので不利差異となり、予算−実際がマイナスの場合、予算よりも実際の収益の方が大きかったことになるので有利差異となります。

　ボックス図の書き方はいくつかありますが、原価差異と同様に予算を内側に、実際を外側に記入し、予算−実際で計算した後に、電卓上で、プラスマイナスを入れ替えるとよいです。

🖩**計算用紙**

製品Yに係る売上高差異

売上高差異　　：@17,250円×900個 − @17,500円×800個 ＝（＋）1,525,000円→（不利差異）
　　　　　　　　　　予算売上高　　　　　　　実際売上高

販売価格差異：（@17,250円 − @17,500円）× 　800個　 ＝（△）200,000円→（有利差異）
　　　　　　　　予算販売単価　実際販売単価　実際販売数量

販売数量差異：@17,250円×（　900個　 − 　800個　）＝（＋）1,725,000円→（不利差異）
　　　　　　　　予算販売単価　予算販売数量 実際販売数量

（参考）製品Zに係る売上高差異

売上高差異　　：@11,875円×1,050個 − @11,000円×1,200個 ＝（△）731,250円→（有利差異）
　　　　　　　　　　予算売上高　　　　　　　実際売上高

販売価格差異：（@11,875円 − @11,000円）× 　1,200個　 ＝（＋）1,050,000円→（不利差異）
　　　　　　　　予算販売単価　実際販売単価　実際販売数量

販売数量差異：@11,875円×（　1,050個　 − 　1,200個　）＝（△）1,781,250円→（有利差異）
　　　　　　　　予算販売単価　予算販売数量 実際販売数量

タテ解き
解　答

第1回

第2回

第3回

# 第2回 本試験問題【解答・解説】

➡ 問題176ページ

## 解答　第1問　仕訳

| | | 借 方 科 目 | 金 額 | 貸 方 科 目 | 金 額 |
|---|---|---|---|---|---|
| 1 | ア | 現　　　　金 | 1,187,544 | ウ 売買目的有価証券 | 1,185,600 |
| | | | | カ 有価証券売却益 | 1,200 |
| | | | | オ 有価証券利息 | 744 |
| 2 | ウ | 商品保証引当金 | 28,000 | オ 商品保証引当金戻入 | 28,000 |
| | エ | 商品保証引当金繰入 | 185,000 | ウ 商品保証引当金 | 185,000 |
| 3 | ア | 繰延税金資産 | 3,000 | エ 法人税等調整額 | 3,000 |
| 4 (1) | ウ | 仕　掛　品 | 300,000 | カ 給　　　料 | 250,000 |
| | | | | キ 消 耗 品 費 | 50,000 |
| 4 (2) | ア | 売　掛　金 | 500,000 | エ 役 務 収 益 | 500,000 |
| | オ | 役 務 原 価 | 300,000 | ウ 仕　掛　品 | 300,000 |
| 5 | キ | 広 告 宣 伝 費 | 100,000 | ア 本　　　店 | 100,000 |

注) 上記解答の科目欄に仕訳をイメージできるように勘定科目を記載していますが、本試験では記号のみ記載し、勘定科目を記載する必要はありません。

**ここに注意**

1 前回の利払日の翌日（10月1日）から売却日（12月1日）までの端数利息を受取る。
2 差額補充法ではなく、洗替法により処理する。
3 貸倒引当金の仕訳は処理済みのため、不要。
4 サービス業が本業のため、代金の未収は売掛金で処理する。
5 本店の仕訳は不要。

**予想配点** 4は(1)、(2)仕訳1組につき2点。それ以外は仕訳1組につき4点。合計20点。

## 解説

　仕訳問題を解くとき、「問題文のキーワードとなる語句に着目して、勘定科目に変換」するようにすると、仕訳を考えやすくなります。

### 1. 有価証券の売却*

> 　×年12月1日、売買目的で保有している額面総額¥1,200,000の社債（利率年0.365%、利払日は3月末と9月末の年2回）を額面¥100につき¥98.90の価額（裸相場）❶で売却し、売却代金は売買日までの端数利息❷とともに現金で受け取った。なお、この社債は×年9月1日に額面¥100につき¥98.80の価額（裸相場）❶で買い入れたものであり、端数利息は1年を365日として日割で計算する。

*補足
　直前の利払日の翌日から売却日までの端数利息は、当社が受け取るべき利息。
　そのため、売却時に端数利息を受取ります。

**有価証券利息**

| 4/1～9/1 支払い | 4/1～9/末 受取り |
|---|---|
| 当社利息 9/2～12/1 | 10/1～12/1 受取り |

❶
売却価額：¥1,200,000 × $\frac{@¥98.90}{@¥100}$
　　　　　＝¥1,186,800
帳簿価額：¥1,200,000 × $\frac{@¥98.80}{@¥100}$
　　　　　＝¥1,185,600
売却損益：¥1,186,800 － ¥1,185,600
　　　　　＝¥1,200（益）
❷ ¥1,200,000 × 0.365% × $\frac{62日}{365日}$
　　　　　＝¥744

（現　　　金）1,187,544　（売買目的有価証券）1,185,600
　　　　　　　　　　　　　（有価証券売却益）❶　1,200
　　　　　　　　　　　　　（有価証券利息）❷　　744

日数の計算：31日＋30日＋1日＝62日
　　　　　　　10月　　11月　　12月

206

## 2. 商品保証引当金*

×年3月31日、決算にあたり、前年度に販売した商品に付した品質保証期限が経過したため、この保証のために設定した引当金の残高¥28,000を取り崩す❶とともに、当期に品質保証付きで販売した商品の保証費用を当期の売上高¥9,250,000の2％と見積もり、洗替法により引当金を設定する。❶❷

❷ 🖩 ¥9,250,000 × 2％＝¥185,000

| | | | | |
|---|---|---|---|---|
| （商品保証引当金） | 28,000 | （商品保証引当金戻入）❶ | 28,000 |
| （商品保証引当金繰入）❷ | 185,000 | （商品保証引当金） | 185,000 |

*補足
　洗替法のため、前期に費用計上した引当金を取り崩して収益計上します。
　そして、あらためて翌期に発生すると見積もられる費用を引当計上します。

## 3. 税効果会計*

×年3月31日、決算にあたり、売上債権の期末残高¥500,000について2％の貸倒れを見積もり、貸倒引当金を設定したが、その全額について税法上の損金算入が認められなかった❶ので、貸倒引当金にかかわる税効果会計の仕訳を行う。貸倒引当金に期首残高はなく、また法人税等の法定実効税率は30％である。なお、貸倒引当金を設定するための決算整理仕訳はすでに行っているものとし、税効果会計の適用にかかわる仕訳のみを解答すること。

❷ 🖩 ¥500,000 × 2％＝¥10,000
　　¥10,000 × 30％＝¥3,000

| | | | |
|---|---|---|---|
| （繰延税金資産）❶ | 3,000 | （法人税等調整額）❷ | 3,000 |

*補足
　費用として認められない
　→課税所得の増加
　→法人税等の増加
　B/S 上、税金の前払いと考えるとともに、P/L 上、法人税等から減額します。

## 4. 役務収益、役務原価*

（1）建築物の設計・監理を請け負っている株式会社熊本設計事務所は、給料¥250,000、消耗品費¥50,000❶（費用として記帳済み）が請け負っていたA社の案件のために費やされたものであることが明らかになったので、これらを仕掛品勘定に振り替えた。❷

（2）後日、建築物が設計通りに建設業者からA社に引き渡されたため、当社はA社に対する設計・監理料として¥500,000を収益計上❸するとともに、それにともなう原価を計上した。
　なお、代金は翌月末に入金される条件である。❹

❷ 🖩 ¥250,000 ＋ ¥50,000
　　＝¥300,000

| | | | | |
|---|---|---|---|---|
| （仕　　掛　　品）❷ | 300,000 | （給　　　　　料）❶ | 250,000 |
| | | （消　耗　品　費）❶ | 50,000 |
| （売　　掛　　金）❹ | 500,000 | （役　務　収　益）❸ | 500,000 |
| （役　務　原　価）❸ | 300,000 | （仕　　掛　　品）❸ | 300,000 |

*補足
　サービス提供に係る収益計上の仕訳は、商品販売の売上原価対立法の処理に似ています。

タテ解き解答
第1回
第2回
第3回

## 5. 支店の費用負担*

決算にあたり、本店より「本店が支払った広告宣伝費¥400,000につき、その4分の1を❶栃木支店が負担するように」との指示があったので、栃木支店は広告宣伝費を計上した。❷
なお、当社は支店独立会計制度を導入しているが、本店側の仕訳は答えなくてよい。❷

❶ 🖩 ¥400,000 × 1/4 ＝ ¥100,000

| | | | |
|---|---|---|---|
| （広告宣伝費）❶ | 100,000 | （本　　　　店）❷ | 100,000 |

*補足
　本店の費用のうち支店の売上獲得に役立った費用は、支店の正しい業績を把握するために支店が負担すべきです。

連 結 精 算 表　　　　　（単位：千円）

| 科　　目 | 個別財務諸表 | | 修正・消去 | | 連結財務諸表 |
|---|---|---|---|---|---|
| | P　社 | S　社 | 借　方 | 貸　方 | |
| 貸 借 対 照 表 | | | | | 連結貸借対照表 |
| 現 金 預 金 | 328,000 | 78,000 | | | 406,000 |
| 売 掛 金 | 480,000 | 220,000 | | 180,000 | 520,000 |
| 貸 倒 引 当 金 | △4,800 | △2,200 | 1,800 | | △5,200 |
| 商 品 | 370,000 | 165,000 | | 10,000 | 525,000 |
| 貸 付 金 | 80,000 | ― | | 70,000 | 10,000 |
| S 社 株 式 | 200,000 | ― | | 200,000 | 0 |
| の れ ん | | | 80,000 | 4,000 | 72,000 |
| | | | | 4,000 | |
| 資 産 合 計 | 1,453,200 | 460,800 | 81,800 | 468,000 | 1,527,800 |
| 買 掛 金 | 304,200 | 190,800 | 180,000 | | 315,000 |
| 借 入 金 | ― | 90,000 | 70,000 | | 20,000 |
| 資 本 金 | 226,000 | 100,000 | 100,000 | | 226,000 |
| 資 本 剰 余 金 | 123,000 | 20,000 | 20,000 | | 123,000 |
| 利 益 剰 余 金 | 800,000 | 60,000 | 933,700 | 881,500 | 807,800 |
| 非 支 配 株 主 持 分 | | | 2,000 | 38,000 | 36,000 |
| 負債・純資産合計 | 1,453,200 | 460,800 | 1,305,700 | 919,500 | 1,527,800 |
| 損 益 計 算 書 | | | | | 連結損益計算書 |
| 売 上 高 | 1,560,000 | 1,080,000 | 860,000 | | 1,780,000 |
| 売 上 原 価 | 1,014,000 | 767,000 | 10,000 | 860,000 | 922,000 |
| | | | | 9,000 | |
| 販売費及び一般管理費 | 477,800 | 269,000 | 4,000 | 1,800 | 749,000 |
| 営 業 外 収 益 | 30,000 | ― | 8,000 | | 21,300 |
| | | | 700 | | |
| 営 業 外 費 用 | 10,000 | 20,000 | | 700 | 29,300 |
| 当 期 純 利 益 | 88,200 | 24,000 | 882,700 | 871,500 | 101,000 |
| 非支配株主に帰属する当期純利益 | | | 4,800 | | 4,800 |
| 親会社株主に帰属する当期純利益 | | | 887,500 | 871,500 | 96,200 |
| 株主資本等変動計算書 | | | | | 連結株主資本等変動計算書 |
| 利益剰余金当期首残高 | 761,800 | 46,000 | 30,000 | | 761,600 |
| | | | 4,000 | | |
| | | | 3,200 | | |
| | | | 9,000 | | |
| 配 当 金 | △50,000 | △10,000 | | 10,000 | △50,000 |
| 親会社株主に帰属する当期純利益 | 88,200 | 24,000 | 887,500 | 871,500 | 96,200 |
| 利益剰余金当期末残高 | 800,000 | 60,000 | 933,700 | 881,500 | 807,800 |
| 非支配株主持分当期首残高 | | | | 30,000 | 33,200 |
| | | | | 3,200 | |
| 非支配株主持分当期変動額 | | | 2,000 | 4,800 | 2,800 |
| 非支配株主持分当期末残高 | | | 2,000 | 38,000 | 36,000 |

（注意）　連結精算表で金額の前に△を付けることが考えられるのは、**貸倒引当金**、**減価償却累計額**、**剰余金の配当**などですが、本試験では、それらの科目が無いにも関わらず、問題文に「**減少となる項目については△を付ける**」とダミーの指示が入ることがあります。これらの科目が無い場合には、他の科目に無理して「△」を付ける必要はありません。

予想配点　 1つにつき2点。合計20点。

連結第2年度（×6年4月1日から×7年3月31日まで）の連結精算表の作成が問われています。

連結第1年度（×5年4月1日から×6年3月31日まで）の連結修正仕訳は、帳簿に記録されていないので、連結第2年度において連結開始仕訳を行う必要があります。連結第1年度に行った連結修正仕訳を考え、連結開始仕訳を行った後、当期の連結修正仕訳を行います。

単位が千円単位となっているため、以下の金額は**（単位：千円）**として解説します。

## 連結開始仕訳
### 投資と資本の相殺消去

P社持分（持分割合：80%）

$(100,000 + 20,000 + 30,000) \times 80\% = 120,000$

非支配株主持分（持分割合：$100\% - 80\% = 20\%$）

$(100,000 + 20,000 + 30,000) \times 20\% = 30,000$

のれん：$\underset{\text{S社株式}}{200,000} - \underset{\text{P社持分}}{120,000} = 80,000$

| （資　本　金）100,000 | （S　社　株　式）200,000 |
|---|---|
| （資本剰余金）20,000 | （非支配株主持分当期首残高）30,000 |
| （利益剰余金当期首残高）30,000 | |
| （の　れ　ん）80,000 | |

資本金：$226,000 + 100,000 - 100,000 = \mathbf{226,000}$

資本剰余金：$123,000 + 20,000 - 20,000 = \mathbf{123,000}$

### のれんの償却

のれんは20年にわたり定額法で償却します。連結第1年度の連結修正仕訳となるので、「のれん償却」ではなく、「利益剰余金」の減少として処理します。

$80,000 \div 20年 = 4,000$

| （利益剰余金当期首残高）4,000 | （の　れ　ん）4,000 |
|---|---|

### S社の当期純利益の非支配株主持分への振替え

非支配株主の持分割合に応じて、S社の当期純利益を非支配株主持分へと振り替えます。

連結第1年度の連結修正仕訳となるので、「非支配株主に帰属する当期純利益」ではなく、「利益剰余金」の減少として処理します。

$16,000 \times 20\% = 3,200$

| （利益剰余金当期首残高）3,200 | （非支配株主持分当期首残高）3,200 |
|---|---|

連結第1年度

利益剰余金（個別S社）

| 減少 | 期首 |
|---|---|
| － | 30,000 |
| 期末 | 増加<br>当期純利益 |
| 46,000 | 16,000[*1] |

連結第2年度

利益剰余金（個別S社）

| 配当 | 期首 |
|---|---|
| 10,000 | 46,000 |
| 期末 | 増加<br>当期純利益 |
| 60,000 | 24,000 |

*1　支配獲得時のS社の利益剰余金30,000が与えられているので、貸借差額で算定する。

## 当期の連結修正仕訳
### のれんの償却

| （のれん償却）4,000<br>販管費 | （の　れ　ん）4,000 |
|---|---|

のれん：$80,000 - 4,000 - 4,000 = \mathbf{72,000}$

### S社の当期純利益の非支配株主持分への振替え

$24,000 \times 20\% = 4,800$

| （非支配株主に帰属する当期純利益）4,800 | （非支配株主持分当期変動額）4,800 |
|---|---|

### 剰余金の配当

受取配当金と非支配株主持分を減らすとともに、利益剰余金の減少を取り消します。

| （受取配当金）8,000<br>営業外収益 | （配　当　金）10,000 |
|---|---|
| （非支配株主持分当期変動額）2,000 | |

非支配株主持分：$30,000 + 3,200 + 4,800 - 2,000$
$= \mathbf{36,000}$

## 売掛金と買掛金の相殺消去

親子会社間の売掛金と買掛金は連結グループ内部の債権債務にすぎないため、相殺消去します。貸付金と借入金などについても同様です。

| （買　掛　金）180,000 | （売　掛　金）180,000 |
|---|---|

売掛金：480,000＋220,000－180,000＝**520,000**
買掛金：304,200＋190,800－180,000＝**315,000**

## 貸倒引当金の修正

消去した売掛金について貸倒引当金を設定している場合には、貸倒引当金も取り消します。

180,000×1％＝1,800

| （貸倒引当金）　1,800 | （貸倒引当金繰入）　1,800<br>販管費 |
|---|---|

## 貸付金と借入金の相殺消去

| （借　入　金）70,000 | （貸　付　金）70,000 |
|---|---|

貸付金：80,000－70,000＝**10,000**
借入金：90,000－70,000＝**20,000**

## 売上高と仕入高の相殺消去

親子会社間の商品売買は連結ベースでみると、内部取引（単なるグループ内部での商品の移動）になるため、相殺消去を行います。

| （売　上　高）860,000 | （売　上　原　価）860,000<br>当期商品仕入高 |
|---|---|

売上高：1,560,000＋1,080,000－860,000
　　　　＝**1,780,000**

## 受取利息と支払利息の相殺消去

貸付金と借入金の相殺に伴い、そこから発生する利息も相殺消去します。

70,000×1％＝700

| （受　取　利　息）　700 | （支　払　利　息）　700 |
|---|---|

営業外収益：30,000－8,000－700＝**21,300**
営業外費用：10,000＋20,000－700＝**29,300**

## 商品の未実現利益の消去

### (1)期末商品

連結グループの外部へ販売していない状況での利益の計上は認められないため、未実現利益（未販売の商品の利益）を消去します。

$$110,000 \times \frac{0.1}{1.1} = 10,000$$

| （売　上　原　価）　10,000 | （商　　　品）　10,000 |
|---|---|

### (2)期首商品

期首商品の未実現利益は、当期にすべて実現したと考えます。

$$未実現利益：99,000 \times \frac{0.1}{1.1} = 9,000$$

### ①前期の引継ぎの仕訳

前期に行った連結修正仕訳を再び行います。当期の連結修正仕訳となるので、前期の「売上原価」は「利益剰余金」として処理します。

| （利益剰余金当期首残高）　9,000<br>売上原価 | （商───品）　9,000 |
|---|---|

### ②当期の実現の仕訳

期首商品に含まれる未実現利益は、当期にすべて実現したと考えます。

| （商───品）　9,000 | （売　上　原　価）　9,000 |
|---|---|

上記①と②の仕訳を合算・相殺したものが、連結修正仕訳となります。

| （利益剰余金当期首残高）　9,000 | （売　上　原　価）　9,000 |
|---|---|

商　　品：370,000＋165,000－10,000＝**525,000**
売上原価：1,014,000＋767,000－860,000
　　　　　＋10,000－9,000＝**922,000**

## 利益剰余金の修正・消去欄の記入

損益計算書の「親会社株主に帰属する当期純利益」の行で計算した修正・消去欄の合計887,500と871,500を株主資本等変動計算書の「親会社株主に帰属する当期純利益」に移します。

そして、株主資本等変動計算書の「利益剰余金当期末残高」の行で計算した合計933,700と881,500を貸借対照表の「利益剰余金」に移します。

## 解答　第3問　貸借対照表作成　→ 問題178ページ

### 貸 借 対 照 表
×8年3月31日現在　（単位：円）

| 資 産 の 部 | | | 負 債 の 部 | | |
|---|---|---|---|---|---|
| I 流 動 資 産 | | | I 流 動 負 債 | | |
| 現 金 預 金 | （ | 705,700 ） | 支 払 手 形 | （ | 156,000 ） |
| 受 取 手 形 | （ | 140,000 ） | 電 子 記 録 債 務 | （ | 1,352,000 ） |
| 売 掛 金 | （ | 1,478,000 ） | 買 掛 金 | （ | 401,600 ） |
| 商 品 | （ | 2,110,000 ） | 短 期 借 入 金 | （ | 200,000 ） |
| 前 払 費 用 | （ | 10,400 ） | 未 払 法 人 税 等 | （ | 143,000 ） |
| 未 収 入 金 | （ | 99,600 ） | 未 払 費 用 | （ | 140,000 ） |
| 貸 倒 引 当 金 | （△ | 16,180 ） | 流 動 負 債 合 計 | （ | 2,392,600 ） |
| 流 動 資 産 合 計 | （ | 4,527,520 ） | | | |
| II 固 定 資 産 | | | II 固 定 負 債 | | |
| 有 形 固 定 資 産 | | | （長 期 借 入 金） | （ | 600,000 ） |
| 建 物 | （ | 810,000 ） | 固 定 負 債 合 計 | （ | 600,000 ） |
| 建物減価償却累計額 | （△ | 432,000 ） | 負 債 合 計 | （ | 2,992,600 ） |
| 備 品 | （ | 160,000 ） | | | |
| 備品減価償却累計額 | （△ | 45,750 ） | 純 資 産 の 部 | | |
| 土 地 | （ | 1,642,000 ） | I 資 本 金 | （ | 1,485,000 ） |
| 有 形 固 定 資 産 合 計 | （ | 2,134,250 ） | II 資 本 準 備 金 | （ | 836,000 ） |
| 投資その他の資産 | | | III 利 益 剰 余 金 | | |
| 長 期 前 払 費 用 | （ | 11,500 ） | 利 益 準 備 金 | （ | 123,200 ） |
| 投資その他の資産合計 | （ | 11,500 ） | （繰 越 利 益 剰 余 金） | （ | 1,236,470 ） |
| 固 定 資 産 合 計 | （ | 2,145,750 ） | 利 益 剰 余 金 合 計 | （ | 1,359,670 ） |
| | | | 純 資 産 合 計 | （ | 3,680,670 ） |
| 資 産 合 計 | （ | 6,673,270 ） | 負債及び純資産合計 | （ | 6,673,270 ） |

予想配点　░ 1つにつき2点。　合計20点。

**決算にあたっての修正事項**

**1．掛け売上の取消し**

売上高の計上基準は得意先の検収基準であり、得意先で未検収のままなので、掛け売上を取り消します。

| （売 上） | 600,000 | （売 掛 金） | 600,000 |
|---|---|---|---|

売掛金：¥2,078,000 − ¥600,000 = **¥1,478,000**

**2．源泉税**

源泉税を控除する前の総額を「受取利息」に計上することになります。源泉税は「仮払法人税等」として処理します。

¥16,000は利息総額の80％となるので、割り戻すことにより利息総額を求め、差額を計上します。

利息総額：¥16,000 ÷ 0.8 = ¥20,000

追加計上額：¥20,000 − ¥16,000 = ¥4,000

正しい仕訳

| （現 金 預 金） | 16,000 | （受 取 利 息） | 20,000 |
|---|---|---|---|
| （仮払法人税等） | 4,000 | | |

会社の仕訳

| （現 金 預 金） | 16,000 | （受 取 利 息） | 16,000 |
|---|---|---|---|

修正仕訳

| （仮払法人税等） | 4,000 | （受 取 利 息） | 4,000 |
|---|---|---|---|

**決算整理事項**

**1．売上原価の算定**

期末帳簿棚卸高は出荷基準にもとづいて算定しているため、得意先で未検収の商品（原価¥400,000（[資料Ⅱ] 1.））が含まれていません。

同様に、出荷済みのため、実地棚卸高にも含まれていません。

期末帳簿棚卸高：¥1,750,000 + ¥400,000 = ¥2,150,000
実地棚卸高：¥1,710,000 + ¥400,000 = ¥2,110,000
棚卸減耗損：¥2,150,000 − ¥2,110,000 = ¥40,000

| （仕 入） | 1,601,000 | （繰 越 商 品） | 1,601,000 |
|---|---|---|---|
| （繰 越 商 品） | 2,150,000 | （仕 入） | 2,150,000 |
| （棚 卸 減 耗 損） | 40,000 | （繰 越 商 品） | 40,000 |
| （仕 入）* | 40,000 | （棚 卸 減 耗 損） | 40,000 |

＊　仕入勘定で売上原価を算定すると仮定

商品：**¥2,110,000**

**2．未払費用**

再振替仕訳を行い、給料および水道光熱費を未払計上します。

| （未 払 費 用） | 113,000 | （給 料 手 当） | 23,000 |
|---|---|---|---|
| | | （水 道 光 熱 費） | 90,000 |
| （給 料 手 当） | 35,000 | （未 払 費 用） | 140,000 |
| （水 道 光 熱 費） | 105,000 | | |

未払費用：¥113,000 − ¥113,000 + ¥140,000 = **¥140,000**

**3．長期前払費用**

3月1日に3年分を支払っているので、1か月分を当期の費用とし、12か月分（決算日の翌日から1年以内）は「前払費用」として処理します。

1か月分：¥18,000 ÷ 36か月 = ¥500

| （保 険 料） | 500 | （長期前払費用） | 6,500 |
|---|---|---|---|
| （前 払 費 用） | 6,000 | | |

長期前払費用：¥18,000 − ¥6,500 = **¥11,500**

**4．減価償却**

減価償却費の年間確定額と月次決算（4月から2月まで）で計上した金額との差額を追加計上します。ただし、3月1日から使用開始した備品は別途、月割りで計算する必要があります。

建物

年間確定額：¥810,000 ÷ 30年 = ¥27,000
月次決算計上額：¥2,200 × 11か月 = ¥24,200
追加計上額：¥27,000 − ¥24,200 = ¥2,800

| （減 価 償 却 費） | 2,800 | （建物減価償却累計額） | 2,800 |
|---|---|---|---|

備品

①期首以前取得分（¥100,000）

決算整理前残高試算表の備品減価償却累計額は、月次決算で計上した金額¥16,500*が含まれているので注意しましょう。

＊　¥1,500 × 11か月 = ¥16,500

期首減価償却累計額：¥41,500 − ¥16,500 = ¥25,000

償却率：$\dfrac{1}{8年} \times 200\% = 0.25$

年間確定額：（¥100,000 − ¥25,000）× 0.25 = ¥18,750
月次決算計上額：¥16,500
追加計上額：¥18,750 − ¥16,500 = ¥2,250

②3月1日取得分（¥60,000）　当期1か月使用

償却率：$\dfrac{1}{5年} \times 200\% = 0.4$

$¥60,000 \times 0.4 \times \dfrac{1か月}{12か月} = ¥2,000$

| （減 価 償 却 費） | 4,250 | （備品減価償却累計額） | 4,250 |

建物減価償却累計額：¥429,200 ＋ ¥2,800 ＝ ¥432,000
備品減価償却累計額：¥41,500 ＋ ¥4,250 ＝ ¥45,750
減価償却費：¥40,700 ＋ ¥2,800 ＋ ¥4,250 ＝ ¥47,750

・月次決算計上額が決算整理前残高試算表の備品減価償却累計額に含まれている

## 5．借入金

　6か月分の利息を「前払費用」に計上しているので、当期2か月分を「支払利息」に振り替えます。また、残高¥600,000の借入金は、返済期日が決算日の翌日から1年を超えるので、「長期借入金」に振り替えます。

①残高¥200,000

$6か月分：¥200,000 \times 1.2\% \times \dfrac{6か月}{12か月} = ¥1,200$

$利息計上額：¥1,200 \times \dfrac{2か月}{6か月} = ¥400$

②残高¥600,000

$6か月分：¥600,000 \times 1.8\% \times \dfrac{6か月}{12か月} = ¥5,400$

$利息計上額：¥5,400 \times \dfrac{2か月}{6か月} = ¥1,800$

| （支 払 利 息） | 2,200 | （前 払 費 用） | 2,200 |
| （短 期 借 入 金） | 600,000 | （長 期 借 入 金） | 600,000 |

前払費用：¥6,600 ＋ ¥6,000 － ¥2,200 ＝ ¥10,400
短期借入金：¥800,000 － ¥600,000 ＝ ¥200,000
長期借入金：¥600,000

・返済期日が決算日の翌日から1年を超える場合、「長期借入金」として記載する

## 6．貸倒引当金

受取手形：¥140,000　　売掛金：¥1,478,000
貸倒引当金設定額
　（¥140,000 ＋ ¥1,478,000）× 1 ％ ＝ ¥16,180
貸倒引当金繰入額：¥16,180 － ¥5,000 ＝ ¥11,180

| （貸倒引当金繰入） | 11,180 | （貸倒引当金） | 11,180 |

貸倒引当金：¥5,000 ＋ ¥11,180 ＝ ¥16,180

## 7．未払法人税等

仮払法人税等：¥3,000 ＋ ¥4,000 ＝ ¥7,000
未払法人税等：¥150,000 － ¥7,000 ＝ ¥143,000

| （法人税,住民税及び事業税） | 150,000 | （仮払法人税等） | 7,000 |
| | | （未払法人税等） | 143,000 |

繰越利益剰余金：¥886,470 ＋ ¥350,000 ＝ ¥1,236,470

タテ解き
解　答

第1回

第2回

第3回

|   |     | 借 方 科 目 | 金 額 | 貸 方 科 目 | 金 額 |
|---|-----|-----------|------|-----------|------|
| 1 | (1) | イ 仕 掛 品 | 300,000 | ア 材 料 | 300,000 |
|   | (2) | イ 仕 掛 品 | 90,000 | カ 本 社 | 90,000 |
| 2 | (1) | イ 仕 掛 品 | 500,000 | ア 賃金・給料 | 660,000 |
|   |     | オ 製造間接費 | 160,000 | | |
|   | (2) | オ 製造間接費 | 200,000 | カ 本 社 | 200,000 |
| 3 | (1) | ウ 製 品 | 1,000,000 | エ 仕 掛 品 | 1,000,000 |
|   | (2) | カ 本 社 | 800,000 | ウ 製 品 | 800,000 |

（表上部の見出し：仕 訳）

注) 解答の科目欄に仕訳をイメージできるように勘定科目を記載していますが、
本試験では記号のみ記載し、勘定科目を記載する必要はありません。

解 説

工場元帳の勘定科目は、残高試算表にあるものに限定されています。工場の仕訳のさい、相手勘定科目が残高試算表になければ、本社元帳に設定されている勘定になるので本社勘定を用います。

### 1(1) 材料の引渡し

素材を出庫票で出庫しているため、材料勘定から仕掛品勘定に振り替えます。

**工場の仕訳**

| （仕 掛 品） | 300,000 | （材 料） | 300,000 |
|---|---|---|---|

**本社の仕訳**

| 仕 訳 な し |
|---|

### (2) 外注加工

外注加工した素材が納品されたため、本来、外注加工賃を計上するとともに買掛金を計上します。

ただし、工場元帳に外注加工賃が無いため、仕掛品勘定で処理します。また、支払いは本社で行うため、貸方を本社勘定で処理します。

**工場の仕訳**

| （仕 掛 品） | 90,000 | （本 社） | 90,000 |
|---|---|---|---|

**本社の仕訳**

| （工 場） | 90,000 | （買 掛 金） | 90,000 |
|---|---|---|---|

### 2(1) 賃金の消費

直接工の直接作業時間にかかる賃金消費額は仕掛品勘定で、間接工の賃金消費額は製造間接費勘定で処理します。

**工場の仕訳**

| （仕 掛 品） | 500,000 | （賃金・給料） | 660,000 |
|---|---|---|---|
| （製造間接費） | 160,000 | | |

**本社の仕訳**

| 仕 訳 な し | | | |
|---|---|---|---|

## ⑵　減価償却の計上

　減価償却費などの費用の勘定が工場元帳にないため、諸費用（間接経費）については製造間接費勘定でまとめて処理していると考えます。

**工場の仕訳**

| （ 製 造 間 接 費 ） | 200,000 * | （ 本　　　　社 ） | 200,000 |
|---|---|---|---|

　＊　2,400,000円÷12か月＝200,000円

**本社の仕訳**

| （ 工　　　　場 ） | 200,000 | （ 機械減価償却累計額 ） | 200,000 |
|---|---|---|---|

## 3⑴　製品の完成

　完成分について仕掛品勘定から製品勘定に振り替えます。

**工場の仕訳**

| （ 製　　　　品 ） | 1,000,000 | （ 仕　掛　品 ） | 1,000,000 |
|---|---|---|---|

**本社の仕訳**

| 仕 訳 な し | | | |
|---|---|---|---|

## ⑵　製品の販売

　売上原価勘定が工場元帳にないため、本社勘定で処理します。

**工場の仕訳**

| （ 本　　　　社 ） | 800,000 | （ 製　　　　品 ） | 800,000 |
|---|---|---|---|

**本社の仕訳**

| （ 売 上 原 価 ） | 800,000 | （ 工　　　　場 ） | 800,000 |
|---|---|---|---|

タテ解き
解　答

第1回

第2回

第3回

**問1**

等 価 比 率 計 算 表

| 等級製品 | 重 量 | 等価係数 | 完成品量 | 積 数 | 等価比率 |
|---|---|---|---|---|---|
| A | 300 g | 3 | 6,000 枚 | 18,000 枚 | 90 % |
| B | 100 g | 1 | 2,000 枚 | 2,000 枚 | 10 % |
| | | | | | 100% |

**問2** 当 月 の 月 末 仕 掛 品 原 価 ＝ 160,000 円

**問3** 当 月 の 完 成 品 総 合 原 価 ＝ 960,000 円

**問4** 等 級 製 品 A の 完 成 品 単 位 原 価 ＝ 144 円／枚

**問5** 等 級 製 品 B の 完 成 品 単 位 原 価 ＝ 48 円／枚

**ここに注意**

・完成品単位原価の計算には、積数ではなく完成品量を用いることに注意する。
・各等級製品の完成品総合原価
＝当月の完成品総合原価×各等価比率

予想配点 ▨ 1つにつき3点。 ☐ 1つにつき4点。 合計 16 点。

**解説**

本問は、等級別総合原価計算について問われています。問題を解くさいに、次の点に注意しましょう。

① 積数＝等価係数×完成品量
② 原価投入額合計を完成品総合原価と月末仕掛品原価に配分する方法 →「**先入先出法**」
③ 正常仕損費の負担関係 →工程の途中で発生したので「**両者負担**」「**度外視法**」
④ 仕損品の処分価額 →「**ゼロ**」

**▨計算用紙**

積数

等級製品A：3×6,000枚＝18,000枚
等級製品B：1×2,000枚＝ 2,000枚
　　　　　合計　20,000枚

等価比率

等級製品A： $\frac{18,000枚}{20,000枚}$ ×100%＝90%

等級製品B： $\frac{2,000枚}{20,000枚}$ ×100%＝10%

計算用紙

当月の月末仕掛品原価と完成品総合原価の計算

失入　　直接材料費　　　　枚

| | 月初 | 1,000 | 完成 | 8,000 | |
35,000

360,000　当月　9,000　仕損　1,000
（貸借差引）月末　2,000

395,000

☑ 395,000−80,000＝315,000

☑ 360,000×2,000/9,000＝80,000

失入　　加工費　　　　　枚

45,000　月初　500
（＝1,000枚×50%）完成　8,000

680,000　当月　8,500　仕損　？
（貸借差引）月末　1,000
（＝2,000枚×50%）

725,000

☑ 725,000−80,000＝645,000

☑ 680,000×1,000/8,500＝80,000

☑ 当月の月末仕掛品原価：80,000円＋80,000円＝**160,000円**
当月の完成品総合原価：315,000円＋645,000円＝**960,000円**
等級製品Ａの完成品総合原価：960,000円×90%＝**864,000円**
等級製品Ａの完成品単位原価：864,000円÷6,000枚＝**144円／枚**
等級製品Ｂの完成品総合原価：960,000円×10%＝**96,000円**
等級製品Ｂの完成品単位原価：96,000円÷2,000枚＝**48円／枚**

---

| 解答 | 第5問　CVP分析 | ➡ 問題182ページ |

**問1**　　2,940　個

**問2**　　30　%

**問3**　利益計画Ａの営業利益　　1,814,400　円

利益計画Ｂの営業利益　　2,032,800　円

利益計画Ｃの営業利益　　1,693,800　円

**！ここに注意**

・問題文をよく読み、資料の内容を整理します。読み飛ばさないように、重要な箇所にチェックを入れましょう。
・解答要求をしっかり確認しましょう。考え方が合っていても、解答要求を間違えると点数になりません。
・次期の利益計画の条件によって、数値が増減するものもあれば、増減しないものもあるので、注意しましょう。

| 予想配点 | 問1、問2　各3点。問3　各2点。合計12点。 |

タテ解き
解答

第1回

第2回

第3回

### 問1　損益分岐点における販売数量

#### 1．当期のデータの整理

| | | |
|---|---|---|
| 売　　上　　高 | 15,120,000 | (＝@3,600円×4,200個) |
| 変 動 売 上 原 価 | 8,064,000 | (＝@1,920円×4,200個) |
| 変 動 製 造 マ ー ジ ン | 7,056,000 | |
| 変 動 販 売 費 | 1,008,000 | (＝@　240円×4,200個) |
| 貢 献 利 益 | 6,048,000 | |
| 固 定 加 工 費 | 2,592,000 | |
| 固定販売費及び一般管理費 | 1,641,600 | |
| 営 業 利 益 | 1,814,400 | |

#### 2．損益分岐点における販売数量

　　　貢献利益率＝貢献利益÷売上高

　売上高の40%が貢献利益となるので、割り戻すことにより売上高を計算します。

　　　貢献利益率：6,048,000円÷15,120,000円＝0.4（40%）

　　　固　定　費：2,592,000円＋1,641,600円＝4,233,600円

　　　損益分岐点における売上高：4,233,600円÷0.4＝10,584,000円

　10,584,000円÷@3,600＝**2,940個**

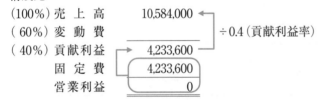

　　　　構成比
　　（100%）売 上 高　　　10,584,000
　　（ 60%）変 動 費　　　　　　　　　÷0.4（貢献利益率）
　　（ 40%）貢 献 利 益　　4,233,600
　　　　　　固 定 費　　　　4,233,600
　　　　　　営 業 利 益　　　　　　0

　損益分岐点売上高は以下の方法でも計算できます。

　　　変 動 費 率：（@1,920円＋@240円）÷@3,600円＝0.6

　売上高をS、変動費率をα（アルファ）、固定費をFC（Fixed Cost）と置くと、損益分岐点は次の算式で表せます。

　　　S－αS－FC＝0
　　　1 S－0.6 S－4,233,600＝0
　　　0.4 S＝4,233,600
　　　S＝10,584,000

### 問2　安全余裕率

　安全余裕率とは、売上高が損益分岐点をどれだけ上回っているかを占める比率です。裏返すと、売上高が安全余裕率分だけ下がると、損益分岐点売上高となることを示しています。

$$安全余裕率＝\frac{売上高－損益分岐点売上高}{売上高}$$

$$＝\frac{15,120,000円－10,584,000円}{15,120,000円}＝\textbf{0.3}$$

| 売上高（100%） | |
|---|---|
| 損益分岐点比率（70%） | 安全余裕率（30%） |

## 問3　各利益計画にもとづく営業利益

　それぞれの次期の利益計画にもとづいて、直接原価計算による損益計算書を作成し、営業利益を計算します。

### 利益計画Aの場合

販売価格：@3,600円×(1+0.1)＝@3,960円

販　売　量：　4,200個×(1−0.2)＝　3,360個

| | | |
|---|---|---|
| 売　　　　　上　　　　　高 | 13,305,600 | (＝@3,960円×3,360個) |
| 変　動　売　上　原　価 | 6,451,200 | (＝@1,920円×3,360個) |
| 変　動　製　造　マ　ー　ジ　ン | 6,854,400 | |
| 変　動　販　売　費 | 806,400 | (＝@　240円×3,360個) |
| 貢　　献　　利　　益 | 6,048,000 | |
| 固　定　加　工　費 | 2,592,000 | |
| 固定販売費及び一般管理費 | 1,641,600 | |
| **営　業　利　益** | **1,814,400** | |

### 利益計画Bの場合

原　料　費：@1,000円×(1−0.2)＝@　800円

変動加工費：@　920円×(1−0.1)＝@　828円

合　計　：　　　　　　　　　　　@1,628円

| | | |
|---|---|---|
| 売　　　　　上　　　　　高 | 15,120,000 | (＝@3,600円×4,200個) |
| 変　動　売　上　原　価 | 6,837,600 | (＝@1,628円×4,200個) |
| 変　動　製　造　マ　ー　ジ　ン | 8,282,400 | |
| 変　動　販　売　費 | 1,008,000 | (＝@　240円×4,200個) |
| 貢　　献　　利　　益 | 7,274,400 | |
| 固　定　加　工　費 | 3,600,000 | (＝2,592,000円＋1,008,000円) |
| 固定販売費及び一般管理費 | 1,641,600 | |
| **営　業　利　益** | **2,032,800** | |

### 利益計画Cの場合

販売価格：@3,600円×(1−0.05)＝@3,420円

販　売　量：　4,200個×(1+0.15)＝　4,830個

| | | |
|---|---|---|
| 売　　　　　上　　　　　高 | 16,518,600 | (＝@3,420円×4,830個) |
| 変　動　売　上　原　価 | 9,273,600 | (＝@1,920円×4,830個) |
| 変　動　製　造　マ　ー　ジ　ン | 7,245,000 | |
| 変　動　販　売　費 | 1,159,200 | (＝@　240円×4,830個) |
| 貢　　献　　利　　益 | 6,085,800 | |
| 固　定　加　工　費 | 2,592,000 | |
| 固定販売費及び一般管理費 | 1,800,000 | (＝1,641,600円＋158,400円) |
| **営　業　利　益** | **1,693,800** | |

タテ解き
解　答

第1回

第2回

第3回

# 第3回 本試験問題【解答・解説】

解答 ▶ 第1問 仕訳 ➡ 問題184ページ

| | | 仕 | | 訳 | | |
|---|---|---|---|---|---|---|
| | 借 方 科 目 | 金 額 | | 貸 方 科 目 | 金 額 | |
| 1 | ア その他有価証券 | 4,000 | ウ | 繰延税金負債 | 1,200 | |
| | | | エ | その他有価証券評価差額金 | 2,800 | |
| 2 | イ 当 座 預 金 | 300,000 | カ | 未 払 金 | 300,000 | |
| 3 | ウ 売 掛 金 | 400,000 | オ | 役 務 収 益 | 400,000 | |
| | キ 役 務 原 価 | 300,000 | イ | 当 座 預 金 | 300,000 | |
| 4 | エ 商品保証引当金 | 80,000 | ア | 現 金 | 90,000 | |
| | キ 商 品 保 証 費 | 10,000 | | | | |
| 5 | イ 受 取 手 形 | 500,000 | イ | 受 取 手 形 | 500,000 | |
| | ア 現 金 | 15,000 | カ | 受 取 利 息 | 15,000 | |

**ここに注意**

1 売買手数料を有価証券の取得原価に含めます。
2 備品の購入代金が未払いとなるため、未払金勘定で処理する。
3 サービスの提供と費用の発生がほぼ同時に起こる場合には、費用の勘定と仕掛品勘定を通さずに直接役務原価に計上する。
4 引当金の残高を超えた分は費用として処理する。
5 旧手形と新手形は満期日が異なるため、相殺しない。

注）上記解答の科目欄に仕訳をイメージできるように勘定科目を記載していますが、本試験では記号のみ記載し、勘定科目を記載する必要はありません。

**予想配点** 仕訳1組につき4点。合計20点。

**解説**

仕訳問題を解くとき、「問題文のキーワードとなる語句に着目して、勘定科目に変換」するようにすると、仕訳を考えやすくなります。

## 1.その他有価証券の評価*

期末に保有しているその他有価証券（A社株式）について、必要な仕訳を行う。当社はその他有価証券について、全部純資産直入法を採用し、税効果会計を適用❸する。法人税等の実効税率は30%とする。

A社株式は当期に1株当たり¥80で1,000株取得❶したものであり、取得にあたり証券会社に売買手数料¥2,000❶を当座預金口座より支払っている。

A社株式の当期末時価は1株当たり¥86❷であった。

*補足
資産を評価替えするときは、付随費用を含めた取得原価をもとに行います。

❶  @¥80×1,000株＋¥2,000
　＝¥82,000
　単価¥82,000÷1,000株
　＝@¥82
❷  (@¥86－@¥82)×1,000株
　＝¥4,000
❸  ¥4,000×30%＝¥1,200
❹  ¥4,000－¥1,200＝¥2,800

取得時（その他有価証券）❶ 82,000 （当 座 預 金） 82,000
決算時（その他有価証券）❷ 4,000 （繰延税金負債）❸ 1,200
　　　　　　　　　　　　　　　（その他有価証券評価差額金）❹ 2,800

## 2. 未渡小切手の処理*

当社の当座預金勘定の残高と銀行からの残高証明書の残高の照合をしたところ、備品購入に伴い生じた代金の支払いのために振り出した小切手¥300,000が金庫に保管されており、未渡しの状況であることが判明した。銀行勘定調整表を作成するとともに、当社側の残高調整のための処理を行った。

＊補足 未渡小切手
　当社が備品を所有していることに変わりがないため、備品を取り消しません。

（当 座 預 金）❷ 300,000 （未　払　金）❶ 300,000

## 3. 役務収益、役務原価*

顧客に対するサービス提供のために、外注費¥300,000が発生し小切手を振り出して支払う（未記帳）とともに、ただちに顧客に対するサービス提供（契約金は¥400,000、受取りは翌月末）を行った。

サービス提供に係る契約金について収益計上するとともに、費用について、直接、原価に計上した。

＊補足
　収益計上と費用の発生がほぼ同時に起こる場合には、費用について仕掛品勘定を通さずに直接、原価に計上します。

（売　掛　金）❹ 400,000 （役 務 収 益）❸ 400,000
（役 務 原 価）❷ 300,000 （当 座 預 金）❶ 300,000

## 4. 商品保証引当金*

前期に保証書を付して販売した商品について、顧客より無料修理の申し出があったので、修理業者に修理を依頼し、代金¥90,000は現金で支払った。なお、前期の決算で計上した商品保証引当金の残高は¥80,000である。

＊補足
　前期販売分は引当金を取り崩し、不足が生じた場合、やむを得ず当期の費用とします。
　当期販売分はまだ引当金を設定していないため、当然、当期の費用とします。

❸ ¥90,000 － ¥80,000 ＝ ¥10,000

（商品保証引当金）❶ 80,000 （現　　　　金）❷ 90,000
（商 品 保 証 費）❸ 10,000

## 5. 手形の更改*

満期の到来した約束手形¥500,000について、手形の更改（満期日を3か月延長）の申し出があり、新たな手形と、延長3か月分の利息¥15,000を現金で受け取った。

＊補足
　古い手形が無くなって、新しい手形に変わったという事実を記録するために、借方・貸方ともに受取手形とします。

（受 取 手 形）❷ 500,000 （受 取 手 形）❶ 500,000
（現　　　　金）❸ 15,000 （受 取 利 息）❸ 15,000

タテ解き解答
第1回
第2回
第3回

221

**問1**

売　掛　金

| 月 | 日 | 摘　　要 | 借　　方 | 月 | 日 | 摘　　要 | 貸　　方 |
|---|---|---|---|---|---|---|---|
| 4 | 1 | 前 期 繰 越 | 1,700,000 | 4 | 12 | 当 座 預 金 | 1,500,000 |
|   | 8 | 売　　　　上 | 1,500,000 |   | 22 | 電 子 記 録 債 権 | 1,300,000 |
|   | 18 | 売　　　　上 | 1,400,000 |   | 30 | 次 月 繰 越 | 1,800,000 |
|   |   |   | 4,600,000 |   |   |   | 4,600,000 |

商　　品

| 月 | 日 | 摘　　要 | 借　　方 | 月 | 日 | 摘　　要 | 貸　　方 |
|---|---|---|---|---|---|---|---|
| 4 | 1 | 前 期 繰 越 | 1,500,000 | 4 | 5 | 買 　 掛 　 金 | 155,000 |
|   | 4 | 諸　　　　口 | 620,000 |   | 8 | 売 上 原 価 | 900,000 |
|   |   |   |   |   | 18 | 売 上 原 価 | 848,000 |
|   |   |   |   |   | 30 | 棚 卸 減 耗 損 | 15,500 |
|   |   |   |   |   | 30 | 次 月 繰 越 | 201,500 |
|   |   |   | 2,120,000 |   |   |   | 2,120,000 |

**問2**

| 4 月 の 純 売 上 高 | ¥ | 2,900,000 |
|---|---|---|
| 4 月 の 売 上 原 価 | ¥ | 1,748,000 |

に注意

・払出単価の計算は先入先出法を用いている。
・商品売買取引の記帳には「販売のつど売上原価勘定に振り替える方法」を用いている。

予想配点 ▨ 1つにつき2点。合計20点。

**解説**

　本問は、**商品売買に係る一連の処理**が問われています。問題文をよく読んでから、[**資料**]を整理し、丁寧に処理していきましょう。

　商品の動きを把握するために、ボックス図を作成すると整理しやすくなります。日付順に取引の内容を読み取り、ボックス図に記入していきましょう。

## ［資料］の整理

### 1日　前期繰越

商品の前期繰越額：@¥3,000×500個＝¥1,500,000

### 4日　仕入

| （商　　　　　　品） | 620,000*1 | （前　　払　　金） | 150,000 |
|---|---|---|---|
| | | （買　　掛　　金） | 470,000*2 |

└→諸口

*1　@¥3,100 × 200 個
　　＝¥620,000
*2　¥620,000－¥150,000
　　＝¥470,000

### 5日　仕入返品

4日に仕入れた商品の返品なので、返品に用いる単価は@¥3,100となります。

| （買　　掛　　金） | 155,000 | （商　　　　　品） | 155,000* |
|---|---|---|---|

*　@¥3,100 × 50 個
　＝¥155,000

### 8日　売上

| （売　　掛　　金） | 1,500,000 | （売　　　　　上） | 1,500,000*1 |
|---|---|---|---|

先入先出法を用いているので、先に仕入れた分から先に払い出します。

| （売　上　原　価） | 900,000 | （商　　　　　品） | 900,000*2 |
|---|---|---|---|

*1　@¥5,000 × 300 個
　　＝¥1,500,000
*2　@¥3,000 × 300 個
　　＝¥900,000

### 12日　売掛金回収

8日に販売した商品の掛け代金なので、¥1,500,000の回収となります。

| （当　座　預　金） | 1,500,000 | （売　　掛　　金） | 1,500,000 |
|---|---|---|---|

### 18日　売上

| （売　　掛　　金） | 1,400,000 | （売　　　　　上） | 1,400,000*1 |
|---|---|---|---|

先入先出法を用いているので、先に仕入れた分から先に払い出します。ただし、4日に仕入れた商品200個のうち、50個は5日に返品していることに注意しましょう。

| （売　上　原　価） | 848,000 | （商　　　　　品） | 848,000*2 |
|---|---|---|---|
| （発　　送　　費） | 8,000 | （当　座　預　金） | 8,000 |

*1　@¥5,000 × 280 個
　　＝¥1,400,000

*2　@¥3,000 × 200 個＋
　　　　　前期繰越分
　　@¥3,100 × 80 個
　　　　　4 日仕入分
　　＝¥848,000

### 22日　売掛金回収

| （電子記録債権） | 1,300,000 | （売　　掛　　金） | 1,300,000 |
|---|---|---|---|

タテ解き
解　答

第1回

第2回

第3回

## 30日　月次決算

上記の取引にもとづいて、帳簿棚卸高と実地棚卸高を比較します。

帳簿棚卸高　数量　70個　　　原　　　　価　@￥3,100

実地棚卸高　数量　65個　　　正味売却価額　@￥4,700

| （棚　卸　減　耗　損） | 15,500 | （商　　　　　品） | 15,500* |
|---|---|---|---|

\* @￥3,100×（70個－65個）
　＝￥15,500

「原価＜正味売却価額」となるため、商品評価損は計上しません。

商品の次月繰越額：@￥3,100×65個＝￥201,500

売掛金の次月繰越額：￥1,800,000（売掛金勘定における貸借差額により算定）

4月の純売上高：￥2,900,000（問2）

4月の売上原価：￥1,748,000（問2）

### 売　上

|  |  | 8日 | 1,500,000 |
|---|---|---|---|
|  |  | 18日 | 1,400,000 |
| 合計 | 0 | 合計 | 2,900,000 |
| 残高 | 2,900,000 |  |  |

### 売上原価

| 8日 | 900,000 |  |  |
|---|---|---|---|
| 18日 | 848,000 |  |  |
| 合計 | 1,748,000 | 合計 | 0 |
|  |  | 残高 | 1,748,000 |

224

**解 答** ▶ **第3問　損益計算書作成** ➡ 問題186ページ

**問1**

損　益　計　算　書
自×18年4月1日　至×19年3月31日

（単位：円）

| | | | |
|---|---|---|---|
| Ⅰ | 売　上　高 | | 7,253,180 |
| Ⅱ | 売　上　原　価 | | |
| 1 | 商品期首棚卸高 | （　220,000　） | |
| 2 | 当期商品仕入高 | （　5,880,000　） | |
| | 合　計 | （　6,100,000　） | |
| 3 | 商品期末棚卸高 | （　340,000　） | |
| | 差　引 | （　5,760,000　） | |
| 4 | （棚卸減耗損） | （　2,400　） | |
| 5 | 商品評価損 | （　8,400　） | （　5,770,800　） |
| | 売上総利益 | | （　1,482,380　） |
| Ⅲ | 販売費及び一般管理費 | | |
| 1 | 給　料 | 693,000 | |
| 2 | 水道光熱費 | 120,200 | |
| 3 | 退職給付費用 | （　81,000　） | |
| 4 | 租税公課 | （　155,000　） | |
| 5 | 減価償却費 | （　217,200　） | |
| 6 | 貸倒引当金繰入 | （　16,000　） | |
| 7 | 貸倒損失 | （　6,000　） | （　1,288,400　） |
| | 営業利益 | | （　193,980　） |
| Ⅳ | 営業外収益 | | |
| 1 | 有価証券利息 | | （　11,900　） |
| Ⅴ | 営業外費用 | | |
| 1 | 支払利息 | （　15,200　） | |
| 2 | （棚卸減耗損） | （　1,600　） | （　16,800　） |
| | 経常利益 | | （　189,080　） |
| Ⅵ | 特別利益 | | |
| 1 | （保険差益） | | （　50,000　） |
| Ⅶ | 特別損失 | | |
| 1 | （固定資産売却損） | | （　100,000　） |
| | 税引前当期純利益 | | （　139,080　） |
| | 法人税、住民税及び事業税 | （　44,124　） | |
| | （法人税等調整額） | （　△2,400　） | （　41,724　） |
| | 当期純利益 | | （　97,356　） |

**問2**

×23年3月期の備品の減価償却費　58,982　円

予想配点　1つにつき2点。合計20点。

「損益計算書の作成」が問われています。決算整理前残高試算表をもとに、未処理事項・決算整理事項の処理を行い、損益計算書に記載する金額を確定させます。

これ以上、金額の増減がないと判断できたら、決算整理前残高試算表の金額に、未処理事項・決算整理事項で処理した金額を加減して、答案用紙の損益計算書に金額を記入していきましょう。

## 問1
### 未処理事項の処理
#### 1．貸倒れ

前期の商品販売取引から生じた売掛金の貸倒れは「貸倒引当金」を取り崩し、当期の商品販売取引から生じた売掛金の貸倒れは「貸倒損失」で処理します。

| （貸倒引当金） | 4,000 | （売　掛　金） | 10,000 |
| （貸　倒　損　失） | 6,000 | | |

貸倒損失：￥6,000

#### 2．リース料の支払い
（1）リース契約時

利子抜き法によるため、見積現金購入価額をリース資産の取得原価として計上します。

| （リース資産） | 260,000 | （リース債務） | 260,000 |

（2）リース料支払時

リース料総額から見積現金購入価額を引いた利息総額のうち当期分を支払利息に計上し、リース料との差額についてリース債務を減らします。

利息総額：￥60,000 × 5 年 − ￥260,000
= ￥40,000

支払利息：￥40,000 ÷ 5 年 = ￥8,000

リース債務返済額：￥60,000 − ￥8,000 = ￥52,000

| （リース債務） | 52,000 | （当　座　預　金） | 60,000 |
| （支　払　利　息） | 8,000 | | |

支払利息：￥7,200 + ￥8,000 = ￥15,200

### 決算整理事項の処理
#### 1．貸倒引当金の設定（差額補充法）

未処理事項の処理により、売掛金および貸倒引当金の金額が変動していることに注意しましょう。

設定額

　受取手形：￥360,000

　売　掛　金：￥550,000 − ￥10,000 = ￥540,000

　（￥360,000 + ￥540,000）× 2 ％ = ￥18,000

繰入額

　￥18,000 −（￥6,000 − ￥4,000）= ￥16,000
　　　　　　　貸倒引当金の残高

| （貸倒引当金繰入） | 16,000 | （貸倒引当金） | 16,000 |

　貸倒引当金繰入：￥16,000

#### 2．売上原価の計算（仕入勘定で処理すると仮定）

損益計算書の「商品期末棚卸高」には、帳簿棚卸高を記入することになるので注意しましょう。

帳簿棚卸高：@￥400 × 850個 = ￥340,000

棚卸減耗損

　@￥400 ×（850個 − 840個）= ￥4,000
　　　　　　帳簿価額　帳簿数量 実地数量

売上原価分

　￥4,000 ×（1 − 40％）= ￥2,400

営業外費用分

　￥4,000 × 40％ = ￥1,600

商品評価損

　（@￥400 − @￥390）× 840個 = ￥8,400
　　　帳簿価額　正味売却価額 実地数量

| （仕　　　　入） | 220,000 | （繰　越　商　品） | 220,000 |
| （繰　越　商　品） | 340,000 | （仕　　　　入） | 340,000 |
| （棚　卸　減　耗　損） | 4,000 | （繰　越　商　品） | 4,000 |
| （商　品　評　価　損） | 8,400 | （繰　越　商　品） | 8,400 |
| （仕　　　　入） | 2,400 | （棚　卸　減　耗　損） | 2,400 |
| （仕　　　　入） | 8,400 | （商　品　評　価　損） | 8,400 |

| 商品期首棚卸高： | ￥ | 220,000 | |
| 当期商品仕入高： | ￥ | 5,880,000 | |
| 合　　　計 | ￥ | 6,100,000 | |
| 商品期末棚卸高： | ￥ | 340,000 | |
| 差　　　引 | ￥ | 5,760,000 | |
| （棚卸減耗損）： | ￥ | 2,400 | |
| 商品評価損： | ￥ | 8,400 | ￥ 5,770,800 |

## 3．減価償却費の計上

建物（耐用年数40年、残存価額ゼロ、定額法）

$$¥3,000,000 ÷ 40年 × \frac{8か月}{12か月} = ¥50,000$$

備品（耐用年数10年、残存価額ゼロ、200％定率法）

償却率：$\frac{1}{10年} × 200\% = 0.2$

保証額：¥900,000 × 0.06552 ＝ ¥58,968…①

（¥900,000 － ¥324,000）× 0.2 ＝ ¥115,200…②

①＜②より、¥115,200

リース資産（5年、残存価額ゼロ、定額法）

¥260,000 ÷ 5年 ＝ ¥52,000

| （減価償却費）217,200 | （建物減価償却累計額）50,000 |
|---|---|
| | （備品減価償却累計額）115,200 |
| | （リース資産減価償却累計額）52,000 |

## 4．満期保有目的債券

6か月分償却済みとなっているので、額面総額¥700,000と帳簿価額¥693,700との差額を残り54か月で償却します。

$$（¥700,000 － ¥693,700）× \frac{12か月}{60か月 － 6か月}$$
額面総額　　帳簿価額

$= ¥1,400$

| （満期保有目的債券）1,400 | （有価証券利息）1,400 |
|---|---|

有価証券利息：¥10,500 ＋ ¥1,400 ＝ ¥11,900

## 5．退職給付引当金

当期繰入額を計上することになります。

| （退職給付費用）81,000 | （退職給付引当金）81,000 |
|---|---|

退職給付費用：¥81,000

## 6．収入印紙の未使用高

購入時に「租税公課」として費用処理しているので、期末未使用高を「貯蔵品」に振り替えます。

| （貯蔵品）25,000 | （租税公課）25,000 |
|---|---|

租税公課：¥180,000 － ¥25,000 ＝ ¥155,000

## 7．法人税、住民税及び事業税

税法上の課税所得を計算し、法人税、住民税及び事業税の金額を求めます。

税法上の課税所得

¥139,080 ＋ ¥8,000 ＝ ¥147,080
税引前当期純利益　損金不算入額

法人税、住民税及び事業税

¥147,080 × 30％ ＝ ¥44,124

| （法人税、住民税及び事業税）44,124 | （仮払法人税等）18,000 |
|---|---|
| | （未払法人税等）26,124 |

## 8．税効果会計

将来減算一時差異となるため、繰延税金資産を計上します。

¥8,000 × 30％ ＝ ¥2,400

| （繰延税金資産）2,400 | （法人税等調整額）2,400 |
|---|---|

法人税等調整額：△¥2,400

## 問2　×23年3月期の備品の減価償却費

期首の帳簿価額に償却率を掛けた金額が、取得原価に保証率を掛けた金額を下回る場合には、それ以降は、はじめて下回った期の期首帳簿価額に、改定償却率を掛けて減価償却費を計算します。

① （取得原価 － 累計額）× 償却率

② 取得原価 × 保証率

①＞②の場合　①が減価償却費

①＜②の場合

減価償却費 ＝ 改定取得価額 × 改定償却率
期首簿価

① （¥900,000 － ¥664,070）× 0.2 ＝ ¥47,186

② ¥900,000 × 0.06552 ＝ ¥58,968

①＜②　（¥900,000 － ¥664,070）× 0.25

＝ 58,982.5 → ¥58,982

製造原価報告書　　　　　　　　　（単位：円）

| | | |
|---|---|---|
| Ⅰ 直接材料費 | | |
| 　月初棚卸高 | ( 238,000 ) | |
| 　当月仕入高 | ( 435,000 ) | |
| 　　合　計 | ( 673,000 ) | |
| 　月末棚卸高 | ( 235,000 ) | ( 438,000 ) |
| Ⅱ 直接労務費 | | ( 226,800 ) |
| Ⅲ 製造間接費 | | |
| 　間接材料費 | ( 21,550 ) | |
| 　間接労務費 | ( 58,040 ) | |
| 　電力料金 | ( 15,900 ) | |
| 　減価償却費 | ( 113,000 ) | |
| 　　合　計 | ( 208,490 ) | |
| 　製造間接費配賦差異 | ( 4,370 ) | ( 204,120 ) |
| 　当月製造費用 | | ( 868,920 ) |
| 　月初仕掛品原価 | | ( 214,300 ) |
| 　　合　計 | | ( 1,083,220 ) |
| 　月末仕掛品原価 | | ( 220,600 ) |
| 　当月製品製造原価 | | ( 862,620 ) |

実際 → 予定

損益計算書　　　　　　　　　　　（単位：円）

| | | |
|---|---|---|
| Ⅰ 売上高 | | 2,129,000 |
| Ⅱ 売上原価 | | |
| 　月初製品有高 | ( 120,800 ) | |
| 　当月製品製造原価 | ( 862,620 ) | |
| 　　合　計 | ( 983,420 ) | |
| 　月末製品有高 | ( 126,200 ) | |
| 　原価差異 | ( 4,370 ) | ( 861,590 ) |
| 　売上総利益 | | ( 1,267,410 ) |

予定 → 実際

（以下略）

**⚠ ここに注意**

・原価差異は不利差異であるため、製造原価報告書ではマイナス、損益計算書ではプラスする

予想配点　1つにつき2点。合計12点。

**解 説**

　本問は与えられた資料から各原価要素の消費額を計算し、製造原価報告書および損益計算書を作成する問題です。計算用紙にボックス図を作り、それぞれの原価消費額を求めましょう。また、製造間接費を予定配賦しているため、それぞれの財務諸表上での配賦差異の取り扱いに注意が必要です。

問1　修　繕　部　費　　　　　　2,000　円／時間

問2　第一製造部費　　　　　　3,000　円／時間

　　　第二製造部費　　　　　　1,000　円／時間

問3　第一製造部費　　　　2,070,000　円

　　　第二製造部費　　　　1,720,000　円

問4　修繕部費配賦差異　　　　3,100　円（　借方差異　・　貸方差異　）
　　　　　　　　　　　　　　　　　　　いずれかを○で囲むこと

問5　第一製造部費配賦差異　　12,500　円（　借方差異　・　貸方差異　）
　　　　　　　　　　　　　　　　　　　いずれかを○で囲むこと

**ここに注意**

・「予定配賦額−実際発生額」が
　プラスのときは有利差異
　マイナスのときは不利差異

予想配点　▨ 1つにつき2点。
　　　　　☐ 1つにつき3点。
　　　　　合計16点。

**解説** ▶

　年間予算部門別配賦表は、製造部門の予定配賦率を計算するために必要なものです。また、予定配賦額と実際発生額を計算するさい、間違った数値を使用しないように注意しましょう。

**■計算用紙**

問1

　年間予定修繕時間の合計
　　600時間（第一製造部）＋800時間（第二製造部）＝1,400時間
　修繕部費の予定配賦率
　　2,800,000円÷1,400時間≒2,000円／時間

問2

**年間予算部門別配賦表の作成**

　補助部門費（修繕部費）の予定配賦額
　　第一製造部：2,000円／時間×600時間≒1,200,000円
　　第二製造部：2,000円／時間×800時間≒1,600,000円
　製造部門費の合計
　　第一製造部：22,800,000円＋1,200,000円≒24,000,000円
　　第二製造部：18,400,000円＋1,600,000円≒20,000,000円
　製造部門費の予定配賦率
　　第一製造部：24,000,000円÷8,000時間≒3,000円／時間
　　第二製造部：20,000,000円÷20,000時間≒1,000円／時間

問3

　当月の予定配賦額

　　第一製造部：3,000円／時間× 690時間≒**2,070,000円**

　　第二製造部：1,000円／時間×1,720時間≒**1,720,000円**

問4

　当月の修繕部費の予定配賦額

　　第一製造部：2,000円／時間×52時間＝104,000円

　　第二製造部：2,000円／時間×72時間＝144,000円

　　　　　　　　　　　　　合計　　248,000円

　当月の修繕部費の実際発生額：251,100円

　当月の修繕部費の配賦差異：248,000円−251,100円＝△**3,100円**（借方差異）

問5

　当月の第一製造部の予定配賦額

　　2,070,000円（問3より）

　当月の第一製造部の実際発生額

　　製造部門費の実際発生額の集計において、補助部門費の実際発生額¥251,100を製造部門に配賦すると、補助部門費の無駄を製造部門が負担することになってしまいます。

　　そのため、補助部門費の予定配賦額（予定配賦率×実際操業度）を製造部門に配賦して、製
　　　　　　　　　　　　　　　　　　　@2,000円　　52時間
造部門費の実際発生額を計算します。

　　1,978,500円+104,000円（問4より）＝2,082,500円

　当月の第一製造部費の配賦差異：2,070,000円−2,082,500円≒△**12,500円**（借方差異）

**（参考）補助部門費の実際発生額を配賦した場合**

実 際 発 生 額：$1,978,500円 + 251,100円 \times \dfrac{52時間}{52時間 + 72時間} = 2,083,800円$（第一製造部門費）

予 定 配 賦 額：2,070,000円

配 賦 差 異：2,070,000円−2,083,800円＝△13,800円（借方差異）

差異の増加額：13,800円−12,500円＝1,300円

修繕部で発生した△3,100円の配賦差異うち1,300円$\left(3,100円 \times \dfrac{52時間}{52時間 + 72時間}\right)$を製造部門が

負担することになってしまいます。

仕 掛 品

| 期 首 有 高 | 117,000 | 当 期 完 成 高 | ( 1,233,000 ) |
|---|---|---|---|
| 直 接 材 料 費 | ( 789,000 ) | 期 末 有 高 | 128,000 |
| 直 接 労 務 費 | ( 325,000 ) | | |
| 変動製造間接費 | ( 130,000 ) | | |
| | ( 1,361,000 ) | | ( 1,361,000 ) |

直接原価計算による損益計算書　　　（単位：円）

| | | | |
|---|---|---|---|
| Ⅰ 売 上 高 | | | 2,014,000 |
| Ⅱ 変 動 売 上 原 価 | | | |
| 1 期 首 製 品 棚 卸 高 | | 142,000 | |
| 2 当期製品変動製造原価 | | ( 1,233,000 ) | |
| 合 計 | | ( 1,375,000 ) | |
| 3 期 末 製 品 棚 卸 高 | | 125,000 | |
| 差 引 | | ( 1,250,000 ) | |
| 4 原 価 差 異 | | ( 8,000 ) | ( 1,258,000 ) |
| 変 動 製 造 マ ー ジ ン | | | ( 756,000 ) |
| Ⅲ 変 動 販 売 費 | | | 131,000 |
| 貢 献 利 益 | | | ( 625,000 ) |
| Ⅳ 固 定 費 | | | |
| 1 製 造 固 定 費 | | ( 274,800 ) | |
| 2 固定販売費・一般管理費 | | 176,200 | ( 451,000 ) |
| 営 業 利 益 | | | ( 174,000 ) |

**！ここに注意**

- 直接原価計算によるため、変動費と固定費の区分が必要。
- 原価差異について、不利差異の場合は変動売上原価に加算、有利差異の場合は変動売上原価より減算することになる。

**解説**

## 1．仕掛品勘定への記入

原料の消費高は、直接材料費（変動費）となります。

原 料

| 期首有高 | 直接材料費 |
|---|---|
| 96,000円 | 789,000円 |
| 当期仕入高 | →貸借差額 |
| 776,000円 | 期末有高 |
| | 83,000円 |

　直接工は直接作業のみに従事しているので、直接工賃金の消費高は、直接労務費（変動費）となります。

<table>
<tr><td colspan="2" align="center">直　接　工　賃　金</td></tr>
<tr><td>当期支払高<br>　　　　328,000円</td><td>期首未払高<br>　　　　44,000円</td></tr>
<tr><td rowspan="2">期末未払高<br>　　　　41,000円</td><td>直接労務費<br>　　　　325,000円<br>→貸借差額</td></tr>
</table>

　変動製造間接費は直接労務費の40％を予定配賦しています。
　変動製造間接費の予定配賦額：325,000円×40％＝130,000円

<table>
<tr><td colspan="2" align="center">仕　　掛　　品</td></tr>
<tr><td>期　首　有　高<br>　　　　117,000円</td><td>当期完成高<br>　　　　1,233,000円<br>→貸借差額</td></tr>
<tr><td>直接材料費<br>　　　　789,000円</td><td></td></tr>
<tr><td>直接労務費<br>　　　　325,000円</td><td></td></tr>
<tr><td>変動製造間接費<br>　　　　130,000円</td><td>期　末　有　高<br>　　　　128,000円</td></tr>
</table>

## 2．直接原価計算による損益計算書の作成

　電力料の消費高は、間接経費となります。電力料は変動費とあるので、変動製造間接費の実際発生額となります。なお、「予定配賦額＜実際発生額」の場合、不利差異（借方差異）となります。

<table>
<tr><td colspan="2" align="center">変　動　製　造　間　接　費</td></tr>
<tr><td>電　　力　　料<br>　　　　138,000円</td><td>予定配賦額<br>　　　　130,000円</td></tr>
<tr><td></td><td>原　価　差　異<br>　　　　8,000円<br>→貸借差額</td></tr>
</table>

　工場従業員給料の消費高は、製造固定費となります。また、製造経費のうち電力料のみが変動費なので、工場従業員給料・減価償却費は、製造固定費となります。

<table>
<tr><td colspan="2" align="center">工　場　従　業　員　給　料</td></tr>
<tr><td>当期支払高<br>　　　　144,000円</td><td>期首未払高<br>　　　　17,000円</td></tr>
<tr><td rowspan="2">期末未払高<br>　　　　16,000円</td><td>間接労務費<br>　　　　143,000円<br>→貸借差額</td></tr>
</table>

　製造固定費：143,000円＋131,800円＝274,800円
　　　　　　　工場従業員給料　減価償却費

当社は製品の製造・販売を行っている。以下の資料にもとづき、答案用紙の貸借対照表および損益計算書の各金額を答えなさい。当期は、×7年4月1日から×8年3月31日までの1年である。なお、当社は製造間接費について予定配賦を行っており、原価差異は売上原価に賦課する。

[資料Ⅰ] ×8年2月末現在の残高試算表

### 決算整理前残高試算表（一部）
×8年2月28日　　　　　　（単位：円）

| 材　　　　　料 | 500 | 退職給付引当金 | 23,000 |
|---|---|---|---|
| 仕　　掛　　品 | 1,200 | 建物減価償却累計額 | 34,500 |
| 製　　　　　品 | 2,500 | 売　　　　　上 | 137,500 |
| 売　上　原　価 | 112,200 | | |
| 給　　　　　料 | 11,000 | | |
| 退職給付費用 | 3,300 | | |
| 減　価　償　却　費 | 6,600 | | |

[資料Ⅱ] 3月中の取引および決算整理事項

1．材料
　　材料の月初有高：500円、当月の材料掛け仕入高：6,600円
　　当月の直接材料費：6,000円、間接材料費：500円、材料の月末実地棚卸高：550円

2．人件費
　　工員の賃金の支給高：3,000円（現金払い、月初、月末の未払いはなし）
　　上記支給高はすべて直接労務費であった。
　　本社事務員の給料の支給高：1,000円（現金払い、月初、月末の未払いはなし）

3．退職給付引当金については、年度見積額の12分の1を毎月計上しており、決算月も同様の処理を行った。製造活動に携わる従業員に関わるものは、月700円、それ以外の従業員に関わるものは月300円である。年度末に繰入額を確定したところ、年度見積額に比べ、製造活動に携わる従業員に関わるものは60円多かった。それ以外の従業員に関わるものは、年度初めの見積もりどおりであった。

4．固定資産の減価償却費については、期首に年間発生額を見積もり、以下の月割額を毎月計上し、決算月も同様の処理を行った。
　　工場建物　取得原価：216,000円（毎月の減価償却費：900円）
　　本社建物　取得原価：144,000円（毎月の減価償却費：600円）

5．月初仕掛品有高：1,200円、当月完成品原価：10,000円
　　製造間接費の当月の予定配賦額は2,000円である。

6．月初製品有高：2,500円、当月掛け売上高：15,000円、当月売上原価：12,000円、
　　期末製品実地棚卸高：400円、製品の棚卸減耗損は売上原価に賦課する。

**答案用紙** ▶

貸借対照表

| | |
|---|---|
| 材　料 | 　円 |
| 仕 掛 品 | 　円 |
| 製　品 | 　円 |

損益計算書

| | |
|---|---|
| 売 上 高 | 　円 |
| 売 上 原 価 | 　円 |

**解答** ▶

貸借対照表

| | |
|---|---|
| 材　料 | 550　円 |
| 仕 掛 品 | 2,200　円 |
| 製　品 | 400　円 |

損益計算書

| | |
|---|---|
| 売 上 高 | 152,500　円 |
| 売 上 原 価 | 124,510　円 |

**おまけ**

### 材　料

| | | | |
|---|---|---|---|
| 月　初 | 500 | 直接材料費 | 6,000 |
| 当月仕入 | 6,600 | 間接材料費 | 500 |
| | | 棚卸減耗損 | 50 |
| | | 月　末 | 550 |

### 仕　掛　品

| | | | |
|---|---|---|---|
| 月　初 | 1,200 | 完成品 | 10,000 |
| 直材 | 6,000 | | |
| 直労 | 3,000 | 月　末 | 2,200 |
| 製間 | 2,000 | | |

### 製　品

| | | | |
|---|---|---|---|
| 月　初 | 2,500 | 売上原価 | 12,000 |
| 完成品 | 10,000 | | |
| | | 棚卸減耗損 | 100 |
| | | 月　末 | 400 |

### 賃　金

| | | | |
|---|---|---|---|
| 支払い | 3,000 | 直接労務費 | 3,000 |

### 製造間接費

| | | | |
|---|---|---|---|
| 間接材料費 | 500 | 予定配賦 | 2,000 |
| 退職給付費用 | 760 | | |
| 減価償却費 | 900 | 原価差異 | 210 |
| 棚卸減耗損 | 50 | | |

### 売　上　原　価

| | | |
|---|---|---|
| 前T/B | 112,200 | |
| ３月売上原価 | 12,000 | P/L　124,510 |
| 原価差異 | 210 | |
| 棚卸減耗損 製品 | 100 | |

### 退職給付費用

| | | | |
|---|---|---|---|
| 発　生 | 700 | 間接労務費 | 760 |
| | 60 | | |

### 原　価　差　異

| | | | |
|---|---|---|---|
| 配賦差異 | 210 | 売上原価 | 210 |

### 減価償却費

| | | | |
|---|---|---|---|
| 発　生 | | 間接経費 | |
| | 900 | | 900 |

### 棚卸減耗損

| | | | |
|---|---|---|---|
| 発　生 | 50 | 間接経費 | 50 |

## １．材料費

### ⑴　購入

| （材　　　料） | 6,600 | （買　掛　金） | 6,600 |
|---|---|---|---|

### ⑵　消費

| （仕　掛　品） | 6,000 | （材　　　料） | 6,500 |
|---|---|---|---|
| （製造間接費） | 500 | | |

### ⑶　材料の棚卸減耗損（間接経費）

| （棚卸減耗損） | 50 * | （材　　　料） | 50 |
|---|---|---|---|
| （製造間接費） | 50 | （棚卸減耗損） | 50 |

&ast;　期末帳簿棚卸高：500円＋6,600円－6,000円－500円＝600円
　棚卸減耗損：600円－550円＝50円

## ２．労務費

### ⑴　賃金の支払い

| （賃　　　金） | 3,000 | （現　金　預　金） | 3,000 |
|---|---|---|---|

### ⑵　賃金の消費

| （仕　掛　品） | 3,000 | （賃　　　金） | 3,000 |
|---|---|---|---|

### ⑶　給料の支払い

| （給　　　料） | 1,000 | （現　金　預　金） | 1,000 |
|---|---|---|---|

## 3. 退職給付費用

### (1) 退職給付費用

| （退職給付費用） | 1,060 * | （退職給付引当金） | 1,060 |
|---|---|---|---|

   \*　700円＋300円＋60円＝1,060円

### (2) 製造原価の振替え（間接労務費）

| （製 造 間 接 費） | 760 * | （退職給付費用） | 760 |
|---|---|---|---|

   \*　700円＋60円＝760円

## 4. 減価償却

### (1) 減価償却

① 工場建物

| （減 価 償 却 費） | 900 | （建物減価償却累計額） | 900 |
|---|---|---|---|

② 本社建物

| （減 価 償 却 費） | 600 | （建物減価償却累計額） | 600 |
|---|---|---|---|

### (2) 製造原価の振替え（間接経費）

| （製 造 間 接 費） | 900 | （減 価 償 却 費） | 900 |
|---|---|---|---|

## 5. 製造間接費の予定配賦

### (1) 予定配賦

| （仕 掛 品） | 2,000 | （製 造 間 接 費） | 2,000 |
|---|---|---|---|

### (2) 原価差異（製造間接費配賦差異）の計上

| （原 価 差 異） | 210 * | （製 造 間 接 費） | 210 |
|---|---|---|---|

   \*　2,000円－（500円＋760円＋900円＋50円）＝△210円（借方差異）
    予定配賦額　　　　実際発生額

## 6. 完成品の振替え

| （製　　　　品） | 10,000 | （仕 掛 品） | 10,000 |
|---|---|---|---|

## 7. 売上と売上原価の計上

### (1) 売上と売上原価の計上

| （売 掛 金） | 15,000 | （売　　　　上） | 15,000 |
|---|---|---|---|
| （売 上 原 価） | 12,000 | （製　　　　品） | 12,000 |

### (2) 製品の棚卸減耗損（売上原価に賦課）

| （棚 卸 減 耗 損） | 100 | （製　　　　品） | 100 |
|---|---|---|---|
| （売 上 原 価） | 100 | （棚 卸 減 耗 損） | 100 |

### (3) 原価差異の振替え

| （売 上 原 価） | 210 | （原 価 差 異） | 210 |
|---|---|---|---|

おまけ

※製造業会計の問題について

　過去に一度、157回本試験の第3問で製造業会計が出題されたため、その類題を入れました。本問を解いておけば対応できます。ただし、本試験では、製造業部分の決算整理は時間がかかるため他の決算整理事項を解いた後に、とりかかるようにしましょう。

ネットスクールは、
書籍と WEB 講座であなたのスキルアップ、キャリアアップを応援します！
挑戦資格と自分の学習スタイルに合わせて効果的な学習方法を選びましょう！

## 独学合格に強い ネットスクールの 書 籍

図表やイラストを多用し、特に独学での合格をモットーにした『とおる簿記シリーズ』をはじめ、受講生の皆様からの要望から作られた『サクッとシリーズ』、持ち運びが便利なコンパクトサイズで仕訳をマスターできる『脳科学×仕訳集シリーズ』など、バラエティに富んだシリーズを取り揃えています。

## 質問しやすい！わかりやすい！学びやすい!! ネットスクールの WEB講座

ネットスクールの講座はインターネットで受講する WEB 講座。 質問しやすい環境と徹底したサポート体制、そしてライブ（生）とオンデマンド（録画）の充実した講義で合格に近づこう！

## ネットスクールのWEB講座、4つのポイント！

### ❶ 自宅で、外出先で受講できる！
パソコン、スマートフォンやタブレット端末とインターネット環境があれば、自宅でも会社でも受講できます。

### ❸ 自分のペースでできる
オンデマンド講義は配信され、受講期間中なら何度でも繰り返し受講できます。リアルタイムで受講できなかったライブ講義も翌日以降に見直せるので、復習にも最適です。

### ❷ ライブ配信講義はチャットで質問できる！
決まった曜日・時間にリアルタイムで講義を行うライブ講義では、チャットを使って講師に直接、質問や相談といったコミュニケーションが取れます。

### ❹ 質問サポートもばっちり！
電話（平日 11:00 ～ 18:00）や受講生専用 SNS【学び舎】＊またはメールでご質問をお受けします。

※ 画面イメージや機能は変更となる場合がございます。ご了承ください。

### ❶ ホワイトボード
板書画面です。あらかじめ準備された「まとめ画面」や「資料画面」に講師が書き込んでいきます。画面キャプチャも可能です。

### ❷ 講師画面
講師が直接講義をします。臨場感あふれる画面です。

### ❸ チャット
講義中に講師へ質問できます。また、「今のところもう一度説明して！」などのご要望もOKです。

### ❹ 状況報告ボタン
ご自身の理解状況を講義中に講師に伝えることができるボタンです。

＊【学び舎】とは、受講生同士の「コミュニケーション」機能、学習記録や最近の出来事等を投稿・閲覧・コメントできる「学習ブログ」機能、学習上の不安点をご質問頂ける「質問Q＆A」機能等を備えた、学習面での不安解消、モチベーションアップ（維持）の場として活用頂くための、ネットスクールのWEB講座受講生専用SNSです。

WEB 講座開講資格：https://www.net-school.co.jp/web-school/
※ 内容は変更となる場合がございます。最新の情報は弊社ホームページにてご確認ください。

講義中は、先生がリアルタイムで質問に回答してくれます。対面式の授業だと、むしろここまで質問できない場合が多いと思います。

（loloさん）

ネットスクールが良かったことの1番は講義がよかったこと、これに尽きます。講師と生徒の距離がとても近く感じました。ライブに参加すると同じ時間を先生と全国の生徒が共有できる為、必然的に勉強する習慣が身につきました。

（みきさん）

試験の前日に桑原先生から激励の電話を直接いただきました。ほんとうにうれしかったです。WEB講座の端々に先生の人柄がでており、めげずに再試験を受ける気持ちにさせてくれたのは、先生の言葉が大きかったと思います。

（りんさん）

合格出来たのは、ネットスクールに出会えたからだと思います。
40代、2児の母です。小さな会社の経理をしています。勉強できる時間は1日1時間がせいぜいでしたが、能率のよい講座のおかげで3回目の受験でやっと合格できました！

（M.Kさん）

# WEB講座受講生の声

合格された皆様の喜びの声をお届けします！

本試験直前まで新しい予想問題を作って解説していただくなど、非常に充実したすばらしい講座でした。WEB講座を受講してなければ合格は無理だったと思います。

（としくんさん）

無事合格しました!!
平日休んで学校に通うわけにもいかず困っていましたが、WEB講座を知り、即申し込みました。桑原先生の解説は本当に解りやすく、テキストの独学だけでは合格出来なかったと思います。本当に申し込んで良かったと思っています。

（匿名希望さん）

専門学校に通うことを検討しましたが、仕事の関係で週末しか通えないこと、せっかくの休日が専門学校での勉強だけの時間になる事に不満を感じ断念しました。
WEB講座を選んだ事は、素晴らしい講師の授業を、自分の好きな時間に早朝でも深夜でも繰り返し受講できるので、大正解でした！

（ラナさん）

予想が面白いくらい的中して、試験中に「ニヤリ」としてしまいました。更なるステップアップを目指したいと思います。

（NMさん）

# 全経税法能力検定試験対策講座

ネットスクールでは、本書籍を使用して公益社団法人「全国経理教育協会」が実施する税法能力検定試験3級／2級対策講座をモバイルスクールにて開講します。本書籍とネットスクールが開講する講座を活用して、資格取得を目指してください。

## 講義回数及び受講料

| 講　座 | 講義回数 | 模擬試験 | 受　講　料 |
|---|---|---|---|
| 法人税法<br>3級／2級対策 | 全28回 | 全2回 | 各講座<br>10,000円<br>（税込） |
| 相続税法<br>3級／2級対策 | 全28回 | 全2回 | |
| 消費税法<br>3級／2級対策 | 全22回 | 全2回 | |

講義画面（イメージ）

## 講座の特長

### 特長1　スマホ・タブレットでも視聴できるから場所を選ばない

学校に通ったり、机に向かったりするだけが勉強のやり方ではありません。モバイルスクールであれば、お手持ちのパソコンやスマホ・タブレットがあなただけの教室・問題集になります。

### 特長2　集中力が維持できる講義時間

1回当たりの講義時間が約45分と集中力が維持できる講義時間となっています。また、学習経験が無い方でも無理なく2級合格ができるカリキュラムとなっています。

### 特長3　経理担当者としてのスキルアップ

税務署への書類作成、実務での応用的税務処理など、経理担当者としてのスキルアップとして、また、税理士試験受験前の基礎学力確認等にも活用することができます。

詳しい内容・お申込みはこちら

https://tlp.edulio.com/net-school2/cart/index/tab:1198

視聴にともなう通信料等はお客様のご負担となります。あらかじめご了承ください。
また、講義の内容などは予告なく変更となる場合がございます。（2024年1月現在）

# "講師がちゃんと教える" だから学びやすい！分かりやすい！
# ネットスクールの税理士WEB講座

**【開講科目】** 簿記論、財務諸表論、法人税法、消費税法、相続税法、国税徴収法

## ネットスクールの税理士WEB講座の特長

### ◆自宅で学べる！ オンライン受講システム

臨場感のある講義をご自宅で受講できます。しかも、生配信の際には、チャットやアンケート機能を使った講師とのコミュニケーションをとりながらの授業となります。もちろん、講義は受講期間内であればお好きな時に何度でも講義を見直すことも可能です。

▲講義画面イメージ▲

## ★講義はダウンロード可能です★

オンデマンド配信されている講義は、お使いのスマートフォン・タブレット端末にダウンロードして受講することができます。事前にWi-Fi環境のある場所でダウンロードしておけば、通信料や通信速度を気にせず、外出先のスキマ時間の学習も可能です。

※講義をダウンロードできるのはスマートフォン・タブレット端末のみです。
※一度ダウンロードした講義の保存期間は1か月間ですが、受講期間内であれば、再度ダウンロードして頂くことは可能です。

## ネットスクール税理士WEB講座の満足度

### ◆受講生からも高い評価をいただいております

**WEB講座 81.3%**

- ▶ネットスクールは時間のとれない社会人にはありがたいです。受講料が割安なのも助かっております。これからもネットスクールで学びたいです。（簿財／標準コース）
- ▶アットホームな感じで大手予備校にはない良さを感じましたし、受験生としっかり向き合って指導して頂けて感謝しています。（相続・消費／上級コース）
- ▶質問事項や添削のレスポンスも早く対応して下さり、大変感謝しております。（相続／上級コース）
- ▶講義が1コマ30分程度と短かったので、空き時間等を利用して自分のペースで効率よく学習を進めることができました。（国徴／標準コース）

**教材 84.1%**

- ▶解く問題がたくさんあるので、たくさん練習できて解説や講義もわかりやすくて満足しています。（簿財／上級コース）
- ▶テキストが読みやすく、側注による補足説明があって理解しやすかったです。（全科目共通）

**講師 81.3%**

- ▶穂坂先生の講義は、受験生に「丸暗記よろしく」という突き放し方をすることなく、理論の受験対策として最高でした。（簿財／標準コース）
- ▶講師の説明が非常に分かりやすいです。（相続・消費／標準コース）
- ▶堀川先生の授業はとても面白いです。印象に残るお話をからめて授業を進めて下さるので、記憶に残りやすいです。（国徴／標準コース）
- ▶田中先生の熱意に引っ張られて、ここまで努力できました。（法人／標準コース）

※2019〜2022年度試験向け税理士WEB講座受講生アンケート結果より

各項目について5段階評価
不満← | 1 | 2 | 3 | 4 | 5 | →満足

# 日商簿記1級

簿記検定の最高峰、日商簿記1級の WEB 講座では、実務的な話も織り交ぜながら、誰もが納得できるよう分かりやすく講義を進めていきます。

また、WEB 講座であれば、自宅にいながら受講できる上、受講期間内であれば何度でも繰り返し納得いくまで受講できるため、範囲が広くて1つひとつの内容が高度な日商簿記1級の学習を無理なく進めることが可能です。

ネットスクールと一緒に、日商簿記1級に挑戦してみませんか？

## 標準コース　学習期間（約1年）

じっくり学習したい方向けのコースです。初学者の方や、実務経験のない方でも、わかり易く取引をイメージして学習していきます。お仕事が忙しくても1級にチャレンジされる方向きです。

## 速修コース　学習期間（約6カ月）

短期間で集中して1級合格を目指すコースです。比較的残業が少ない等、一定の時間が取れる方向きです。また、早く本試験に挑戦できる実力を身につけたい方にもオススメのコースです。

※1級標準・速修コースをお申し込みいただくと、特典として**2級インプット講義が本試験の前日まで学習いただけます。**
　2級の内容に少し不安が…という場合でも安心してご受講いただけます。

## 日商簿記1級WEB講座で採用『反転学習』とは？

**【従　来】**　INPUT（集合授業）　→　OUTPUT（各自の復習）

簿記の授業でも、これまでは上記のように問題演習を授業後の各自の復習に委ねられ、学習到達度の大きな差が生まれる原因を作っていました。そこで、ネットスクールの日商簿記対策 WEB 講座では、このスタイルを見直し、反転学習スタイルで講義を進めています。

**【反転学習】**　INPUT（知識を取り込む）　→　OUTPUT（知識を活用する）

各自、INPUT 講義でまずは必要な知識を取り込んでいただき、その後の OUTPUT 講義で、インプットの復習とともに具体的な問題演習を行って、知識の定着を図ります。それぞれ異なる性質の講義を組み合わせた「反転学習」のスタイルを採用することにより、学習時間を有効活用しながら、早い段階で本試験レベルの問題にも対応できる実力が身につきます。

# 答案用紙

---

## ご利用方法

以下の答案用紙は、この紙を残したまま
ていねいに抜き取りご利用ください。
なお、抜取りのさいの損傷によるお取替
えはご遠慮願います。

## 解き直しのさいには…
## 答案用紙ダウンロードサービス

ネットスクール HP （https://www.net-school.co.jp/） ➡ 読者の方へ
をクリック

いま合格！
日商簿記２級　過去問題集

# 答案用紙

## 「答 案 用 紙 は 、 間 違 え る た め の 場 所 」

「考えたけどわからなかった」というときに、答案用紙を白紙のままにして
しまう人がいます。これは、とってももったいないことです。

　せっかく考えたことで、答えにまでして文字にさえ残しておけば、それが
当たれば嬉しくて記憶に残るし、外れれば間違えたところとして記録に残せ
る。どちらにしても、勉強が進みます。

　ですから「答案用紙は、間違えるための場所」と決め込んで、思いついた
答えはジャンジャン書いていくようにしましょう。合格への近道です。

## 第 1 問 　仕訳問題

第 1 回　配点➡ 20 点　　　　　　　●問題➡ P.2　　●解答・解説➡ P.60

| | 仕 | | 訳 | |
|---|---|---|---|---|
| | 借　方　科　目 | 金　　　額 | 貸　方　科　目 | 金　　　額 |
| 1 | | | | |
| 2 | | | | |
| 3 | | | | |
| 4 | | | | |
| 5 (1) | | | | |
| 5 (2) | | | | |

ヨコ解き
答案用紙

第 1 問

第 2 問

第 3 問

第 4 問
（1）

第 4 問
（2）

第 5 問

\＊　最近の統一試験では、仕訳の答案用紙は 1 問につき 5 行になっています。

| | 仕 | | 訳 | |
|---|---|---|---|---|
| | 借　方　科　目 | 金　　額 | 貸　方　科　目 | 金　　額 |
| 1 | | | | |
| 2 | | | | |
| 3 | | | | |
| 4 | | | | |
| 5 | | | | |

第**3**回　配点➡20点　　　　　　　　　　●問題➡P.4　　●解答・解説➡P.65

| | 仕 | | 訳 | |
|---|---|---|---|---|
| | 借　方　科　目 | 金　　　額 | 貸　方　科　目 | 金　　　額 |
| 1 | | | | |
| 2 | | | | |
| 3 | | | | |
| 4 | | | | |
| 5 | | | | |

ヨコ解き
答案用紙

第1問

第2問

第3問

第4問
(1)

第4問
(2)

第5問

| | 仕 | | 訳 | |
|---|---|---|---|---|
| | 借　方　科　目 | 金　　　額 | 貸　方　科　目 | 金　　　額 |
| 1 | | | | |
| 2 | | | | |
| 3 | | | | |
| 4 | | | | |
| 5 | | | | |

# 第 5 回　配点➡20点

●問題➡ P.6　　●解答・解説➡ P.69

| | 仕　　　　　訳 | | | |
|---|---|---|---|---|
| | 借　方　科　目 | 金　　　額 | 貸　方　科　目 | 金　　　額 |
| 1 | | | | |
| 2 | | | | |
| 3 | | | | |
| 4 | | | | |
| 5 | | | | |

ヨコ解き
答案用紙

第1問

第2問

第3問

第4問
(1)

第4問
(2)

第5問

| | 仕 | | 訳 | |
|---|---|---|---|---|
| | 借　方　科　目 | 金　　　　額 | 貸　方　科　目 | 金　　　　額 |
| 1 | | | | |
| 2 | | | | |
| 3 | | | | |
| 4 | | | | |
| 5 | | | | |

第**7**回　配点➡20点　　　　　　　●問題➡ P.8　　●解答・解説➡ P.74

| 仕 | | 訳 | | | |
|---|---|---|---|---|---|
| 借 方 科 目 | 金　　　額 | 貸 方 科 目 | 金　　　額 | | |
| **1** | | | | | |
| **2** | | | | | |
| **3** | | | | | |
| **4** | | | | | |
| **5** (1) | | | | | |
| (2) | | | | | |

ヨコ解き
答案用紙

第1問

第2問

第3問

第4問
(1)

第4問
(2)

第5問

| | 仕 | | 訳 | |
|---|---|---|---|---|
| | 借　方　科　目 | 金　　額 | 貸　方　科　目 | 金　　額 |
| 1 | | | | |
| 2 | | | | |
| 3 | | | | |
| 4 | | | | |
| 5 | | | | |

## 第2問　個別論点

第1回　配点➡20点　　　●問題➡ P.10　　●解答・解説➡ P.78

(単位：千円)

| 科　目 | 個別財務諸表 | | 修正・消去 | | 連結財務諸表 |
|---|---|---|---|---|---|
| | P 社 | S 社 | 借　方 | 貸　方 | |
| 貸借対照表 | | | | | |
| 現 金 預 金 | 180,000 | 65,000 | | | 245,000 |
| 売 掛 金 | 480,000 | 220,000 | | | |
| 商　　品 | 370,000 | 165,000 | | | |
| 未 収 入 金 | 80,000 | 13,000 | | | 93,000 |
| 貸 付 金 | 150,000 | | | | |
| 未 収 収 益 | 12,000 | | | | 12,000 |
| 土　　地 | 165,000 | 36,000 | | | |
| 建　　物 | 50,000 | | | | 50,000 |
| 建物減価償却累計額 | △ 24,000 | | | | △ 24,000 |
| （　　　　　　） | | | | | |
| | | | | | |
| S 社 株 式 | 200,000 | | | | |
| 資 産 合 計 | 1,663,000 | 499,000 | | | |
| 買 掛 金 | 181,000 | 205,000 | | | |
| 借 入 金 | 125,000 | 70,000 | | | |
| 未 払 金 | 120,000 | 42,000 | | | 162,000 |
| 未 払 費 用 | 88,000 | 2,000 | | | 90,000 |
| 資 本 金 | 226,000 | 100,000 | | | |
| 資 本 剰 余 金 | 123,000 | 20,000 | | | |
| 利 益 剰 余 金 | 800,000 | 60,000 | | | |
| | | | | | |
| | | | | | |
| | | | | | |
| 非支配株主持分 | | | | | |
| | | | | | |
| | | | | | |
| 負債純資産合計 | 1,663,000 | 499,000 | | | |
| 損益計算書 | | | | | |
| 売 上 高 | 1,560,000 | 1,080,000 | | | |
| 売 上 原 価 | 1,041,000 | 767,000 | | | |
| | | | | | |
| 販売費及び一般管理費 | 465,000 | 288,000 | | | 753,000 |
| （　　　　）償却 | | | | | |
| 受 取 利 息 | 5,200 | 800 | | | |
| 支 払 利 息 | 4,000 | 1,800 | | | |
| 土 地 売 却 益 | 6,000 | | | | |
| 当 期 純 利 益 | 61,200 | 24,000 | | | |
| 非支配株主に帰属する当期純利益 | | | | | |
| 親会社株主に帰属する当期純利益 | 61,200 | 24,000 | | | |

連結財務諸表の金額がゼロとなる場合には、「0」と記入すること。

ヨコ解き
答案用紙

第1問

第2問

第3問

第4問
(1)

第4問
(2)

第5問

連 結 貸 借 対 照 表

×7 年 3 月 31 日　　　　　　　　　　　　　（単位：千円）

| 資　産 | 金　額 | 負債・純資産 | 金　額 |
|---|---|---|---|
| 現 金 預 金 | 433,000 | 買　掛　金 | |
| 売　掛　金 | | 未　払　金 | |
| 商　　品 | | 資　本　金 | |
| 未 収 入 金 | | 資 本 剰 余 金 | |
| 土　地 | | 利 益 剰 余 金 | |
| の れ ん | | 非 支 配 株 主 持 分 | |
| | | | |

連 結 損 益 計 算 書

自×6 年 4 月 1 日　至×7 年 3 月 31 日　　　　　　　　（単位：千円）

| 費　用 | 金　額 | 収　益 | 金　額 |
|---|---|---|---|
| 売 上 原 価 | | 売　上　高 | |
| 販売費及び一般管理費 | 766,800 | 受 取 配 当 金 | |
| の れ ん 償 却 | | 固 定 資 産 売 却 益 | |
| 非支配株主に帰属する当期純利益 | | | |
| 親会社株主に帰属する当期純利益 | | | |
| | | | |

● 問題➡ P.12　　● 解答・解説➡ P.86

**第 3 回**　配点➡20点

### 株 主 資 本 等 変 動 計 算 書
自×8年4月1日　至×9年3月31日　　　　　（単位：千円）

| | 資 本 金 | 資 本 剰 余 金 | | |
| --- | --- | --- | --- | --- |
| | | 資本準備金 | その他資本剰余金 | 資本剰余金合計 |
| 当 期 首 残 高 | 40,000 | （　　　） | （　　　） | （　　　） |
| 当 期 変 動 額 | | | | |
| 　剰 余 金 の 配 当 | | （　　　） | （　　　） | （　　　） |
| 　別途積立金の積立て | | | | |
| 　新 株 の 発 行 | （　　　） | （　　　） | | （　　　） |
| 　吸 収 合 併 | （　　　） | | （　　　） | （　　　） |
| 　当 期 純 利 益 | | | | |
| 当 期 変 動 額 合 計 | （　　　） | （　　　） | （　　　） | （　　　） |
| 当 期 末 残 高 | （　　　） | （　　　） | （　　　） | （　　　） |

（下段へ続く）

（上段から続く）

| | 利 益 剰 余 金 | | | 利益剰余金合　計 | 株主資本合　計 |
| --- | --- | --- | --- | --- | --- |
| | 利益準備金 | その他利益剰余金 | | | |
| | | 別途積立金 | 繰越利益剰余金 | | |
| 当 期 首 残 高 | 800 | （　　　） | （　　　） | （　　　） | （　　　） |
| 当 期 変 動 額 | | | | | |
| 　剰 余 金 の 配 当 | （　　　） | | （　　　） | （　　　） | （　　　） |
| 　別途積立金の積立て | | （　　　） | （　　　） | ― | ― |
| 　新 株 の 発 行 | | | | | （　　　） |
| 　吸 収 合 併 | | | | | （　　　） |
| 　当 期 純 利 益 | | | （　　　） | （　　　） | （　　　） |
| 当 期 変 動 額 合 計 | （　　　） | （　　　） | （　　　） | （　　　） | （　　　） |
| 当 期 末 残 高 | （　　　） | （　　　） | （　　　） | （　　　） | （　　　） |

ヨコ解き
答案用紙

第1問

第2問

第3問

第4問
(1)

第4問
(2)

第5問

売買目的有価証券

| 日 | 付 | | 摘　要 | 借　方 | 日 | 付 | | 摘　要 | 貸　方 |
|---|---|---|---|---|---|---|---|---|---|
| ×1 | 11 | 1 | | | ×2 | 3 | 31 | | |
| ×2 | 3 | 31 | 有価証券評価益 | | | | | | |

満期保有目的債券

| 日 | 付 | | 摘　要 | 借　方 | 日 | 付 | | 摘　要 | 貸　方 |
|---|---|---|---|---|---|---|---|---|---|
| ×2 | 2 | 1 | | | ×2 | 3 | 31 | | |
| ×2 | 3 | 31 | | | | | | | |

有　価　証　券　利　息

| 日 | 付 | | 摘　要 | 借　方 | 日 | 付 | | 摘　要 | 貸　方 |
|---|---|---|---|---|---|---|---|---|---|
| ×1 | 11 | 1 | | | ×2 | 3 | 31 | 当 座 預 金 | |
| ×2 | 3 | 31 | | | 〃 | | | 未収有価証券利息 | |
| | | | | | 〃 | | | 満期保有目的債券 | |

**第 5 回** 配点➡20 点 　　　　　　　　　　●問題➡ P.14　　●解答・解説➡ P.90

問1

その 他 有 価 証 券

| 日　付 | | 摘　要 | 借　方 | 日　付 | | 摘　要 | 貸　方 |
|---|---|---|---|---|---|---|---|
| ×1 | 4　1 | 前 期 繰 越 | | ×1 | 4　1 | その他有価証券評価差額金 | |
| | 5　10 | | | | 12　31 | | |
| ×2 | 3　31 | その他有価証券評価差額金 | | ×2 | 3　31 | 次 期 繰 越 | |
| | | | | | | | |

有 価 証 券 利 息

| 日　付 | | 摘　要 | 借　方 | 日　付 | | 摘　要 | 貸　方 |
|---|---|---|---|---|---|---|---|
| ×2 | 3　31 | 損　　　益 | | ×1 | 9　30 | 普 通 預 金 | |
| | | | | | 12　31 | 普 通 預 金 | |
| | | | | ×2 | 3　31 | 普 通 預 金 | |
| | | | | | | | |

問2

投資有価証券売却　（　　　　）　　¥ _____

ヨコ解き
答案用紙

第1問

第2問

第3問

第4問
(1)

第4問
(2)

第5問

15

問1

総 勘 定 元 帳
機 械 装 置

| 年 | 月 | 日 | 摘　　要 | 借　方 | 年 | 月 | 日 | 摘　　要 | 貸　方 |
|---|---|---|---|---|---|---|---|---|---|
| ×9 | 9 | 1 | | | ×9 | 9 | 2 | | |
| | | | | | ×10 | 3 | 31 | | |
| | | | | | | 3 | 31 | | |
| | | | | | | | | | |

リ ー ス 資 産

| 年 | 月 | 日 | 摘　　要 | 借　方 | 年 | 月 | 日 | 摘　　要 | 貸　方 |
|---|---|---|---|---|---|---|---|---|---|
| ×9 | 4 | 1 | | | ×10 | 3 | 31 | | |
| | | | | | | 3 | 31 | | |
| | | | | | | | | | |

問2

| 借　方　科　目 | 金　額 | 貸　方　科　目 | 金　額 |
|---|---|---|---|
| | | | |

## 第 7 回　配点➡20点

●問題➡ P.16　　●解答・解説➡ P.94

1.

建　　　物

| 年 | 月 | 日 | 摘　　要 | 借　方 | 年 | 月 | 日 | 摘　　要 | 貸　方 |
|---|---|---|---|---|---|---|---|---|---|
| ×8 | 4 | 1 | 前 期 繰 越 | | ×9 | 3 | 31 | 次 期 繰 越 | |
| ×8 | 7 | 1 | | | | | | | |

建物減価償却累計額

| 年 | 月 | 日 | 摘　　要 | 借　方 | 年 | 月 | 日 | 摘　　要 | 貸　方 |
|---|---|---|---|---|---|---|---|---|---|
| ×9 | 3 | 31 | 次 期 繰 越 | | ×8 | 4 | 1 | 前 期 繰 越 | |
| | | | | | ×9 | 3 | 31 | | |

ソフトウェア

| 年 | 月 | 日 | 摘　　要 | 借　方 | 年 | 月 | 日 | 摘　　要 | 貸　方 |
|---|---|---|---|---|---|---|---|---|---|
| ×8 | 4 | 1 | 前 期 繰 越 | | ×8 | 9 | 30 | 諸　　　　口 | |
| ×8 | 10 | 1 | | | ×9 | 3 | 31 | ソフトウェア償却 | |
| | | | | | ×9 | 3 | 31 | 次 期 繰 越 | |

2．当期の固定資産除却損の金額　　¥ _____

ヨコ解き
答案用紙

第 1 問

第 2 問

第 3 問

第 4 問
(1)

第 4 問
(2)

第 5 問

(1)

総 勘 定 元 帳

買 掛 金

| 年 | 月 | 日 | 摘　　要 | 借　　方 | 年 | 月 | 日 | 摘　　要 | 貸　　方 |
|---|---|---|---|---|---|---|---|---|---|
| ×1 | 2 | 28 | 普 通 預 金 | | ×1 | 1 | 1 | 前 期 繰 越 | |
| | 12 | 31 | 次 期 繰 越 | | | 11 | 1 | | |
| | | | | | | 12 | 31 | | |
| | | | | | | | | | |

商　　品

| 年 | 月 | 日 | 摘　　要 | 借　　方 | 年 | 月 | 日 | 摘　　要 | 貸　　方 |
|---|---|---|---|---|---|---|---|---|---|
| ×1 | 1 | 1 | 前 期 繰 越 | | ×1 | 6 | 30 | 売 上 原 価 | |
| | 11 | 1 | | | | 12 | 1 | | |
| | | | | | | 12 | 31 | | |
| | | | | | | 12 | 31 | 次 期 繰 越 | |
| | | | | | | | | | |

(2)　損益の金額

① 当 期 の 売 上 高　　　¥

② 当 期 の 為替差損　　　¥

③ 当 期 の 為替差益　　　¥

## 第3問　財務諸表の作成

第1回　配点➡20点　　　　　　　　　　●問題➡P.18　　●解答・解説➡P.100

●問題➡P.18　　●解答・解説➡P.100

貸 借 対 照 表

×9年3月31日　　　　　　　　　　（単位：円）

| 資 産 の 部 | | | 負 債 の 部 | | |
|---|---|---|---|---|---|
| I 流 動 資 産 | | | I 流 動 負 債 | | |
| 　現　　　　　金 | | 150,000 | 　支 払 手 形 | | 190,000 |
| 　当 座 預 金 | （ | ） | 　買 　掛 　金 | | 380,000 |
| 　受 取 手 形 | （　　　） | | 　（　　　）費用 | （ | ） |
| 　貸 倒 引 当 金 | （　　　） | （　　　） | 　（　　　　） | （ | ） |
| 　売 　掛 　金 | （　　　） | | II 固 定 負 債 | | |
| 　貸 倒 引 当 金 | （　　　） | （　　　） | 　長 期 借 入 金 | | 800,000 |
| 　商 　　　品 | | （　　　） | 　退職給付引当金 | （ | ） |
| II 固 定 資 産 | | | 　負 債 合 計 | （ | ） |
| 　建 　　　物 | （　　　） | | 純 資 産 の 部 | | |
| 　減価償却累計額 | （　　　） | （　　　） | 　資 　本 　金 | | 3,800,000 |
| 　備 　　　品 | （　　　） | | 　利 益 準 備 金 | | 360,450 |
| 　減価償却累計額 | （　　　） | （　　　） | 　繰越利益剰余金 | （ | ） |
| 　投 資 有 価 証 券 | | （　　　） | 　純 資 産 合 計 | （ | ） |
| 　関 係 会 社 株 式 | | （　　　） | | | |
| 　資 産 合 計 | | （　　　） | 　負債・純資産合計 | （ | ） |

ヨコ解き答案用紙

第1問

第2問

第3問

第4問(1)

第4問(2)

第5問

19

損　益　計　算　書

（自×8年4月1日　至×9年3月31日）

（単位：円）

| | | | |
|---|---|---|---|
| Ⅰ　売　　　上　　　高 | | | 6,580,000 |
| Ⅱ　売　上　原　価 | | | |
| 　1　商品期首棚卸高 | （　　　　　） | | |
| 　2　当期商品仕入高 | （　　　　　） | | |
| 　　　　合　　　計 | （　　　　　） | | |
| 　3　商品期末棚卸高 | （　　　　　） | | |
| 　　　　差　　　引 | （　　　　　） | | |
| 　4　（　　　　　　　　） | （　　　　　） | | |
| 　5　商品評価損 | （　　　　　） | （　　　　　） | |
| 　　　　売上総利益 | | （　　　　　） | |
| Ⅲ　販売費及び一般管理費 | | | |
| 　1　給　　　　　料 | 280,000 | | |
| 　2　広　告　宣　伝　費 | 60,000 | | |
| 　3　減　価　償　却　費 | （　　　　　） | | |
| 　4　消　耗　品　費 | 155,000 | | |
| 　5　保　　険　　料 | 10,000 | | |
| 　6　貸倒引当金繰入 | （　　　　　） | | |
| 　7　貸　倒　損　失 | （　　　　　） | | |
| 　8　（　　　　　）償却 | （　　　　　） | （　　　　　） | |
| 　　　　営　業　利　益 | | （　　　　　） | |
| Ⅳ　営　業　外　収　益 | | | |
| 　1　有価証券評価益 | | （　　　　　） | |
| Ⅴ　営　業　外　費　用 | | | |
| 　1　支　払　利　息 | （　　　　　） | | |
| 　2　（　　　　　　　　） | （　　　　　） | （　　　　　） | |
| 　　　　経　常　利　益 | | （　　　　　） | |
| Ⅵ　特　別　利　益 | | | |
| 　1　（　　　　　　　　） | | （　　　　　） | |
| Ⅶ　特　別　損　失 | | | |
| 　1　（　　　　　　　　） | | （　　　　　） | |
| 　　　税引前当期純利益 | | （　　　　　） | |
| 　　　法人税、住民税及び事業税 | | （　　　　　） | |
| 　　　当　期　純　利　益 | | （　　　　　） | |

# 第3回 配点➡20点

●問題➡P.22　　●解答・解説➡P.104

## 精 算 表

（単位：円）

| 勘定科目 | 試 算 表 借方 | 試 算 表 貸方 | 修 正 記 入 借方 | 修 正 記 入 貸方 | 損益計算書 借方 | 損益計算書 貸方 | 貸借対照表 借方 | 貸借対照表 貸方 |
|---|---|---|---|---|---|---|---|---|
| 現　　　　　金 | 58,000 | | | | | | | |
| 当 座 預 金 | 129,300 | | | | | | | |
| 受 取 手 形 | 106,000 | | | | | | | |
| 売 　掛　 金 | 170,000 | | | | | | | |
| 繰 越 商 品 | 308,000 | | | | | | | |
| | | | | | | | | |
| 仮 　払　 金 | 30,000 | | | | | | | |
| 建　　　　物 | 750,000 | | | | | | | |
| 備　　　　品 | 530,000 | | | | | | | |
| 建 設 仮 勘 定 | 240,000 | | | | | | | |
| 満期保有目的債券 | 596,000 | | | | | | | |
| 支 払 手 形 | | 27,000 | | | | | | |
| 買 　掛　 金 | | 100,000 | | | | | | |
| 退職給付引当金 | | 180,000 | | | | | | |
| 貸 倒 引 当 金 | | 2,500 | | | | | | |
| 建物減価償却累計額 | | 237,500 | | | | | | |
| 備品減価償却累計額 | | 190,800 | | | | | | |
| 資 　本　 金 | | 1,392,000 | | | | | | |
| 繰越利益剰余金 | | 437,500 | | | | | | |
| 売　　　　上 | | 2,980,000 | | | | | | |
| 有 価 証 券 利 息 | | 3,000 | | | | | | |
| 仕　　　　入 | 2,070,000 | | | | | | | |
| 給　　　　料 | 430,000 | | | | | | | |
| 水 道 光 熱 費 | 103,000 | | | | | | | |
| 保 　険　 料 | 30,000 | | | | | | | |
| | 5,550,300 | 5,550,300 | | | | | | |
| 売 上 原 価 | | | | | | | | |
| | | | | | | | | |
| 商 品 評 価 損 | | | | | | | | |
| 棚 卸 減 耗 損 | | | | | | | | |
| 貸倒引当金（　　）額 | | | | | | | | |
| 減 価 償 却 費 | | | | | | | | |
| 退 職 給 付 費 用 | | | | | | | | |
| 修 　繕　 費 | | | | | | | | |
| （　　）保険料 | | | | | | | | |
| 為 替 差 損 益 | | | | | | | | |
| 当 期 純（　　） | | | | | | | | |
| | | | | | | | | |
| | | | | | | | | |

損　益　計　算　書

（自×7年4月1日　至×8年3月31日）

（単位：円）

| | | | | |
|---|---|---|---|---|
| Ⅰ 売　　上　　高 | | | （　　　　　　　） | |
| Ⅱ 売　上　原　価 | | | | |
| 　1 期首商品棚卸高 | （　　　　　　　） | | | |
| 　2 当期商品仕入高 | （　　　　　　　） | | | |
| 　　　合　　　計 | （　　　　　　　） | | | |
| 　3 期末商品棚卸高 | （　　　　　　　） | | | |
| 　　　差　　　引 | （　　　　　　　） | | | |
| 　4（　　　　　　　） | （　　　　　　　） | | | |
| 　5 商品評価損 | （　　　　　　　） | （　　　　　　　） | | |
| 　　売　上　総　利　益 | | （　　　　　　　） | | |
| Ⅲ 販売費及び一般管理費 | | | | |
| 　1 給　　　料 | 9,608,300 | | | |
| 　2 水道光熱費 | 746,500 | | | |
| 　3 保　険　料 | （　　　　　　　） | | | |
| 　4 減価償却費 | （　　　　　　　） | | | |
| 　5 貸倒損失 | （　　　　　　　） | | | |
| 　6 貸倒引当金繰入 | （　　　　　　　） | （　　　　　　　） | | |
| 　　営　業　利　益 | | （　　　　　　　） | | |
| Ⅳ 営業外収益 | | | | |
| 　1 受取利息 | （　　　　　　　） | | | |
| 　2 有価証券（　　　） | （　　　　　　　） | （　　　　　　　） | | |
| Ⅴ 営業外費用 | | | | |
| 　1 支払利息 | 288,000 | | | |
| 　2 貸倒引当金繰入 | （　　　　　　　） | | | |
| 　3 有価証券売却損 | 964,000 | （　　　　　　　） | | |
| 　　経　常　利　益 | | （　　　　　　　） | | |
| Ⅵ 特　別　利　益 | | | | |
| 　1（　　　　　　　） | | （　　　　　　　） | | |
| 　　税引前当期純利益 | | （　　　　　　　） | | |
| 　　法人税、住民税及び事業税 | | （　　　　　　　） | | |
| 　　当　期　純　利　益 | | （　　　　　　　） | | |

**第 5 回** 配点➡20点　　　　　　　　　●問題➡P.26　　●解答・解説➡P.110

●問題➡P.26　　●解答・解説➡P.110

貸　借　対　照　表

株式会社神戸商会　　　　　20×9年3月31日　　　　　　　　　　（単位：円）

## 資　産　の　部

| I 流　動　資　産 | | |
|---|---|---|
| 現　金　及　び　預　金 | | （　　　　　　　） |
| 売　　掛　　金 | （　　　　　　　） | |
| 貸　倒　引　当　金 | （　　　　　　　） | （　　　　　　　） |
| 商　　　　　品 | | （　　　　　　　） |
| 未　収　入　金 | | （　　　　　　　） |
| 流　動　資　産　合　計 | | （　　　　　　　） |
| II 固　定　資　産 | | |
| 建　　　　　物 | 15,000,000 | |
| 減　価　償　却　累　計　額 | （　　　　　　　） | （　　　　　　　） |
| 備　　　　　品 | 7,200,000 | |
| 減　価　償　却　累　計　額 | （　　　　　　　） | （　　　　　　　） |
| 投　資　有　価　証　券 | | （　　　　　　　） |
| 固　定　資　産　合　計 | | （　　　　　　　） |
| 資　産　合　計 | | （　　　　　　　） |

## 負　債　の　部

| I 流　動　負　債 | | |
|---|---|---|
| 買　　掛　　金 | | 9,556,000 |
| 未　払　法　人　税　等 | | （　　　　　　　） |
| 未　払　消　費　税 | | （　　　　　　　） |
| 流　動　負　債　合　計 | | （　　　　　　　） |
| II 固　定　負　債 | | |
| （　　　　　　　） | | （　　　　　　　） |
| 固　定　負　債　合　計 | | （　　　　　　　） |
| 負　債　合　計 | | （　　　　　　　） |

## 純　資　産　の　部

| I 株　主　資　本 | | |
|---|---|---|
| 資　　本　　金 | | 27,000,000 |
| 繰　越　利　益　剰　余　金 | | （　　　　　　　） |
| 株　主　資　本　合　計 | | （　　　　　　　） |
| II 評　価・換　算　差　額　等 | | |
| その他有価証券評価差額金 | | （　　　　　　　） |
| 評　価・換　算　差　額　等　合　計 | | （　　　　　　　） |
| 純　資　産　合　計 | | （　　　　　　　） |
| 負　債　純　資　産　合　計 | | （　　　　　　　） |

ヨコ解き
答案用紙

第1問

第2問

第3問

第4問
(1)

第4問
(2)

第5問

損 益 計 算 書

自×6年4月1日　至×7年3月31日

（単位：円）

| | | |
|---|---|---|
| Ⅰ　売　　　上　　　高 | | （　　　　　　　　　） |
| Ⅱ　売　上　原　価 | | |
| 　1　期首商品棚卸高 | （　　　　　　　） | |
| 　2　当期商品仕入高 | （　　　　　　　） | |
| 　　　　　合　　　計 | （　　　　　　　） | |
| 　3　期末商品棚卸高 | （　　　　　　　） | |
| 　　　　　差　　　引 | （　　　　　　　） | |
| 　4　棚　卸　減　耗　損 | （　　　　　　　） | （　　　　　　　　　） |
| 　　　売　上　総　利　益 | | （　　　　　　　　　） |
| Ⅲ　販売費及び一般管理費 | | |
| 　1　給　　　　　　料 | （　　　　　　　） | |
| 　2　旅　費　交　通　費 | 368,400 | |
| 　3　水　道　光　熱　費 | 320,000 | |
| 　4　通　　信　　費 | 260,000 | |
| 　5　保　　険　　料 | 120,000 | |
| 　6　減　価　償　却　費 | （　　　　　　　） | |
| 　7（　　　　　　　　　） | （　　　　　　　） | |
| 　8　貸倒引当金繰入 | （　　　　　　　） | |
| 　9　貸　倒　損　失 | （　　　　　　　） | （　　　　　　　　　） |
| 　　　営　業　利　益 | | （　　　　　　　　　） |
| Ⅳ　営　業　外　収　益 | | |
| 　1　受　取　利　息 | 19,900 | |
| 　2　有価証券売却益 | 1,500 | 21,400 |
| Ⅴ　営　業　外　費　用 | | |
| 　1　支　払　利　息 | | 42,800 |
| 　　　経　常　利　益 | | （　　　　　　　　　） |
| Ⅵ　特　別　利　益 | | |
| 　1　固定資産売却益 | | 25,000 |
| Ⅶ　特　別　損　失 | | |
| 　1（　　　　　　　　　） | | （　　　　　　　　　） |
| 　　税引前当期純利益 | | （　　　　　　　　　） |
| 　　法人税、住民税及び事業税 | | （　　　　　　　　　） |
| 　　当　期　純　利　益 | | （　　　　　　　　　） |

第 **7** 回　配点➡20点　　　　　　　　　●問題➡ P.30　　●解答・解説➡ P.116

損　　　　　益

| 日 | 付 | 摘　　要 | 金　額 | 日 | 付 | 摘　　要 | 金　額 |
|---|---|---|---|---|---|---|---|
| 3 | 31 | 仕　　　入 | | 3 | 31 | 売　　　上 | |
| 3 | 31 | 棚 卸 減 耗 損 | | 3 | 31 | 受 取 手 数 料 | |
| 3 | 31 | 商 品 評 価 損 | | 3 | 31 | 支　　店 | |
| 3 | 31 | 支 払 家 賃 | | | | | |
| 3 | 31 | 給　　料 | | | | | |
| 3 | 31 | 広 告 宣 伝 費 | | | | | |
| 3 | 31 | 減 価 償 却 費 | | | | | |
| 3 | 31 | 貸 倒 引 当 金 繰 入 | | | | | |
| 3 | 31 | 支 払 利 息 | | | | | |
| 3 | 31 | (　　　　　　　) | | | | | |

ヨコ解き
答案用紙

第1問

第2問

第3問

第4問
(1)

第4問
(2)

第5問

損 益 計 算 書

×6年4月1日〜×7年3月31日　　　　　　　　（単位：円）

| 費　　用 | 金　　額 | 収　　益 | 金　　額 |
|---|---|---|---|
| 期首商品棚卸高 | 281,600 | 売　上　高 | （　　　　　） |
| 当期商品仕入高 | （　　　　　） | 期末商品棚卸高 | （　　　　　） |
| 営　業　費 | （　　　　　） | | |
| 貸倒引当金繰入 | （　　　　　） | | |
| 減価償却費 | （　　　　　） | | |
| 法人税,住民税及び事業税 | （　　　　　） | | |
| 当期純利益 | （　　　　　） | | |
| | （　　　　　） | | （　　　　　） |

貸 借 対 照 表

×7年3月31日　　　　　　　　（単位：円）

| 資　　産 | 金　　額 | | 負債・純資産 | 金　　額 |
|---|---|---|---|---|
| 現　金　預　金 | | 536,720 | 買　掛　金 | 316,800 |
| 売　掛　金 | （　　　） | | 未払法人税等 | （　　　　　） |
| 貸倒引当金 | （　　　） | （　　　） | 未　払　費　用 | （　　　　　） |
| 商　　品 | | （　　　） | 資　本　金 | 1,187,840 |
| 建　　物 | 640,000 | | 資本準備金 | 288,000 |
| 減価償却累計額 | （　　　） | （　　　） | 繰越利益剰余金 | （　　　　　） |
| 備　　品 | 521,600 | | | |
| 減価償却累計額 | （　　　） | （　　　） | | |
| | | （　　　） | | （　　　　　） |

長崎支店における税引前の利益 = ［　　　　　　　　　］ 円

# 第 4 問-(1) 工業簿記の仕訳問題

**第 1 回** 配点➡ 12 点　　　　　●問題➡ P.34　　　●解答・解説➡ P.121

| | | 仕 | | 訳 | |
|---|---|---|---|---|---|
| | | 借　方　科　目 | 金　　額 | 貸　方　科　目 | 金　　額 |
| (1) | ① | | | | |
| | ② | | | | |
| (2) | | | | | |
| (3) | | | | | |

ヨコ解き
答案用紙

第 1 問

第 2 問

第 3 問

第 4 問
(1)

第 4 問
(2)

第 5 問

**第 2 回** 配点➡ 12 点　　　　　●問題➡ P.35　　　●解答・解説➡ P.122

| | | 仕 | | 訳 | |
|---|---|---|---|---|---|
| | | 借　方　科　目 | 金　　額 | 貸　方　科　目 | 金　　額 |
| (1) | ① | | | | |
| | ② | | | | |
| (2) | | | | | |
| (3) | | | | | |

問1

|     | 仕 | | 訳 | |
|-----|------------|------|------------|------|
|     | 借　方　科　目 | 金　　額 | 貸　方　科　目 | 金　　額 |
| (1) | | | | |
| (2) | | | | |
| (3) | | | | |

問2

製　造　間　接　費

| 実 際 発 生 額 | 9,800 | 予 定 配 賦 額 ( | ) |
|---|---|---|---|
| 予 算 差 異 ( | ) | 操 業 度 差 異 ( | ) |
| ( | ) | ( | ) |

予　算　差　異

|  |  | 製 造 間 接 費 ( | ) |
|---|---|---|---|

操　業　度　差　異

| 製 造 間 接 費 ( | ) |  |
|---|---|---|

**第 4 回** 配点➡12点　　　　　　　　●問題➡ P.37　　●解答・解説➡ P.129

| | | 仕 | | 訳 | |
|---|---|---|---|---|---|
| | | 借 方 科 目 | 金 額 | 貸 方 科 目 | 金 額 |
| (1) | ① | | | | |
| | ② | | | | |
| (2) | | | | | |
| (3) | | | | | |

ヨコ解き
答案用紙

第1問

第2問

第3問

第4問
(1)

第4問
(2)

第5問

**第 5 回** 配点➡12点　　　　　　　　●問題➡ P.38　　●解答・解説➡ P.130

| | 工 場 の 仕 訳 | | | |
|---|---|---|---|---|
| | 借 方 科 目 | 金 額 | 貸 方 科 目 | 金 額 |
| (1) | | | | |
| (2) | | | | |
| (3) | | | | |
| (4) | | | | |

| | 本 社 の 仕 訳 | | | |
|---|---|---|---|---|
| | 借 方 科 目 | 金 額 | 貸 方 科 目 | 金 額 |
| (1) | | | | |
| (2) | | | | |
| (3) | | | | |
| (4) | | | | |

|  | 仕 |  | 訳 |  |
|---|---|---|---|---|
|  | 借　方　科　目 | 金　　　額 | 貸　方　科　目 | 金　　　額 |
| (1) |  |  |  |  |
| (2) |  |  |  |  |
| (3) |  |  |  |  |
| (4) |  |  |  |  |

第 **7** 回　配点➡12点　　　　　　　　　●問題➡ P.40　　●解答・解説➡ P.133

**問1**

|  | 仕 |  | 訳 |  |
|---|---|---|---|---|
|  | 借　方　科　目 | 金　　　額 | 貸　方　科　目 | 金　　　額 |
| (1) |  |  |  |  |
| (2) |  |  |  |  |
| (3) |  |  |  |  |

**問2**

完　成　品　原　価　＝ [　　　　　　　　] 円

第 8 回　配点➡12点　　　●問題➡P.41　　●解答・解説➡P.134

仕　掛　品　　　　　　　（単位：円）

| | | | |
|---|---|---|---|
| 6／1 月初有高（　　　　） | 6／30 製　品（　　　　） |
| 30 直接材料費（　　　　） | 〃　月末有高（　　　　） |
| 〃　直接労務費（　　　　） | |
| 〃　製造間接費（　　　　） | |
| （　　　　） | （　　　　） |

月次損益計算書　　　　　　（単位：円）

| | | |
|---|---|---|
| 売　上　高 | | 5,000,000 |
| 売上原価 | | |
| 　月初製品有高 | 0 | |
| 　当月製品製造原価 | （　　　　） | |
| 　　合　　計 | （　　　　） | |
| 　月末製品有高 | （　　　　） | |
| 　　差　　引 | （　　　　） | |
| 　原価差異 | （　　　　） | （　　　　） |
| 　　売上総利益 | | （　　　　） |
| 販売費及び一般管理費 | | 1,870,000 |
| 　　営業利益 | | （　　　　） |

ヨコ解き
答案用紙

第1問

第2問

第3問

第4問
(1)

第4問
(2)

第5問

第 **1** 回　配点➡16点　　　　　　　　●問題➡ P.42　　●解答・解説➡ P.136

問1

総 合 原 価 計 算 表　　　　　　　　　（単位：円）

| | 直 接 材 料 費 | 加 工 費 | 合 計 |
|---|---|---|---|
| 月初仕掛品原価 | 203,800 | 170,000 | 373,800 |
| 当月製造費用 | 1,248,000 | 1,950,000 | 3,198,000 |
| 合 計 | 1,451,800 | 2,120,000 | 3,571,800 |
| 差引：月末仕掛品原価 | ( ) | ( ) | ( ) |
| 完成品総合原価 | ( ) | ( ) | ( ) |

問2

完成品単位原価　＝　[　　　　　　　　]　円／個

当月の売上原価　＝　[　　　　　　　　]　円

第 **2** 回　配点➡16点　　　　　　　　●問題➡ P.43　　●解答・解説➡ P.138

月 末 仕 掛 品 の A 原 料 費 ＝　[　　　　　　　　]　円

月 末 仕 掛 品 の B 原 料 費 ＝　[　　　　　　　　]　円

月 末 仕 掛 品 の 加 工 費 ＝　[　　　　　　　　]　円

完 成 品 総 合 原 価 ＝　[　　　　　　　　]　円

## 第 **3** 回　配点➡ 16 点　　　　　　　●問題➡ P.44　　●解答・解説➡ P.140

月 末 仕 掛 品 原 価 ＝ ☐ 円

等級製品Aの完成品総合原価 ＝ ☐ 円

等級製品Bの完成品総合原価 ＝ ☐ 円

等級製品Cの完成品総合原価 ＝ ☐ 円

## 第 **4** 回　配点➡ 16 点　　　　　　　●問題➡ P.45　　●解答・解説➡ P.142

**問1**

☐ 円／時間

**問2**

組別総合原価計算表　　　　　　（単位：円）

| | A 製 品 | | B 製 品 | |
|---|---|---|---|---|
| | 原 料 費 | 加 工 費 | 原 料 費 | 加 工 費 |
| 月初仕掛品原価 | 74,800 | 25,400 | 199,000 | 87,000 |
| 当 月 製 造 費 用 | 1,280,000 | (　　　　　) | 2,478,000 | (　　　　　) |
| 合　　計 | (　　　　　) | (　　　　　) | (　　　　　) | (　　　　　) |
| 月末仕掛品原価 | (　　　　　) | (　　　　　) | (　　　　　) | (　　　　　) |
| 完成品総合原価 | (　　　　　) | (　　　　　) | (　　　　　) | (　　　　　) |

ヨコ解き
答案用紙

第1問

第2問

第3問

第4問
(1)

第4問
(2)

第5問

第 1 工 程 完 成 品 総 合 原 価 ＝ [　　　　　　　　　] 円

第 2 工程月末仕掛品の前工程費 ＝ [　　　　　　　　　] 円

第 2 工程月末仕掛品の加工費 ＝ [　　　　　　　　　] 円

第 2 工 程 完 成 品 総 合 原 価 ＝ [　　　　　　　　　] 円

**問1**

補 助 部 門 費 配 賦 表

（単位：円）

| 費　　目 | 合　計 | 製　造　部　門 | | 補　　助　　部　　門 | | |
| --- | --- | --- | --- | --- | --- | --- |
| | | 切削部 | 組立部 | 修繕部 | 動力部 | 工場事務部 |
| 部　門　費 | 2,200,000 | 300,000 | 120,000 | 350,000 | 630,000 | 800,000 |
| 工場事務部費 | | | | | | |
| 動 力 部 費 | | | | | | |
| 修 繕 部 費 | | | | | | |
| 製 造 部 門 費 | | | | | | |

**問2**

製造指図書♯101への配賦額 [　　　　　　　　　] 円

製造指図書♯102への配賦額 [　　　　　　　　　] 円

**第7回** 配点➡16点　　　　　　　　●問題➡ P.48　　●解答・解説➡ P.148

問1

月 次 予 算 部 門 別 配 賦 表

（単位：円）

| 費　　目 | 合　計 | 製　造　部　門 | | 補　　助　　部　　門 | | |
| --- | --- | --- | --- | --- | --- | --- |
| | | 組立部門 | 切削部門 | 修繕部門 | 工場事務部門 | 材料倉庫部門 |
| 部　門　費 | 2,160,000 | 655,000 | 610,000 | 225,000 | 220,000 | 450,000 |
| 修 繕 部 門 費 | | | | | | |
| 工 場 事 務 部 門 費 | | | | | | |
| 材 料 倉 庫 部 門 費 | | | | | | |
| 製 造 部 門 費 | | | | | | |

問2

| 借　方　科　目 | 金　　額 | 貸　方　科　目 | 金　　額 |
| --- | --- | --- | --- |
| | | | |

ヨコ解き
答案用紙

第1問

第2問

第3問

第4問
(1)

第4問
(2)

第5問

**第8回** 配点➡16点　　　　　　　　●問題➡ P.49　　●解答・解説➡ P.150

問1

（単位：円）

| 借　方　科　目 | 金　　額 | 貸　方　科　目 | 金　　額 |
| --- | --- | --- | --- |
| | | | |

問2

甲製造部門費　[　　　　　　　　　　　]　円

乙製造部門費　[　　　　　　　　　　　]　円

問3

製造部門費配賦差異

（　　　　　　　）（　　　　　　）｜（　　　　　　　）（　　　　　　）

**第 1 回** 配点➡ 12点　　　　　　　　　●問題➡ P.50　　●解答・解説➡ P.152

仕　掛　品

| | | | |
|---|---|---|---|
| 月 初 有 高 | ( ) | 完 成 高 | ( ) |
| 直 接 材 料 費 | ( ) | 月 末 有 高 | ( ) |
| 加 工 費 | ( ) | 標 準 原 価 差 異 | ( ) |
| | ( ) | | ( ) |

月次損益計算書（一部）　　　　（単位：円）

| | | |
|---|---|---|
| Ⅰ 売 上 高 | | ( ) |
| Ⅱ 売 上 原 価 | | |
| 月 初 製 品 棚 卸 高 | ( ) | |
| 当 月 製 品 製 造 原 価 | ( ) | |
| 合 計 | ( ) | |
| 月 末 製 品 棚 卸 高 | ( ) | |
| 差 引 | ( ) | |
| 標 準 原 価 差 異 | ( ) | ( ) |
| 売 上 総 利 益 | | ( ) |
| Ⅲ 販売費及び一般管理費 | | 1,879,500 |
| 営 業 利 益 | | ( ) |

**第 2 回** 配点➡ 12点　　　　　　　　　●問題➡ P.51　　●解答・解説➡ P.154

## 第 3 回　配点➡12点　　　　　　　●問題➡ P.52　　●解答・解説➡ P.156

問1　[　　　　　　　　　円　]

問2　[　　　　　　　　　円　]　（　借方差異　・　貸方差異　）
　　　　　　　　　　　　　　　いずれかを○で囲むこと

問3　[　　　　　　　　　円　]　（　借方差異　・　貸方差異　）
　　　　　　　　　　　　　　　いずれかを○で囲むこと

問4　[　　　　　　　　　円　]　（　借方差異　・　貸方差異　）
　　　　　　　　　　　　　　　いずれかを○で囲むこと

## 第 4 回　配点➡12点　　　　　　　●問題➡ P.53　　●解答・解説➡ P.158

(1)　価 格 差 異　[　　　　　　　　　]　円（　有利　・　不利　）
　　　　　　　　　　※（　　　）内の「有利」または「不利」を○で囲むこと。以下同じ。

　　　数 量 差 異　[　　　　　　　　　]　円（　有利　・　不利　）

(2)　予 算 差 異　[　　　　　　　　　]　円（　有利　・　不利　）

　　　能 率 差 異　[　　　　　　　　　]　円（　有利　・　不利　）

　　　操 業 度 差 異　[　　　　　　　　　]　円（　有利　・　不利　）

(3)　予 算 差 異　[　　　　　　　　　]　円（　有利　・　不利　）

　　　能 率 差 異　[　　　　　　　　　]　円（　有利　・　不利　）

　　　操 業 度 差 異　[　　　　　　　　　]　円（　有利　・　不利　）

ヨコ解き
答案用紙

第1問

第2問

第3問

第4問
(1)

第4問
(2)

第5問

## 第 5 回　配点➡ 12 点

●問題➡ P.54　　●解答・解説➡ P.160

問 1 ☐ ％

問 2 ☐ 円

問 3 ☐ 円

問 4 貢献利益 ☐ 円　　　営業利益 ☐ 円

問 5 ☐ ％

## 第 6 回　配点➡ 12 点

●問題➡ P.55　　●解答・解説➡ P.162

問 1 ☐ 万円

問 2 ☐ 万円

問 3 ☐ ％

問 4 ☐ 万円

# 第7回 配点➡12点

●問題➡P.56　　●解答・解説➡P.164

| ア | 売　上　総　　・　　貢　献　　・　　経　常 |
|---|---|
| ① | |
| ② | |
| イ | 比例して　　・　　反比例して　　・　　関係なく |
| ③ | |
| ④ | |
| ⑤ | |
| ⑥ | |

ヨコ解き
答案用紙

第1問

第2問

第3問

第4問
(1)

第4問
(2)

第5問

# 第8回 配点➡12点

●問題➡P.58　　●解答・解説➡P.167

全部原価計算による損益計算書　　（単位：円）

| 売　　　上　　　高 | （　　　　　　　　） |
|---|---|
| 売　上　原　価 | （　　　　　　　　） |
| 配　賦　差　異 | （　　　　　　　　） |
| 　売　上　総　利　益 | （　　　　　　　　） |
| 販　　売　　費 | （　　　　　　　　） |
| 一　般　管　理　費 | （　　　　　　　　） |
| 営　業　利　益 | 197,200 |

直接原価計算による損益計算書　　（単位：円）

| 売　　　上　　　高 | （　　　　　　　　） |
|---|---|
| 変　動　売　上　原　価 | （　　　　　　　　） |
| 　変　動　製　造　マージン | （　　　　　　　　） |
| 変　動　販　売　費 | （　　　　　　　　） |
| 　貢　献　利　益 | （　　　　　　　　） |
| 固　　定　　費 | （　　　　　　　　） |
| 営　業　利　益 | （　　　　　　　　） |

第**1**問 配点➡20点

| | 仕 | | 訳 | |
|---|---|---|---|---|
| | 借　方　科　目 | 金　　　額 | 貸　方　科　目 | 金　　　額 |
| 1 | | | | |
| 2 | | | | |
| 3 | | | | |
| 4 | | | | |
| 5 | | | | |

## 第 2 問  配点➡ 20 点

### 問 1

銀 行 勘 定 調 整 表

×7年 3 月31日 　　　　　　　　　　（単位：円）

| | | | | |
|---|---|---|---|---|
| 銀行の残高証明書の残高 | | | （ 　　　　　　　 ） | |
| 加算： | [ 　　　　　 ] | （ 　　　　　 ） | | |
| | [ 　　　　　 ] | （ 　　　　　 ） | （ 　　　　　　　 ） | |
| 減算： | [ 　　　　　 ] | （ 　　　　　 ） | | |
| | [ 　　　　　 ] | （ 　　　　　 ） | （ 　　　　　　　 ） | |
| 当社の当座預金勘定の残高 | | | （ 　　　　　　　 ） | |

### 問 2

| | |
|---|---|
| 貸借対照表に計上される現金の金額 | ￥ |
| 貸借対照表に計上される当座預金の金額 | ￥ |

タテ解き
答案用紙

第 1 回

第 2 回

第 3 回

精　算　表
×8 年 3 月 31 日　　　　　　　　　　（単位：円）

| 勘 定 科 目 | 残高試算表 | | 修正記入 | | 損益計算書 | | 貸借対照表 | |
|---|---|---|---|---|---|---|---|---|
| | 借　方 | 貸　方 | 借　方 | 貸　方 | 借　方 | 貸　方 | 借　方 | 貸　方 |
| 現　　　　　金 | 65,350 | | | | | | | |
| 当 座 預 金 | 300,000 | | | | | | | |
| 受 取 手 形 | 280,000 | | | | | | | |
| 売 　掛　 金 | 388,000 | | | | | | | |
| 売買目的有価証券 | 147,550 | | | | | | | |
| 繰 越 商 品 | 69,800 | | | | | | | |
| | | | | | | | | |
| 建　　　　　物 | 8,850,000 | | | | | | | |
| 備　　　　　品 | 670,000 | | | | | | | |
| 商 　標　 権 | 196,000 | | | | | | | |
| 満期保有目的債券 | 495,200 | | | | | | | |
| 支 払 手 形 | | 263,000 | | | | | | |
| 買 　掛　 金 | | 320,000 | | | | | | |
| 貸 倒 引 当 金 | | 28,000 | | | | | | |
| 建物減価償却累計額 | | 1,575,000 | | | | | | |
| 備品減価償却累計額 | | 326,800 | | | | | | |
| 資 　本　 金 | | 7,000,000 | | | | | | |
| 利 益 準 備 金 | | 720,000 | | | | | | |
| 繰越利益剰余金 | | 558,600 | | | | | | |
| 売　　　　　上 | | 6,768,000 | | | | | | |
| 有 価 証 券 利 息 | | 7,500 | | | | | | |
| 仕　　　　　入 | 5,450,000 | | | | | | | |
| 給　　　　　料 | 535,000 | | | | | | | |
| 保 　険　 料 | 120,000 | | | | | | | |
| | 17,566,900 | 17,566,900 | | | | | | |
| 雑　　　　　益 | | | | | | | | |
| 為 替 差 損 益 | | | | | | | | |
| 貸倒引当金繰入 | | | | | | | | |
| 有価証券評価損 | | | | | | | | |
| 棚 卸 減 耗 損 | | | | | | | | |
| 減 価 償 却 費 | | | | | | | | |
| 商 標 権 償 却 | | | | | | | | |
| 前 払 保 険 料 | | | | | | | | |
| 当 期 純 利 益 | | | | | | | | |
| | | | | | | | | |

# 第 4 問  配点➡ 28 点

(1)

| | | 仕 訳 | | | |
|---|---|---|---|---|---|
| | | 借 方 科 目 | 金 額 | 貸 方 科 目 | 金 額 |
| 1 | (1) | | | | |
| | (2) | | | | |
| 2 | (1) | | | | |
| | (2) | | | | |
| 3 | (1) | | | | |
| | (2) | | | | |

(2)

問1

総 合 原 価 計 算 表　　　　　　　　　（単位：円）

| | A 原 料 費 | B 原 料 費 | 加 工 費 | 合 計 |
|---|---|---|---|---|
| 月初仕掛品原価 | 24,000 | 0 | 11,000 | 35,000 |
| 当月製造費用 | 354,000 | 33,000 | 480,000 | 867,000 |
| 合 計 | 378,000 | 33,000 | 491,000 | 902,000 |
| 差引：月末仕掛品原価 | (　　　　　) | (　　　　　) | (　　　　　) | (　　　　　) |
| 完成品総合原価 | (　　　　　) | (　　　　　) | (　　　　　) | (　　　　　) |

問2

完 成 品 総 合 原 価 ＝ [　　　　　　　　　] 円

## 第 5 問　配点➡12点

**問1**　　　　　　　　　　　　　　　　　　　　　　　　　　　（単位：円）

|  | 製品X | 製品Y | 製品Z |
|---|---|---|---|
| 原 価 標 準 |  |  |  |

**問2**　材料Aに係る差異　　　　　　　　　　　　　（単位：円）

| 材 料 費 差 異 |  | （ 不利差異、有利差異 ） |
|---|---|---|
| 材 料 価 格 差 異 |  | （ 不利差異、有利差異 ） |
| 材 料 消 費 量 差 異 |  | （ 不利差異、有利差異 ） |

※（　　　）内の「不利差異」または「有利差異」を○で囲むこと。（以下、同じ）

**問3**　製品Yに係る差異　　　　　　　　　　　　　（単位：円）

| 売 上 高 差 異 |  | （ 不利差異、有利差異 ） |
|---|---|---|
| 販 売 価 格 差 異 |  | （ 不利差異、有利差異 ） |
| 販 売 数 量 差 異 |  | （ 不利差異、有利差異 ） |

第 **2** 回　本試験問題　　　●問題➡ P.176　　●解答・解説➡ P.206

第 **1** 問　配点➡ 20 点

| | 仕 | | 訳 | |
|---|---|---|---|---|
| | 借　方　科　目 | 金　　額 | 貸　方　科　目 | 金　　額 |
| 1 | | | | |
| 2 | | | | |
| 3 | | | | |
| 4 (1) | | | | |
| 4 (2) | | | | |
| 5 | | | | |

タテ解き
答案用紙
第1回
第2回
第3回

連 結 精 算 表　　　　　　　　　　　　（単位：千円）

| 科　　　目 | 個別財務諸表 | | 修正・消去 | | 連結財務諸表 |
| --- | --- | --- | --- | --- | --- |
| | P　社 | S　社 | 借　方 | 貸　方 | |
| 貸 借 対 照 表 | | | | | 連結貸借対照表 |
| 現 金 預 金 | 328,000 | 78,000 | | | 406,000 |
| 売 掛 金 | 480,000 | 220,000 | | | |
| 貸 倒 引 当 金 | △ 4,800 | △ 2,200 | | | |
| 商 品 | 370,000 | 165,000 | | | |
| 貸 付 金 | 80,000 | — | | | |
| S 社 株 式 | 200,000 | | | | |
| の れ ん | | | | | |
| 資 産 合 計 | 1,453,200 | 460,800 | | | |
| 買 掛 金 | 304,200 | 190,800 | | | |
| 借 入 金 | — | 90,000 | | | |
| 資 本 金 | 226,000 | 100,000 | | | |
| 資 本 剰 余 金 | 123,000 | 20,000 | | | |
| 利 益 剰 余 金 | 800,000 | 60,000 | | | |
| 非 支 配 株 主 持 分 | | | | | |
| 負債・純資産合計 | 1,453,200 | 460,800 | | | |
| 損 益 計 算 書 | | | | | 連結損益計算書 |
| 売 上 高 | 1,560,000 | 1,080,000 | | | |
| 売 上 原 価 | 1,014,000 | 767,000 | | | |
| 販売費及び一般管理費 | 477,800 | 269,000 | | | |
| 営 業 外 収 益 | 30,000 | — | | | |
| 営 業 外 費 用 | 10,000 | 20,000 | | | |
| 当 期 純 利 益 | 88,200 | 24,000 | | | |
| 非支配株主に帰属する当期純利益 | | | | | |
| 親会社株主に帰属する当期純利益 | | | | | |
| 株主資本等変動計算書 | | | | | 連結株主資本等変動計算書 |
| 利益剰余金当期首残高 | 761,800 | 46,000 | | | |
| 配 当 金 | △ 50,000 | △ 10,000 | | | |
| 親会社株主に帰属する当期純利益 | 88,200 | 24,000 | | | |
| 利益剰余金当期末残高 | 800,000 | 60,000 | | | |
| 非支配株主持分当期首残高 | | | | | |
| 非支配株主持分当期変動額 | | | | | |
| 非支配株主持分当期末残高 | | | | | |

## 第3問 配点➡20点

貸 借 対 照 表
×8年3月31日現在 （単位：円）

| 資 産 の 部 | | | 負 債 の 部 | | |
|---|---|---|---|---|---|
| I 流 動 資 産 | | | I 流 動 負 債 | | |
| 現 金 預 金 | （ | ） | 支 払 手 形 | （ | ） |
| 受 取 手 形 | （ | ） | 電 子 記 録 債 務 | （ | ） |
| 売 掛 金 | （ | ） | 買 掛 金 | （ | ） |
| 商 品 | （ | ） | 短 期 借 入 金 | （ | ） |
| 前 払 費 用 | （ | ） | 未 払 法 人 税 等 | （ | ） |
| 未 収 入 金 | （ | ） | 未 払 費 用 | （ | ） |
| 貸 倒 引 当 金 | （ △ | ） | 流 動 負 債 合 計 | （ | ） |
| 流 動 資 産 合 計 | （ | ） | | | |
| II 固 定 資 産 | | | II 固 定 負 債 | | |
| 有 形 固 定 資 産 | | | （ | ） （ | ） |
| 建 物 | （ | ） | 固 定 負 債 合 計 | （ | ） |
| 建物減価償却累計額 | （ △ | ） | 負 債 合 計 | （ | ） |
| 備 品 | （ | ） | | | |
| 備品減価償却累計額 | （ △ | ） | 純 資 産 の 部 | | |
| 土 地 | （ | ） | I 資 本 金 | （ | ） |
| 有 形 固 定 資 産 合 計 | （ | ） | II 資 本 準 備 金 | （ | ） |
| 投資その他の資産 | | | III 利 益 剰 余 金 | | |
| 長 期 前 払 費 用 | （ | ） | 利 益 準 備 金 | （ | ） |
| 投資その他の資産合計 | （ | ） | （ | ） （ | ） |
| 固 定 資 産 合 計 | （ | ） | 利 益 剰 余 金 合 計 | （ | ） |
| | | | 純 資 産 合 計 | （ | ） |
| 資 産 合 計 | （ | ） | 負 債 及 び 純 資 産 合 計 | （ | ） |

タテ解き
答案用紙

第1回

第2回

第3回

## 第4問 配点➡28点

(1)

| | | 仕 | | 訳 | |
|---|---|---|---|---|---|
| | | 借 方 科 目 | 金 額 | 貸 方 科 目 | 金 額 |
| 1 | (1) | | | | |
| | (2) | | | | |
| 2 | (1) | | | | |
| | (2) | | | | |
| 3 | (1) | | | | |
| | (2) | | | | |

(2)

**問1**

等 価 比 率 計 算 表

| 等級製品 | 重　量 | 等価係数 | 完成品量 | 積　数 | 等価比率 |
|---|---|---|---|---|---|
| A | 300 g | 3 | 6,000 枚 | 枚 | % |
| B | 100 g | 1 | 2,000 枚 | 枚 | % |
| | | | | | 100 % |

**問2**　当 月 の 月 末 仕 掛 品 原 価 ＝ 　　　　　　　 円

**問3**　当 月 の 完 成 品 総 合 原 価 ＝ 　　　　　　　 円

**問4**　等級製品Aの完成品単位原価 ＝ 　　　　　　　 円／枚

**問5**　等級製品Bの完成品単位原価 ＝ 　　　　　　　 円／枚

# 第 5 問　配点➡12点

問1　[　　　　　　　　　　　]個

問2　[　　　　　　　　　　　]%

問3　利益計画Aの営業利益　[　　　　　　　　　　　]円

　　　利益計画Bの営業利益　[　　　　　　　　　　　]円

　　　利益計画Cの営業利益　[　　　　　　　　　　　]円

タテ解き
答案用紙

第1回

第2回

第3回

## 第 1 問　配点➡ 20 点

| | 仕 訳 | | | |
|---|---|---|---|---|
| | 借　方　科　目 | 金　　　額 | 貸　方　科　目 | 金　　　額 |
| 1 | | | | |
| 2 | | | | |
| 3 | | | | |
| 4 | | | | |
| 5 | | | | |

## 第 2 問　配点➡20 点

**問1**

売　掛　金

| 月 | 日 | 摘　　要 | 借　　方 | 月 | 日 | 摘　　要 | 貸　　方 |
|---|---|---|---|---|---|---|---|
| 4 | 1 | 前 期 繰 越 | 1,700,000 | 4 | 12 | | |
| | 8 | | | | 22 | | |
| | 18 | | | | 30 | 次 月 繰 越 | |
| | | | | | | | |

商　　品

| 月 | 日 | 摘　　要 | 借　　方 | 月 | 日 | 摘　　要 | 貸　　方 |
|---|---|---|---|---|---|---|---|
| 4 | 1 | 前 期 繰 越 | | 4 | 5 | | |
| | 4 | | | | 8 | | |
| | | | | | 18 | | |
| | | | | | 30 | | |
| | | | | | 30 | 次 月 繰 越 | |
| | | | | | | | |

**問2**

| 4 月 の 純 売 上 高 | ¥ |
|---|---|
| 4 月 の 売 上 原 価 | ¥ |

タテ解き
答案用紙

第1回

第2回

第3回

## 第 3 問　配点➡ 20 点

**問1**

損 益 計 算 書

自×18年4月1日　至×19年3月31日

（単位：円）

| | | |
|---|---|---|
| I　売　　　　上　　　　高 | | 7,253,180 |
| II　売　　上　　原　　価 | | |
| 　1　商 品 期 首 棚 卸 高 | （　　　　　　　） | |
| 　2　当 期 商 品 仕 入 高 | （　　　　　　　） | |
| 　　　　　合　　　　計 | （　　　　　　　） | |
| 　3　商 品 期 末 棚 卸 高 | （　　　　　　　） | |
| 　　　　　差　　　引 | （　　　　　　　） | |
| 　4（　　　　　　　　　） | （　　　　　　　） | |
| 　5　商 品 評 価 損 | （　　　　　　　） | （　　　　　　　） |
| 　　　売 上 総 利 益 | | （　　　　　　　） |
| III　販 売 費 及 び 一 般 管 理 費 | | |
| 　1　給　　　　　　　料 | 693,000 | |
| 　2　水 道 光 熱 費 | 120,200 | |
| 　3　退 職 給 付 費 用 | （　　　　　　　） | |
| 　4　租　　税　　公　　課 | （　　　　　　　） | |
| 　5　減 価 償 却 費 | （　　　　　　　） | |
| 　6　貸 倒 引 当 金 繰 入 | （　　　　　　　） | |
| 　7　貸　倒　損　失 | （　　　　　　　） | （　　　　　　　） |
| 　　　営　業　利　益 | | （　　　　　　　） |
| IV　営　業　外　収　益 | | |
| 　1　有 価 証 券 利 息 | | （　　　　　　　） |
| V　営　業　外　費　用 | | |
| 　1　支　払　利　息 | （　　　　　　　） | |
| 　2（　　　　　　　　　） | （　　　　　　　） | （　　　　　　　） |
| 　　　経　常　利　益 | | （　　　　　　　） |
| VI　特　別　利　益 | | |
| 　1（　　　　　　　　　） | | （　　　　　　　） |
| VII　特　別　損　失 | | |
| 　1（　　　　　　　　　） | | （　　　　　　　） |
| 　　　税 引 前 当 期 純 利 益 | | （　　　　　　　） |
| 　　　法人税、住民税及び事業税 | （　　　　　　　） | |
| （　　　　　　　　　　） | （　△　　　　　） | （　　　　　　　） |
| 　　　当　期　純　利　益 | | （　　　　　　　） |

**問2**

×23年3月期の備品の減価償却費　[　　　　　　　　]円

52

# 第4問 配点➡28点

(1)

製 造 原 価 報 告 書 （単位：円）

Ⅰ 直 接 材 料 費
  月 初 棚 卸 高 　（　　　　　　　　　）
  当 月 仕 入 高 　（　　　　　　　　　）
  合 　 　 計 　（　　　　　　　　　）
  月 末 棚 卸 高 　（　　　　　　　　　）　（　　　　　　　　　）
Ⅱ 直 接 労 務 費 　　　　　　　　　　　　　（　　　　　　　　　）
Ⅲ 製 造 間 接 費
  間 接 材 料 費 　（　　　　　　　　　）
  間 接 労 務 費 　（　　　　　　　　　）
  電 力 料 金 　（　　　　　　　　　）
  減 価 償 却 費 　（　　　　　　　　　）
  合 　 　 計 　（　　　　　　　　　）
  製造間接費配賦差異（　　　　　　　　　）　（　　　　　　　　　）
  当 月 製 造 費 用 　　　　　　　　　　（　　　　　　　　　）
  月 初 仕 掛 品 原 価 　　　　　　　　（　　　　　　　　　）
  合 　 　 計 　　　　　　　　　　　　（　　　　　　　　　）
  月 末 仕 掛 品 原 価 　　　　　　　　（　　　　　　　　　）
  当 月 製 品 製 造 原 価 　　　　　　　（　　　　　　　　　）

損 益 計 算 書 （単位：円）

Ⅰ 売 　 上 　 高 　　　　　　　　　　　　2,129,000
Ⅱ 売 上 原 価
  月 初 製 品 有 高 　（　　　　　　　　　）
  当 月 製 品 製 造 原 価（　　　　　　　　　）
  合 　 　 計 　（　　　　　　　　　）
  月 末 製 品 有 高 　（　　　　　　　　　）
  原 価 差 異 　（　　　　　　　　　）　（　　　　　　　　　）
  売 上 総 利 益 　　　　　　　　　　　（　　　　　　　　　）

（以下略）

タテ解き
答案用紙

第1回

第2回

第3回

(2)

問1　修　繕　部　費　　　　　[　　　　　　　　　]　円／時間

問2　第一製造部費　　　　　[　　　　　　　　　]　円／時間

　　　第二製造部費　　　　　[　　　　　　　　　]　円／時間

問3　第一製造部費　　　　　[　　　　　　　　　]　円

　　　第二製造部費　　　　　[　　　　　　　　　]　円

問4　修　繕　部　費　配　賦　差　異　[　　　　　　　　　]　円（　借方差異　・　貸方差異　）
　　　　　　　　　　　　　　　　　　　　　　　いずれかを○で囲むこと

問5　第一製造部費配賦差異　[　　　　　　　　　]　円（　借方差異　・　貸方差異　）
　　　　　　　　　　　　　　　　　　　　　　　いずれかを○で囲むこと

## 第5問　配点➡12点

仕　掛　品

| 期 首 有 高 | 117,000 | 当 期 完 成 高 （　　　　　　） |
| 直 接 材 料 費 （　　　　　　） | | 期 末 有 高　　　128,000 |
| 直 接 労 務 費 （　　　　　　） | | |
| 変動製造間接費 （　　　　　　） | | |
| （　　　　　　） | | （　　　　　　） |

直接原価計算による損益計算書

（単位：円）

```
Ⅰ 売        上        高                              2,014,000
Ⅱ 変 動 売 上 原 価
    1 期 首 製 品 棚 卸 高        142,000
    2 当期製品変動製造原価    （        ）
            合        計    （        ）
    3 期 末 製 品 棚 卸 高        125,000
            差        引    （        ）
    4 原    価    差    異    （        ）    （        ）
        変 動 製 造 マ ー ジ ン              （        ）
Ⅲ 変    動    販    売    費                      131,000
        貢    献    利    益              （        ）
Ⅳ 固        定        費
    1 製    造    固    定    費    （        ）
    2 固定販売費・一般管理費        176,200    （        ）
        営    業    利    益              （        ）
```

54

*············* *Memorandum Sheet* *············*

タテ解き
答案用紙

第1回

第2回

第3回

Ⓢ ネットスクール出版

Ⓢ ネットスクール出版